Käte Meyer-Drawe
Illusionen von Autonomie

I0123677

Herausgegeben von Matthias Fischer

Käte Meyer-Drawe

Illusionen von Autonomie
Diesseits von Ohnmacht und Allmacht des Ich

P. Kirchheim

CIP-Titelaufnahme der Deutschen Bibliothek

Meyer-Drawe, Käte:
Illusionen von Autonomie. Diesseits von Ohnmacht und
Allmacht des Ich / Käte Meyer-Drawe - 2. Aufl. - München:
Kirchheim, 2000
ISBN 3-81410-034-0

2. Auflage 2000
© 1990 Peter Kirchheim Verlag, München
Alle Rechte vorbehalten
Umschlag: Klaus Detjen
Satz: MPM Wasserburg
Druck und Bindung: Libri Books on Demand
ISBN 3-87410-034-0

Inhaltsverzeichnis

Für Wolfgang

»Wir sehen den Spiegel nicht anders als die darauf sich spiegelnde Welt.«
(Nietzsche, Nachgelassene Fragmente 1880—1882)

1. Unvermeidliche Illusionen

> »Der transzendentale Schein dagegen (scil. im Unterschied zum vermeidlichen logischen Schein) hört gleichwohl nicht auf, ob man ihn schon aufgedeckt und seine Nichtigkeit durch die transzendentale Kritik deutlich eingesehen hat. (Z. B. der Schein in dem Satze: die Welt muß der Zeit nach einen Anfang haben.) Die Ursache hievon ist diese: daß in unserer Vernunft (subjektiv als ein menschliches Erkenntnisvermögen betrachtet) Grundregeln und Maximen ihres Gebrauchs liegen, welche gänzlich das Ansehen objektiver Grundsätze haben, und wodurch es geschieht, daß die subjektive Notwendigkeit einer gewissen Verknüpfung unserer Begriffe, zu Gunsten des Verstandes, für eine objektive Notwendigkeit, der Bestimmung der Dinge an sich selbst, gehalten wird. Eine *Illusion*, die gar nicht zu vermeiden ist, so wenig als wir es vermeiden können, daß uns das Meer in der Mitte nicht höher scheine, wie an dem Ufer, weil wir jene durch höhere Lichtstrahlen als diese sehen, oder, noch mehr, so wenig selbst der Astronom verhindern kann, daß ihm der Mond im Aufgange nicht größer scheine, ob er gleich durch diesen Schein nicht betrogen wird.« (Kant, Kritik der reinen Vernunft)

Mit dem Thema des Buches »Illusionen von Autonomie« wird ein Kampfplatz beschritten, auf dem sich Befürworter und Gegner des sogenannten »Projekts der Moderne« begegnen. Mit dem Eintritt in diesen Streit nimmt man es auf sich, seinen Ort in dieser Auseinandersetzung zu bestimmen. Denn die konkrete, historische Konstellation, auf die eine kritische Reflexion der Möglichkeiten und Grenzen von Autonomie trifft, bestimmt die Konsequenzen der Überlegungen. Zu Beginn der Aufklärung war Autonomie ein oppositioneller Begriff, der seine kritische Wirksamkeit und sein unbezweifelbares Gewicht daraus zog, daß er ein Gegenkonzept gegen unverfügbare Zwangsmechanismen anbot, das angesichts der möglich erscheinenden gesellschaftlichen Veränderungen plausibel war. Die Diskrepanz zwischen Heteronomie und Autonomie war sichtbar und konkret zu erleben. Stand vorher der Begriff Autonomie vor allem für das Recht auf institutionelle Selbstbestimmung, so verschiebt sich seine Bedeutung nun auf die Möglichkeit und Bestimmung des Menschen, sich als Vernunftwesen gegen jede Bevormundung zu wehren und so das Wagnis der Mündigkeit einzugehen. Der Anspruch auf Autonomie hat im Verlaufe der Entwicklung der bürgerlichen Gesellschaft seine oppositionelle Kraft eingebüßt, was nicht darin gründet, daß die Selbstbestimmung der Mitglieder unserer Gesellschaft bis zu einem befriedigenden Maß angewachsen ist, sondern viel eher dadurch zu verstehen ist, daß die heteronomen Bestimmungen immer unsichtbarer werden und damit an Provokation verlieren. Die ungeheure Integrationskraft unserer Gesellschaft führt dahin, daß Selbstbestimmung und Fremdbestimmung immer weniger in ihrer Unterschiedenheit zu erkennen sind.

Diese Diagnose eint die unterschiedlichen Positionen im Streit um Moderne und Postmoderne. Erste Differenzen zeigen sich in der Beantwortung der Frage, ob diese Nivellierung als Durchsetzung einer lange Zeit verkannten Struktur begrüßt oder als inszenierte Entfremdung kritisiert wird. Der Erleichterung über den »Tod des Subjekts« steht die Heroisierung der Ich-Stärke gegenüber. Das Kampfgeschehen erhält eine deutliche Kontur. Offensichtlich hat man sich in der Auseinandersetzung um das Problem der Autonomie des Individuums zu entscheiden zwischen dem unverzichtbaren Anspruch auf Autonomie und der Preisgabe konstituierender Subjektivität. Der Eintritt in das Kampfgeschehen scheint diesen Preis zu fordern. Damit ist aber auch die Struktur des Konflikts festgelegt. Sympathisiert man mit den Vertretern des »Projekts der Moderne«, so heißt es, das Subjekt um jeden Preis in seinen Selbstbestimmungsfähigkeiten zu verteidigen, weil unter den »Titeln von Selbstbewußtsein, Selbstbestimmung und Selbstverwirklichung [...] ein normativer Gehalt der Moderne entfaltet worden [ist]« (Habermas, Metaphysik nach Kant, S. 427). Die Strategie zur Einschüchterung des Gegners läuft meistens darauf hinaus, daß man zeigt, daß er sich prinzipiell oder auch gelegentlich nicht an seine eigenen Regeln hält, die er als Ausgangsbasis verbindlich machen möchte. Die List besteht dann darin, zu zeigen, daß sich der andere der Mittel bedienen muß, die er außer Kraft setzen will. Der Aufweis von formalpragmatischen oder performativen Widersprüchen ist ein wirksames Vorgehen, sich der beunruhigenden Bedeutung des anderen Arguments zu entziehen. Die Grundstruktur ist einfach. Derjenige, der Vernunft kritisiert, wird dabei ertappt, daß er sich in seiner Kritik gerade ihrer Möglichkeiten bedient. Derjenige, der das Subjekt abschaffen will, wird überführt, daß er heimlich doch eine Subjektkonzeption voraussetzt. Schließlich ist die Kritik am Universalismus in ihrem Umfang selber schnell als universal durchschaut.

Es ist sicherlich viel Zutreffendes an diesen Bedenken. Aber sie bergen auch einen Verlust, der darin gründet, daß die formale Glätte die inhaltlichen Widerborstigkeiten unterschlägt. Das Fremde, Neuartige, Andere am gegnerischen Diskurs kann nicht vernommen werden, wenn eine monologische List den Dialog immer schon auf ihre Seite zieht. Es soll deshalb im folgenden der Versuch unternommen werden, die provozierende Kraft modernitätskritischen Denkens auszuhalten, ohne zu schnell Strategien der Abwehr zu organisieren. Die Denker, die das konstituierende Subjekt in Zweifel ziehen und damit seine autonomen Möglichkeiten weitgehend bestreiten, werden als Zeugen einer Versagung zitiert, unter der man leidet, gerade weil das »Projekt der Moderne« grundsätzlich akzeptiert wird. Die »Abblendung des Cogito« (vgl. Foucault, Von der Subversion des Wissens, S. 19), d. h. die Bestreitung dessen, daß der Mensch sich in seinem Wesentlichen trifft, wenn er sich nur vom Denken her definiert, in dessen Zentrum er selbst steht, ist weder absolut noch total. Die griffige Formel vom »Tod des Subjekts« simplifiziert die meisten Analyseergebnisse, die darin übereinkommen, daß eine bestimmte Subjekt-Konzeption ihre erklärende Kraft eingebüßt hat. Deswegen soll der Ausweg, für den Herbert Marcuse den treffenden Ausdruck »harmlose Negation« (vgl. Marcuse, Der eindimensionale Mensch, S. 34) gefunden hat, vermieden werden. Weder Expeditionen in ein integres Selbst noch die Restitution verlorener Ganzheiten stellen sich den konkreten Problemen realer gesellschaftlicher Verhältnisse, weil sie Selbst- und Weltkonzeptionen voraussetzen, die keinen Ort finden in geschichtlichen Konstellationen, deren Krisen und Konflikte ein globales Ausmaß aufweisen. Sie entwickeln eine tröstende, aber keine kritische Bedeutung.

Das Heil des einzelnen wird zumeist in der inneren Emigration gesucht. Je mehr die realen Verhältnisse das Bild einer verstreuten Subjektivität bieten, die zerrissen ist in private Isolation und öffentliche Gängelung, umso attraktiver werden Heilsversprechen, die ein solides Selbst als Baustein einer neuen Zeit in Aussicht stellen. Die Täuschung ist perfekt, wenn die Frage zum Schweigen gebracht wird, ob eine harmonische Existenz möglich ist innerhalb lebensbedrohender Umstände. Die Ankündigungen der Morgenröte eines neuen Zeitalters stabilisieren die Funktionstüchtigkeit der gesellschaftlichen Mechanismen, die jene als unerträglich empfinden. Dabei zeigt sich die Hilflosigkeit sowohl des vorwissenschaftlichen als auch des philosophischen Protestes darin, daß das bloß Andere der Vernunft beschworen wird.

Eingeschliffene Alternativen halten unser Denken auf Bahnen, die an neuen Sichtweisen vorbeiführen. »Freiheit wäre, nicht zwischen schwarz und weiß zu wählen, sondern aus solcher vorgeschriebenen Wahl herauszutreten.« (Adorno, Minima Moralia, S. 148) »Frei wäre erst, wer keinen Alternativen sich beugen müßte, und im Bestehenden ist es eine Spur von Freiheit, ihnen sich zu verweigern. Freiheit meint Kritik und Veränderung der Situationen, nicht deren Bestätigung durch Entscheidung inmitten ihres Zwangsgefüges.« (Adorno, Negative Dialektik, S. 225 f.) Der Versuch, der Verführung des Denkens in Alternativen zu widerstehen und einen abzählbaren (sei es der dritte, vierte …) weiteren Weg zu bahnen, bleibt ein Versuch im strengen Sinne. Dualistische Strukturen sind unserem Denken so tief eingraviert, daß der Anspruch, sie vermeiden zu können, von vornherein zu hoch gesteckt ist. Die Bemühung um eine Sicht, die sich aus dem Entweder-Oder herauswinden möchte, richtet sich auf Zwischenmöglichkeiten, in denen die zur Entscheidung gebrachten Alternativen noch verbunden sind, auf eine »Philosophie mit verschiedenen Eingängen«, die nicht nur dem Philosophen offenstehen (vgl. Merleau-Ponty, Das Sichtbare und das Unsichtbare, S. 227 u. S. 209). Die cartesische Formulierung des Dualismus von *res cogitans* und *res extensa* weist auf einen begrifflichen Höhepunkt und fixiert den Rahmen der Überwindung eines Denkens in Alternativen. Denn die erkenntniskritisch gewonnene Zweiteilung von Seinssphären ist nicht ausgewogen. Sie erhält ihre spezifische Asymmetrie aus der Vorrangstellung des *cogito*, das mehr und mehr vereinsamt, weil es sich als Teil der Welt nicht mehr erkennen kann.

Aber dennoch schleicht sich immer ein »kleines Endchen der Welt« ein (vgl. Husserl, Cartesianische Meditationen, S. 25) — den Bewußtseinsphilosophen ein ärgerlicher Rest, den Kritikern ein willkommenes Menetekel. Ob unter dem Titel: Leben, Erfahrung, Erlebnis, Handlung, Sprache oder Leib, gemeinsam ist den unterschiedlichen Bemühungen um die Rettung des »kleinen Endchens der Welt« die Richtung auf die Rückgewinnung einer situierten Vernunft, die zwar ihre transmundane Souveränität einbüßt, aber entlastet wird vom Vorwurf der Spekulation und des Logozentrismus. Die situierte Vernunft ist eine labile Vernunft. Ihr Eingeflochtensein in konkrete Konfigurationen setzt ihrer Bestimmungsfähigkeit beunruhigende Grenzen. Der Vorteil einer cartesianischen Verdoppelung der Welt gründet dagegen in der einfachen Sortierung von Innen und Außen, von Subjekt und Objekt, von Materie und Idee, von Fremdem und Eigenem. Die Kritik an dieser »Armatur der Erfahrungen« (Benjamin, Das Passagen-Werk, S. 967) handelt sich ihre Probleme ein, wenn sie unbemerkt das Muster der Souveränität beibehält — wenn Intersubjektivität nur an die Stelle von Subjektivität tritt, Leib, Handlung und Sprache nur den Platz mit dem Bewußtsein tauschen — und nicht erkannt wird, daß eine Ordnung in Bewegung gebracht wurde und damit auch die Sicherheit, die sie implizierte. Alternativen formulieren sich zumeist in der Form eines Entweder-Oder und fordern auf zu einer Entscheidung zugunsten einer Seite. Überwindungen alternativer Zwangssituationen sind grundsätzlich durch zwei Formen charakterisiert: die des Sowohl-als-Auch und die des Weder-Noch. Das Sowohl-als-Auch verdient Sympathie aufgrund seiner positiven Vielfalt und seiner irenischen Aura, allerdings dient es dem zur Debatte stehenden Dualismus dadurch, daß es die Differenz in der Vermittlung aufrecht erhält. Das Weder-Noch kennzeichnet eine neutrale Indifferenz, die nicht selten Ärger auf sich zieht, weil sie die bestimmte Stellungnahme verweigert. Allerdings darf die befreiende Wirkung nicht übersehen werden, die darin liegt, daß man eine Unterschiedenheit voraussetzt, die nur negativ zu bestimmen ist (vgl. Sommer, Evidenz im Augenblick, S. 66). Wir wissen, daß menschliche Existenz weder nur autonom noch nur heteronom ist, und diese Einsicht ist erhellend, ohne daß wir abschließend bestimmen müßten, was diese Existenz denn positiv ist. Autonomie kann auf diesem Wege erkennbar werden als von Heteronomem durchzogen. Die Illusion von Autonomie kann als Illusion begriffen werden und gerade deshalb maßgebliche Kraft entfalten, weil sie sich kritisch gegen reale Verstrickungen wendet. Die transitive Kraft des Begriffs Autonomie, die darin besteht, daß er die Wirklichkeit, die er begreift, reduziert, kann wirksam werden in dem kritischen Bewußtsein des Unterschieds von Erkennen und Wirklichkeit. »Ein Meisterstück der Schöpfung ist der Mensch auch schon deswegen, daß er bei allem Determinismus glaubt er agiere als freies Wesen.« (Lichtenberg, Sudelbücher II, S. 276) Dieser Glaube, diese *illusio*, ist eine Realität eigener Art, die geeignet ist, die Notwendigkeit des Alltäglichen zu übersteigen, ohne sie zu vergessen.

Die Auseinandersetzung mit Illusionen von Autonomie ist immer auch die Frage nach dem Ich, nach den Wegen, sich selbst zu begreifen und seine Möglichkeiten in Wirklichkeiten umzusetzen. Autonomie ist ein relationaler Begriff (vgl. Adorno, Negative Dialektik, S. 222) in mehrfacher Hinsicht. Er verweist zunächst auf die bereits erwähnte Beziehung zu den Fremdbestimmungen außerhalb des Subjekts, also zu den Herrschaftsgefügen, zu den Konfigurationen gesellschaftlicher Existenz, innerhalb derer das Subjekt die Bestimmungen seiner selbst findet. Sodann gibt es einen Riß *in* der Subjektivität, denn damit das Subjekt sich als selbstbestimmend erfahren kann, muß es »zwischen sich und sich selber ein gewisses Verhältnis« (Foucault, Sexualität und Wahrheit II, S. 12) einführen. Am Beginn der neuzeitlichen Subjektkonzeption steht deshalb nicht die Konsolidierung einer Einheit, sondern die Differenzierung, die Spaltung, die Streuung. »Kann ich sagen, daß ich jene Arbeit bin, die ich mit meinen Händen ausführe, aber die mir nicht nur entgeht, wenn ich sie beendet habe, sondern sogar, bevor ich sie angefangen habe? Kann ich sagen, daß ich jenes Leben bin, das ich in der Tiefe meiner selbst spüre, das mich aber gleichzeitig durch die furchtbare Zeit, die es mit sich schleppt und die mich einen Augenblick lang auf ihrem Kamm reiten läßt, aber auch durch die drohende Zeit, die mir meinen Tod vorschreibt, einhüllt? Ich kann sagen, daß ich das bin und daß ich das alles nicht bin.« (Foucault, Die Ordnung der Dinge, S. 391) Das »Ich denke« klärt das »Ich bin« nicht zwangsläufig restlos auf. Diese Enteignungen gehen durch das Ich selbst hindurch. Von hier aus wird das Selbst der Selbstbestimmung fragwürdig und der Primat des »Ich denke«

zweifelhaft. Diesen »inneren« Zersetzungen gilt der vorliegende Versuch einer Klärung der »Illusionen von Autonomie«.

Eine mächtige Form der Selbstbestätigung war das *ego cogito me cogitare* des Descartes. Allerdings sind längst Zweifel aufgekommen an der Vorbildlichkeit eines »Ich denke« im Sinne eines allgemeinen Musters der Selbstkonzeption. Die Euphorie im Hinblick auf erkenntnismäßige Bemächtigungen sowohl der Dinge als auch der Mitmenschen und des eigenen Selbst verblaßt immer mehr. Die Frage nach der Autonomie radikalisiert sich in der Frage nach Subjektivität, nach einem Subjekt, das überhaupt autonom sein kann. Die Auffassung von einem selbsttransparenten Subjekt war allerdings niemals ungebrochen leitend. So konstatiert Lichtenberg, der sensible Beobachter der Schwellenphänomene des Bewußtseins, zu einer Zeit, als die Vorstellung einer Selbstgesetzgebung durch Vernunft ihre erste präzise und produktive Form gewann: »Wir werden uns gewisser Vorstellungen bewußt, die nicht von uns abhängen; andere glauben, wir wenigstens hingen von uns ab; wo ist die Grenze? Wir kennen nur allein die Existenz unserer Empfindungen, Vorstellungen und Gedanken. *Es denkt*, sollte man sagen, so wie man sagt: *es blitzt*. Zu sagen *cogito*, ist schon zu viel, so bald man es durch *Ich denke* übersetzt. Das *Ich* anzunehmen, zu postulieren, ist praktisches Bedürfnis.« (Lichtenberg, Sudelbücher II, S. 412) Weder in einer rein theoretischen noch in einer rein praktischen Sphäre wäre das Ich zu begreifen, es organisiert sich als Übergang zum Nicht-Ich. »Der Impuls, intramental und somatisch in eins, treibt über die Bewußtseinssphäre hinaus, der er doch auch angehört.« (Adorno, Negative Dialektik, S. 228) Auch Kant stellt nicht fest, daß das »Ich denke« alle meine Vorstellungen begleitet, sondern daß es dies können muß, weil sonst ein »vielfarbiges verschiedenes Selbst« (vgl. Kant, Kritik der reinen Vernunft, S. 137) droht, die katastrophale Zerstreuung des Selbstbewußtseins. Der formale Charakter, »dieses Ich, oder Er, oder Es (das Ding), welches denket« (Kant, Kritik der reinen Vernunft, S. 344) verweist indirekt auf ein Erfahrungsschicksal und damit auf die Notwendigkeit eines Halts, um welchen »wir uns daher in einem beständigen Zirkel herumdrehen« (ebd.). Erkenntnis stößt hier an eine Grenze. Sie muß etwas als wirksam anerkennen, ohne es mit ihren Mitteln identifizieren zu können, weil es schon immer zu ihrer Geschichte gehört, ohne je Gegenstand einer unmittelbaren Erfahrung gewesen zu sein. Es ist daher wichtig zu beachten, daß nicht alle möglichen Existenzordnungen durch den cartesischen Koinzidenzpunkt von »Ich denke« und »Ich bin« verlaufen. Als handelndes Wesen strukturiert der Mensch Felder, ohne daß dieser praktische Logos Gegenstand von Erkenntnis wäre. »Der tiefe, philosophische Sinn des Begriffs der Praxis besteht darin, uns in eine Ordnung einzuführen, welche nicht die der Erkenntnis, sondern die der Kommunikation, des Austauschs, des Umgangs ist.« (Merleau-Ponty, Abenteuer der Dialektik, S. 62 f.) Im Handeln selbst, dem jedes Erkennen nachgängig ist, wird Sinn hervorgerufen als Antwort auf bestimmte erfahrene Kontexte. Selbst wenn sowohl philosophischer Zweifel an konstituierender Subjektivität als auch psychoanalytischer Aufweis eines Ich, das sich eher verteidigt als herrscht, bekräftigen, daß Menschen primär nicht autonom sind, so kann sich das konkrete Handeln dennoch auf das Ziel von Autonomie ausrichten, das historisch entstanden und deshalb vom Vergehen bedroht ist.

Der Sinn von Autonomie ist nur zu verstehen aus einer sozialen Praxis inkarnierter Subjekte. In dem Maße, wie sich das Subjekt lediglich durch sein Vermögen zur Reflexion definiert, neutralisiert es das Andere seiner selbst und damit schließlich auch sein Selbst. Beide Dimensionen verkümmern zu bloßen Bedeutungen, die das Bewußtsein stiftet, von ihnen gehen keine Provokationen aus in dieser Diktatur des Sinns. Die Forderung nach Selbstbestimmung verliert ihre oppositionelle Kraft, wenn das »Ich denke« seine Verstrickungen in Widersprüche und Anfeindungen nicht mehr wahrnimmt. »Meine Gedanken und der Sinn, den ich meinem Leben gebe, stecken [aber] immer schon in einer Überfülle von Bedeutungen, die mich bereits in eine bestimmte Position zu den Anderen und den Ereignissen gebracht haben, in dem Augenblick, wo ich mir Klarheit zu verschaffen suche.« (Merleau-Ponty, Abenteuer der Dialektik, S. 238) Das »Ich denke« ist nicht das Erste, es ist von unüberwindlicher Nachgängigkeit gegenüber der Verflechtung in eine konkrete individuale und kollektive Geschichte, auf die es antwortet und die auf es Resonanzen zeigt, die wiederum Handeln und Denken befördern oder verhindern. »Vielleicht ist es letztlich der Begriff des Bewußtseins als reines Bedeutungsvermögen, als zentrifugale Bewegung ohne alle Undurchsichtigkeit und Trägheit, was die Geschichte und das Soziale in die Äußerlichkeit, in das Bedeutete verweist, wobei es sie auf eine Reihe momentaner Anblicke reduziert, das Tun dem Sehen unterordnet und schließlich die Aktion zur ›Manifestation‹ oder ›Sympathie‹, das Tun zum Tun-Sehen oder Sehen-Tun herabsetzt.« (Ebd., S. 240)

In der Vorherrschaft des Bewußtseins zeigt sich eine spezifische Verkennung menschenmöglicher Existenz. Unsere Erfahrungen weisen keine souveränen Bedeutungsstiftungen mit identifizierbarem Beginn aus. Vielmehr kommen wir mit der Frage nach dem Anfang in das Dilemma des Übergangs, in dem sich nicht ausmachen läßt, wann etwas eine bestimmte Bedeutung annahm (vgl. Waldenfels, Ordnung im Zwielicht, S. 28 ff.; vgl. auch Sommer, Übergangsschwierigkeiten). Unsere Wahrnehmungen realisieren sich als ein Bemerken von Auffälligkeiten und Abweichungen in einem Feld vorgefundener Dinge, deren symbolische Ordnung nicht vom Einzelnen abhängt, sondern vielmehr gebildet wird in komplizierten Erfahrungsschicksalen, an denen die Dinge mitwirken, ohne allerdings von sich aus Bedeutungen zu entfalten. Unser Handeln und Sprechen realisieren sich in Konfigurationen und antworten auf Provokationen der Situation, für die der blinde Aktionismus die alleinige Verantwortung auf sich nehmen will und der blinde Nihilismus keine tragen möchte. Originalität und Verantwortung zeigen sich nicht in einem totalisierenden Denken, sondern vielmehr in einer Reflexion, die weiß, daß sie konkrete Felder durchschneidet und dadurch transformiert, und die sich mäßigt, indem sie weder Herrschaft unter dem Stichwort Freiheit noch Ohnmacht unter dem Titel Zwang verabsolutiert. Das »cogito«, das seinen oppositionellen Gehalt historisch auch aus dem Kampf gegen die Autorität Gottes gewonnen hat, büßt seine kritische Kraft dann ein, wenn es sich lediglich an die Stelle des Kritisierten setzt und dort regiert wie der ehemals angegriffene Feind. Eine bloße Substitution ändert die Situation nicht, sondern manifestiert sie mit anderen Mitteln, ein Souverän löst den anderen ab, ihm ähnlich durch die imperiale Gebärde seiner Selbst- und Weltaneignung. »Bringt man [dagegen] ein [...] engagiertes Bewußtsein in Anschlag, das nur vermittels seiner historisch-mundanen Sphäre zu sich kommt, das sich nicht selbst begrenzt, nicht mit sich selbst koinzidiert, sondern sich eher ahnt und erscheint im Lauf der Erfahrung, deren unsichtbarer *Inhaber* es ist, so gewinnen die Beziehungen zwischen den Bewußtseinssubjekten ein neues Aussehen. Denn wenn das Subjekt nicht die Sonne ist, in deren Licht die Welt erstrahlt, der Demiurg meiner reinen Objekte, wenn sein Bedeutunggeben mehr in der Wahrnehmung einer *Differenz* zwischen zwei oder mehreren Bedeutungen besteht — und ohne die Dimensionen, Ebenen und Perspektiven, die die Welt und die Geschichte um mich herum bilden, unbegreiflich bleibt —, dann ist seine wie jede Aktion nur gemäß dem Gang der Welt möglich, wie ich ja auch nur den Anblick in der Wahrnehmungswelt ändern kann, wenn ich als Beobachtungspunkt einen der Orte einnehme, den mir die Wahrnehmung zuvor enthüllt hat.« (Merleau-Ponty, Abenteuer der Dialektik, S. 241)

Die folgenden Studien zum Thema »Illusionen von Autonomie« versuchen, der Erfahrung Rechnung zu tragen, daß sich Subjekte in zunehmendem Maße nicht mehr als Zentren sowohl des Begreifens als auch des Handelns erleben. Die Vereinsamung der *res cogitans*, die ihre Selbstbestätigung in ihrem eigenen Denken findet und sich mit Modellen der Wirklichkeit begnügt, schreitet nach heute gängiger Auffassung in einer Gesellschaft fort, die sich weitgehend über die Verbreitung von Informationen reproduziert und deren Realitätssinn von einer Fülle von Simulationen angegriffen wird. Das Subjekt erfährt sich immer mehr als das Unterworfene, als »bloßer Untertan«, den Kant noch mit dem Begriff »subiectus« übersetzt (vgl. Kant, Metaphysik der Sitten, S. 451). Es gleicht sich dem Stein an, von dem Descartes als subiectum sprach, weil er der Erwärmung durch die Sonne unterliegt (vgl. Descartes, Meditationes de prima philosophia, S. 72). Der unbefangene, stolze Gebrauch des Wortes »Subjekt« wird zunehmend unverständlich. Er scheint der Diskriminierung als »übles Subjekt« Platz zu machen. Der Stolz, Bedingung der Möglichkeit von Erkenntnis zu sein, ist bedroht durch die Erfahrung, damit noch längst nicht die Bedingung der Wirklichkeit zur Evidenz gebracht zu haben. Das Subjekt steht und stand niemals wirklich vor der Entscheidung, Souverän oder Untertan zu sein. Die Situation eines Subjekts, das durch und durch doppeldeutig ist (vgl. Schröder, Anthropologie als Grundwissenschaft, und Boehm, Kritik der Grundlagen), ist labil und verführt zu zwanghaften Festlegungen, zu Orientierungen, die sich in geschichtlichen Konstellationen ändern, ohne mit einseitigen Optionen je erfolgreich zu sein.

Die Doppelstellung des Menschen — als Subjekt und als Objekt —, die Husserl als »Paradoxie der menschlichen Subjektivität: das Subjektsein für die Welt und zugleich Objektsein in der Welt« (vgl. Husserl, Krisis, S. 182 ff.) thematisiert und zugunsten der »absoluten Einzigkeit des ego und seiner zentralen Stellung für alle Konstitution« (ebd., S. 190) unterdrückt, konturiert unterschiedliche Muster von Erkenntnisanstrengungen. Während eine eher idealistische Sicht der Dinge dem subjektiv bestimmenden Grundzug großes Gewicht beimißt und sich stets dem Vorwurf der Bagatellisierung widerständiger Erfahrungswelten aussetzt, richtet sich eine materialistische oder naturalistisch orientierte Wissensform eher auf die Objektseite der Erkenntnis und liefert sich dem Argwohn von Mystik und Okkultismus aus, der überdies in der Relativierung des Subjekts einen Nihilismus anbahnt, der auch in Gestalt des Positivismus auftreten kann. Die Entscheidung, mit welchen Nachteilen man sich belastet und von welchen Vorteilen man profitieren möchte, ist abhängig von der Situation, in der das Erkennen engagiert ist. So charakterisiert Foucault das anthropologisch-humanistische Denken des 19. Jahrhunderts durch die Zweideutigkeit des Subjekts, »Subjekt allen Wissens und Objekt eines möglichen Wissens« (vgl. Foucault, Von der Subversion des Wissens, S. 16) zu sein. Diese selbstbewußte und fortschrittsorientierte Einschätzung trifft unsere heutige Selbstkonzeption nicht mehr. Sie löst sich vielmehr vor unseren Augen auf. Die Erkenntnisse im Hinblick auf die formale Bedingtheit menschlicher Existenz, die Einsicht in die Relevanz strukturaler Verknüpfungen vor jeder subjektiven Aktion führen dazu, daß der Mensch sozusagen aufhört, »das Subjekt seiner selbst zu sein, zugleich Subjekt und Objekt zu sein. Man entdeckt, daß das, was den Menschen möglich macht, ein Ensemble von Strukturen ist, die er zwar denken und beschreiben kann, deren Subjekt, deren souveränes Bewußtsein er jedoch nicht ist. Diese Reduktion des Menschen auf die ihn umgebenden Strukturen scheint mir charakteristisch für das gegenwärtige Denken und somit ist die Zweideutigkeit des Menschen als Subjekt und Objekt jetzt keine fruchtbare Hypothese, kein fruchtbares Forschungsthema mehr.« (Ebd.)

Der viel zitierte »Tod des Subjekts« bedeutet also die Erstarrung einer labilen, spannungsreichen Gestalt von Herrschaft und Beherrschtsein zugunsten des Beherrschtseins. Hier kommen die Analysen, die Horkheimer und Adorno in ihren philosophischen Fragmenten zur Dialektik der Aufklärung vorlegen, zu demselben Ergebnis wie die Untersuchungen der impliziten Systeme der Wissensformierung, die Enthüllungen der Machtförmigkeit von Wahrheit durch Foucault. Wenn sich das Subjekt allerdings nur auf die eine Seite seiner Doppeldeutigkeit hin auslegt, die es nur als Marionette unsichtbarer Fadenlenkungen verständlich werden läßt, dann ist nicht nur für Autonomie kein symbolischer Ort aufzufinden, dann büßen selbst auch noch die Illusionen ihre Kraft ein. Das Elend der Unterdrückung erhielte so gleichsam ontologische Weihen. Es lohnt sich vor diesem Hintergrund, die Doppeldeutigkeit des Subjekts neu zu bedenken und die Pendelbewegung vom Demiurgen-Subjekt zur Subjekt-Kreatur zu unterlaufen.

Die ehemalige Prätention des Subjekts, den Ort Gottes einzunehmen, fesselt dieses an dessen Schicksal. Dem von Nietzsche diagnostizierten Tod Gottes folgte das Sterben des souveränen Subjekts, und es ist abzusehen, was dem neuen Substitut, den anonymen Relationen, geschieht, wenngleich offen ist, was dann den Herrscherthron beanspruchen wird. Ein Blickwechsel ermöglicht, die Doppeldeutigkeit des Subjekts zurückzugewinnen und die Überschätzung einer der bestimmenden Seiten zu kritisieren. Die Dichte der konkreten Situationen, in die wir eingetaucht sind, läßt es nicht zu, daß wir uns zu Souveränen stilisieren, sie verbietet es aber auch, uns zu bloßen Funktionären zu degradieren, denn tatsächlich erfahren wir uns als Zeugen und Akteure, als Wahrnehmende, Sprechende und Denkende, und noch der Irrtum und das Fehlschlagen der Handlung bekunden unseren Eingriff. Das Subjekt, das sich zum bloßen *cogito* stilisiert, verkennt seine Abhängigkeit von realen Machtmechanismen. Das Subjekt, das sich als Akteur verleugnet, entzieht sich der sozialen Verantwortung. Aus diesem Dilemma könnte eine Auffassung einen Weg bahnen, die die Analysen der heteronomen Bedingungen ernst nimmt, ohne deshalb aufzuhören, nach autonomen Nebenmöglichkeiten Ausschau zu halten. Der Kränkung vermeintlicher Souveränität ist dann vielleicht der Vorteil einer menschenmöglichen Selbstbestimmung abzugewinnen, die nicht über Rufschädigung lamentiert, sondern sich situiert, indem sie über ihre historisch-konkrete Situation zu ihren eigenen Möglichkeiten gelangt.

Am Beginn dieses Buches stehen deshalb Studien zum verlorenen Ich (2) und zu Formationen der Subjektivität (3), die philosophisch dimensioniert sind und nach Möglichkeiten fragen, Subjektivität so zu begreifen, daß ihre Doppeldeutigkeit als Erbe neuzeitlichen Denkens kenntlich bleibt. Subjekte markieren in dieser Hinsicht dann weder den Anfang noch das Ende von Entwicklungsprozessen. Sie formieren sich in Praktiken der Unterwerfung und Beherrschung. Dabei soll die insulare Auffassung des Subjekts als *cogito* überwunden werden, ohne es in Relationen aufzulösen. Wenn mit einem Ausdruck Foucaults von »Formationen von Subjektivität« die Rede ist, so soll damit angezeigt werden, daß es Subjektivierungsschicksale gibt, für die das Subjekt nicht alleine aufkommt, in denen es aber als Differenzierungsereignis einen Ort etabliert, an dem Identität modelliert wird, ohne je eine letzte Gestalt zu erhalten.

Diese erste Annäherung an ein anderes Subjektivitätsverständnis erfordert eine kritische Reflexion auf die Methode des Denkens. Unter dem Stichwort »Dialektik ohne Synthese« (4), das Merleau-Pontys Spätwerk entlehnt ist und mit Absicht in einen Zusammenhang mit Adornos »Negativer Dialektik« gestellt wird, wird erläutert, wie sich ein zirkuläres, nicht-hermetisches Denken begreifen kann, das sich nicht willkürlich und nonchalant einem spielerischen Treiben überläßt, sondern Mehrdeutigkeiten und Unvereinbares aufdeckt, ohne sie lässig zu dulden, sondern eher um das Maß der Versagung auszuloten. Dialektisches Denken soll dabei andere Denkformationen nicht ersetzen, sondern als Gedächtnis nicht synthetisierbarer· und doch relevanter Erfahrungen fungieren, deren sprachliche Artikulationen den Charakter eines Zwischenfalls haben, weil sie gerade, wenn sie auf die Dinge direkt zugehen, diese verfehlen. Die besondere Bedeutung der Sprache, die jetzt nicht mehr nur als Instrument der Wahrheit, sondern als »Macht des Irrtums« (5) fungiert, wird zu beachten sein. Sprache ist nicht Verdoppelung der Wirklichkeit. Sie begreift, indem sie eingreift. Sie stellt dar, indem sie entstellt. Sie drückt aus, ohne an ein Original zu rühren, das auch ohne sie existierte. Die Haltlosigkeit einer Dialektik ohne Synthese wird bekräftigt durch eine Sprache, die sich ihrer destruktiven Kraft bewußt ist, die als Alternative zum unschuldigen Schweigen dennoch nicht aufhört, die Dinge beim Namen zu nennen, selbst wenn sie nicht sicher sein kann, Widerhall zu finden.

Dialektisches Denken solcherart ist angewiesen auf den Werdegang seines Gegenstandes. Wenn das Ich als zentrales Problem in der Frage nach Illusionen von Autonomie in den daran anschließenden Untersuchungen diskutiert wird, so kann es sich hierbei nurmehr um genealogische Studien handeln. Das Ich ist nicht zu identifizieren in einem Ist- oder Sollzustand, es ist vielmehr nur zu begreifen in verschiedenen Komplexen der Differenzierung von Ich und Nicht-Ich (6), die sich wechselseitig konstituieren. Eine solche Betrachtungsweise »löst diese zeitliche Identität auf, worin wir uns gerne selbst betrachten, um die Brüche der Geschichte zu bannen; sie zerreißt den Faden der transzendentalen Teleologien; und da, wo das anthropologische Denken nach dem Sein des Menschen oder seiner Subjektivität fragte, läßt sie das Andere und das Außen aufbrechen. Die so verstandene Diagnose erreicht nicht die Feststellung unserer Identität durch das Spiel der Unterscheidungen. Sie stellt fest, daß wir Unterschiede sind, daß unsere Vernunft der Unterschied der Diskurse, unsere Geschichte der Unterschied der Zeiten, unser Ich der Unterschied der Masken ist.« (Foucault, Archäologie des Wissens, S. 190)

Wenn das Ich nicht mehr als Identitätspol oder Kern begriffen werden soll, sondern als Feld der Differenzierungen, dann rücken vor allem solche Konzeptionen in das Interesse, die dem Ich seine homogene Eigenheitssphäre bestreiten, sei es, weil das Ich als leiblich inkarniertes, als natürliches Ich (7) mit seiner Selbstreflexion immer schon zu spät kommt (Merleau-Ponty), sei es, weil das Ich ein stets herausgefordertes Produkt eines territorialen Kampfes innerhalb der Provinzen des Bewußtseins ist (Freud), weil es sich nur im Imaginativen begegnet, aber niemals authentisch (Lacan), weil es nur in seiner Resonanz auf andere existiert (Mead), oder weil es selbst dort, wo es sich am eigentümlichsten vermeint, in besonderem Ausmaße determiniert ist (Bourdieu).

Wenn von Illusionen der Autonomie die Rede ist, so ist damit angedeutet, daß ein Ich, das vollständig bei sich selbst sein kann, für irreal gehalten wird. Das Ich konstituiert sich vielmehr in Spiegelungen (8) und Maskeraden (9), die ein Denken begreifen kann, das der Überzeugung ist, daß die Ichentwicklung in keiner Maske erstarrt, sondern sich in ständigen Maskeraden und Konfigurationen von Selbst und Anderen realisiert, in einem Spiegelspiel von Subjekt, Mitsubjekt und Dingwelt, dessen pathologische Grenzen restlose Ichidentität und vollständige Objektivität sind. Die Aufgaben, die sich die hier vorliegenden Untersuchungen gestellt haben, bestehen daher vor allem darin, an bestimmte Theorietraditionen anzuknüpfen und dabei bislang wenig oder gar nicht gesehene Möglichkeiten aufzudecken, die über Schwierigkeiten dieser Konzeptionen hinweghelfen können. Durch neue Akzentuierungen und Verschiebungen sollen dabei bislang eher nebeneinander liegende Erklärungsansätze verknüpft und ihre Differenzen markiert werden, ohne sie in ein einheitliches System zu integrieren. Die Frage nach der möglichen Autonomie und ihren Grenzen ist nicht durch *eine* Theorie zu klären. Vielmehr zeigen sich Lösungsmöglichkeiten erst im Zusammenspiel und in der Differenzierung unterschiedlicher Theorieansätze an. Während z. B. phänomenologische Konzeptionen der Ichentwicklung den unbestreitbaren Vorzug darin haben, daß sie entlang konkreter Erfahrungsvollzüge in realen Lebensformen die Deformation der Entwicklung ausweisen können, haben kritische Theorien gesellschaftlichen Lebens den Vorzug, daß sie übergreifende zeitliche und strukturale Veränderungen in den Blick bringen können. Das hier gewählte Vorgehen ist dennoch nicht als Theoriebastelei zu betrachten, sondern als ein Versuch, auf eine Frage Antworten unterschiedlicher Theorierichtungen zu erhalten, um diese Betrachtungsmöglichkeiten sowohl in ihren Überschneidungen als auch in ihren Differenzen beachten zu können.

Im Hinblick auf die Entwicklung des Ich bis hin zu einer akzeptablen Identitätsbalance, die Voraussetzung für autonomes Verhalten ist, zeigt sich unter dieser Perspektive, daß Bilder wie Maske und Spiegel offensichtlich relevant im Hinblick auf Beschreibung und Erklärung von Ichentwicklungsprozessen sind. Wir finden den Begriff der Maskerade z. B. sowohl in der vom symbolischen Interaktionismus inspirierten Konzeption von Anselm Strauss als auch bei Lacan, als einem eigenwilligen Vertreter der psychoanalytischen Tradition. In beiden Konzeptionen wird mit Hilfe dieses Begriffes die Möglichkeit eines Ich bezweifelt, das völlig bei sich selbst sein könnte. Im Rahmen des symbolischen Interaktionismus wie auch in den Lacanschen Radikalisierungen der Psychoanalyse Freuds spielt die Sprache eine entscheidende Rolle in der Formation des Selbst. Allerdings sind auch solche symbolischen Ordnungen bedeutsam, die zwar strukturiert sind wie eine Sprache und sich auch durch sie artikulieren, aber nicht mit ihr zusammenfallen. Es ist gerade dieser Gesichtspunkt, der unsere sozialisationstheoretischen Überlegungen leiten soll. Damit gewinnen sie einen kritischen Standpunkt gegenüber der Habermasschen Konzeption von Sozialisation, die die entscheidenden Weichenstellungen im sozialen Prozeß der Ichbildung in der sprachlichen Entwicklung verorten. Der von Habermas modifizierte funktionalistische Rollenbegriff deutet in diese Richtung. Er bahnt die Bedeutsamkeit gestischer und sprachlicher Objektivierung und Distanzierung an. Dagegen soll die Bezeichnung Maskerade eher auf eine leibliche Intersubjektivität verweisen, in der soziale Potentiale in der Wahrnehmung und der Inszenierung von Wahrnehmungssituationen aufgedeckt werden und nicht erst im intersubjektiv verstandenen Gespräch. Formationen von Subjektivität als Maskeraden des Ich im Zusammenspiel mit anderen sollen dabei nicht so verstanden werden, daß es hinter der Maske doch ein authentisches Ich gibt, das den Formationen zugrundeliegt und durch Demaskierung zu entlarven wäre. Vielmehr wird sich das Ich als ein Ich nur in Maskeraden erweisen, die die Artikulationen seiner Lebensformen sind, seiner Selbstbilder, in denen sich der Blick der anderen fängt und deren imaginärer Charakter in keinem letzten Bild zum Stillstand kommt. Es ist die Vakanz der Maske, die sowohl ein Interagieren von Menschen und Menschen als auch eine Verwicklung des Menschen in die appellierende Dingwelt ermöglicht. Ein Ich, das wirklich bei sich wäre, wäre nur bei sich. Der Weg zum Anderen und zur Wahrnehmungswelt wäre abgeschnitten.

»Jedes *Bild* von ihm selbst ist ihm unerträglich, er leidet darunter, genannt zu werden. Er meint, daß die Vollkommenheit einer menschlichen Beziehung auf der Vakanz des Bildes beruht: untereinander, von einem zum andern, die *Adjektive* abschaffen; eine Beziehung, die sich mit Adjektiven versieht, ist auf Seiten des Bildes, auf der Seite der Herrschaft, des Todes.« (Barthes, Über mich selbst, S. 47) Wenn Roland Barthes an den Todeshauch von Adjektiven erinnert und Morgenstern rät: »Prüfe gelegentlich deine Adjektiva nach«, dann ist darin unter anderem auch die Furcht eingefangen, bestimmt zu sein von Eigenschaften, die dem Anderen wie ein Sortiment vorliegen. Die Bestreitung des Undurchschaubaren durch den Anderen, der immer schon genau weiß, was man ist und werden wird, engt den Möglichkeitsraum des Ich ein und kann besonders dann als gewaltsam empfunden werden, wenn in der Entwicklung des Kindes durch detektivisches Aufspüren von Ähnlichkeiten, Laufbahnen vorhergesagt und Muster der Entfaltung festgelegt werden. Der Prozeß der Stigmatisierung, der auf die Beteiligung der anderen bei der Herausbildung des Ich in besonderem Maße hinweist, bekämpft die letztliche Vakanz des Bildes, der Maske und damit das Protestpotential des Ich, das darin gründet, daß es zwar in den Relationen zu anderen und zu den Dingen das ist, was es ist, aber nicht in der bloßen Wiederholung, sondern in der kreativen Abwandlung.

Der Fragilität der Maskeraden, die kein Manko ist, sondern produktiver Mangel, kreative Dynamik, die die Veränderung und Abweichung möglich machen, entspricht ein letztes Mißverstehen in kommunikativen Prozessen. Nur weil wir nicht miteinander kommunizieren, so als ob wir Informationen austauschen, sondern, weil wir uns mißverstehen können, aneinander vorbeireden, manchmal den anderen besser verstehen als dieser sich selbst, bleiben Verständigungsprozesse lebendig und ermüden nicht in endlosen Wiederholungen. In dem Augenblick, in dem wir uns vollständig verstünden, hätte Miteinanderreden seinen Sinn verloren. Nur vor dem Hintergrund des Ideals eines starken Ichs, das sich beherrscht und anderen in der Konfrontation Paroli bieten kann, erscheinen die Vakanz der Maske und die Fragilität der Verständigung, deren Ahnung und deren Produktivität Habermas in seinem Begriff der »gebrochenen Intersubjektivität« bewahrt, als negative Mängel. Angesichts der Möglichkeit, Subjektivität als offenen Prozeß von Formationen zu betrachten, scheint die Produktivität des Mangels auf, der darin besteht, daß wir unsere Identität als Netz ausbilden, als Geflecht aus Dispositionen, die das an uns selbst Fremde mitausdrücken, es aber nicht zur alleinigen Herrschaft kommen lassen. Ein Denken, das diese Bewegung begreifen will, ist ein Denken in Horizonten (Merleau-Ponty), ein Denken in Konstellationen (Adorno), in Formationen (Foucault), in Konfigurationen (Elias). Es hält sich durch Unbestimmtheit in Bewegung, die nicht in absolutem Nichtwissen resigniert, sondern motiviert bleibt zum Wissen.

Daß sich Wissen in Formationen vervielfältigt, bedeutet nicht, daß es sich ins Beliebige verflüchtigt. Beliebigkeit ist einem leiblichen Wesen, das situiert ist, das seine Geschichte wie einen Kometenschweif bei sich hat, dem die Welt ein »Nessoshemd« ist, unmöglich. Die Formationen von Subjektivität sind vielfach vorgezeichnet, wenngleich nicht durch und durch determiniert. »Das Leben des Menschen ist Rekapitulation, aber nicht Rekapitulation des Lebens des Vaters oder des Urahns. Denn es ist neben der Rekapitulation, außer ihr noch ein Eigenes. Es ist ein Konkretum, es verläuft an einem konkreten Ort, in einer konkreten Zeit, unter konkreten Umständen. Und was wir das Leben des Einzelnen heißen, ist jene individuelle, einmalige Nuance der Rekapitulation, die der allgemeinen Tendenz durch ihre konkrete Lokalisation aufgeprägt wurde. Es gibt Zufälle. Dem Embryo war die stolze Hakennase vorbestimmt, die der Vater trug, es sollte sie wiederholen, so wie er sie seinem Vater nachtrug und dieser seinem. Die unvorsichtige Amme hat diesen Plan der Natur zerstört. Heute noch zeigt das Mißgebilde die Absichten der wiederholungswütigen Natur und die Zerstörung des Zufalls — Fall aus dem Kinderwagen — in groteskem Kompromiß. Und das Individuelle am Leben ist nichts als das System dieser Zufälle, der Kompromiß zwischen diesem System und der Rekapitulation. Die Tendenz der Wiederholung ist allgemein, ist vieldeutig. Und mein Leben ist eine der möglichen Deutungen.« (Bernfeld, Sisyphos, S. 144) Ein menschenmögliches Wissen bleibt fehlbar, es hat unscharfe Ränder, gerade weil es nicht mit seinem Gegenstand zusammenfällt. Es gibt »Anbietungen« der Gegenstände, denen wir in unterschiedlicher Weise entsprechen. Weil wir in Horizonten denken und in unserer Leiblichkeit an Perspektiven gebunden sind, folgen wir immer nur bestimmten Appellen und schließen andere aus, die nicht verschwinden und in bestimmten Situationen gegen ihren Ausschluß rebellieren können. Ist diese Rebellion unmöglich, herrscht Imperialismus.

Die unterschiedlichen Studien zu den Spiegelungen und Maskeraden des Ich münden schließlich in ein Konzept antwortender Subjektivität: Das Subjekt zeigt sich als Sujet-Subjekt (10), als Resonanz auf eine Welt, die es inspiriert, die es aber auch festlegt. In der Antwort auf bestimmte Situationen ereignet sich immer mehr als bloße Wiederholung, nämlich eine »kohärente Deformation« (Merleau-Ponty) der Situation durch das Ich, das die Vorherbestimmungen seiner Existenz durcheinanderbringt, indem es sie übernimmt.

2. Das verlorene Ich

> »Peter: Wer seid Ihr?
> Valerio: Weiß ich's? (Er nimmt langsam
> hintereinander mehrere Masken ab.) Bin
> ich das? Oder das? Oder das? Wahrhaftig,
> ich bekomme Angst, ich könnte mich so
> ganz auseinanderschälen und -blättern.
> Peter verlegen: Aber — aber etwas müßt
> Ihr denn doch sein?
> Valerio: Wenn Eure Majestät es so befeh-
> len! Aber, meine Herren, hängen Sie dann
> die Spiegel herum und verstecken Sie
> ihre blanken Knöpfe etwas, und sehen Sie
> mich nicht so an, daß ich mich in Ih-
> ren Augen spiegeln muß, oder ich weiß
> wahrhaftig nicht mehr, was ich eigentlich
> bin.«
>
> (Büchner, Leonce und Lena)

Stanisław Lem gibt in einer seiner futuristischen Erzählungen mit dem
Titel »Gibt es Sie, Mister Johns?« das Gespräch zwischen Richter, Anwalt, Kläger und Beklagten wieder, das sich im Kern um die Problematik
der Identität und des Personseins des Angeklagten dreht (vgl. Lem,
Nacht und Schimmel, S. 283 ff.). Wie häufig treibt Lem hier eine Ent-
wicklungstendenz moderner Gesellschaften auf die Spitze, um verdeck-
te Probleme sichtbar werden zu lassen. Der Richter beginnt mit der Feststellung: »Das Gericht erörtert nunmehr den Streitfall Cybernetics
Company contra Harry Johns.« Der Angeklagte gibt seine Personalien
wieder mit den Worten: »Ich heiße Harry Johns, geboren am 6. April
1917 in New York«. Der Anwalt interveniert bereits jetzt mit der Behauptung, daß der Beklagte die Unwahrheit spreche, weil er durchaus
nicht geboren sei. Selbst der Hinweis auf die Geburtsurkunde und die
Anwesenheit des Bruders im Saal reicht nicht hin, und der Anwalt beharrt: »Das ist nicht Ihre Urkunde, und dieses Individuum ist nicht Ihr

Bruder«. Der Angeklagte verweist darauf, daß er ein erfolgreicher Renn-
fahrer mit zahlreichen Siegen ist. Da überdies der Gegenstand der Klage
kristallklar sei, benötige er keinen Verteidiger. Der Anwalt rekonstru-
iert den Vorfall folgendermaßen: »Vor zwei Jahren erlitt der Beklagte bei
einem Autorennen in der Nähe von Chicago einen Unfall und verlor ein
Bein. Damals wandte er sich an unsere Firma. Die Cybernetics Company erzeugt bekanntlich Arm- und Beinprothesen, Kunstnieren, Kunst-
herzen und andere Ersatzorgane. Der Beklagte bezog gegen Teilzahlung
eine linke Beinprothese und erlegte die erste Rate. Vier Monate später
wandte er sich neuerlich an uns, diesmal bestellte er Prothesen zweier
Arme, eines Brustkorbs und eines Genicks«. Die weitere Darstellung ergibt, daß sich der Beklagte in weiteren Fällen an die Firma wandte, unter
anderem um einen Ersatz für eine Großhirnhalbkugel zu erhalten. Gegenstand der Klage ist, daß der Beklagte die von der Firma bezogenen Tei-
le nicht zu bezahlen bereit ist. Der Anwalt fährt fort: »Als die Schuld des
Beklagten auf 29 863 Dollar angestiegen war, klagten wir auf Rückgabe
aller bezogenen Prothesen. Jedoch das Staatsgericht wies unsere Klage
mit der Begründung ab, daß ihn der Entzug der Prothesen um das weitere Dasein gebracht hätte. Zu jener Zeit war nämlich von dem ehemaligen Mister Johns nur noch die eine Gehirnhälfte übrig«. Die Empö-
rung von Mister Johns äußert sich in der Frage: »Was heißt ›ehemaliger
Johns‹?« Der Anwalt faßt zusammen: »Herr Richter, zu der Hauptsache
möchte ich noch bemerken, daß der Beklagte im Grunde genommen gar
kein Beklagter ist, sondern ein materieller Gegenstand, der behauptet,
sich selbst zu gehören.« Mister Johns wehrt sich als freidenkende Persönlichkeit gegen die Anschläge eines Großkonzerns. Seine Ausführungen
gipfeln in der Feststellung »Ich bin der Rennchampion namens Harry
Johns und keine Maschine!« Widerwillig muß der Ankläger den Erfolg
der maschinellen Überholung von Mister Johns anerkennen, denn dieser stellt triftig fest: »entweder ich bin eine Maschine, dann darf diese
Verhandlung gar nicht stattfinden, da eine Maschine in einem Gerichts-
verfahren nicht Partei sein darf, oder ich bin keine Maschine, sondern
eine Person, und was für Rechte auf mich beansprucht dann irgendeine
Firma?« Als sich die Situation so zuspitzt, daß der Bruder des sogenannten Beklagten vernommen werden soll, stellt sich heraus, daß auch hier
die Firma bereits wesentliche Eingriffe vorgenommen hat. Der Bruder
wurde das Opfer einer Flugzeugkatastrophe und auf Antrag der Witwe

wurde ein neuer Bruder des Beklagten hergestellt, der anwesend ist. Johns sagt: »Warum kann der Bruder nicht aussagen? Meine Schwägerin hat doch den Kaufpreis bar bezahlt.« Richter: »Bitte um Ruhe! In Anbetracht der Notwendigkeit einer Überprüfung zusätzlicher Umstände durch das Gericht — wird die Verhandlung vertagt«.

Lyotard kommt in seinen Analysen von Wissensformationen hoch entwickelter Industrieländer zu dem Ergebnis, daß hier Informationen als Waren zirkulieren in einem Ausmaße, daß man von einer »Hegemonie der Informatik« sprechen kann. Um die vermuteten Veränderungen innerhalb der Entwicklung kapitalistischer Gesellschaften in den Blick bringen zu können, müssen die Sprachspiele aufgeklärt werden, in denen sich die Lebensformen ausdrücken. Die Veränderungen im Hinblick auf die Aufbruchstimmung der bürgerlichen Gesellschaft zeigen sich dann als der Verlust an einigenden Orientierungen, der einen Gewinn an Vielfalt und Konkurrenz der Diskurse bedeutet. Was dem liberalen Marktgeschehen nicht gelang aufgrund der Beharrlichkeit ständischer Strukturen in Form von kapitalmächtigen Ausbeutungen unterprivilegierter Schichten, soll durch die Zeugenschaft agonaler Strukturen zwischen inkommensurablen Sprachspielen gelingen. Dies läßt die Selbstkonzeptionen der Handlungssubjekte nicht unbeeinflußt. Die oppositionelle Bedeutung eines agilen autonomen Subjekts wird abgelöst durch die Provokation eines »zerstreuten Subjekts« (Bloch, Geist der Utopie, S. 253), das in keiner Identität zur Ruhe kommt.

Lyotard geht von Sätzen aus, die die Grundbausteine der Sprache bilden und die er sich wie Leibnizsche Monaden vorstellt. In den unterschiedlichen Sprachspielen besteht zwar die Notwendigkeit der Fortsetzung von Satzketten, allerdings ist diese Anknüpfung nicht fest geregelt und deshalb frei und gewaltsam in eins. Weil der Anschluß nicht zwangsläufig ist, ereignet sich in seiner Wahl die Unterdrückung der jeweils unterbliebenen Satzverflechtung. »Von diesem Atomismus der Sätze ausgehend, erscheint das Problem der Identität in seiner ganzen Tragweite. Das Pronomen *ich* erlaubt offensichtlich keine Festlegung der persönlichen Identität. Eine unendliche Anzahl von Sprechern kann den Platz des Senders in einem gegebenen Satz einnehmen, und jeder von ihnen ist im Universum dieses Satzes durch das Pronomen *ich* (oder sein Äquivalent in anderen Sprachen) gekennzeichnet. Umgekehrt bedeutet dies, daß zwischen einem Satz und dem folgenden durch nichts sichergestellt ist, daß ›ich‹ noch dieselbe Entität bezeichnet. Selbst die vorgeblich unwiderrufliche Gewißheit des *Ich bin* bei Descartes ist seiner jeweilig aktuellen Aussage untergeordnet: ›… dieser Satz: '*ich* bin, *ich* existiere', [ist] sooft ich ihn ausspreche oder in Gedanken fasse, notwendig wahr‹. (Descartes, *Zweite Meditation*, § 3) Von einem auf das andere Mal gibt es keine Gewißheit, daß es sich bei *ich* noch um denselben handelt.

Versucht man, diese Schwierigkeit zu umgehen, indem man die Identität des jeweils eigenen Körpers heranzieht, so vervielfältigt sie sich nur. Grosso modo: das, was man ›Körper‹ nennt, ›spricht‹ entweder selbst oder ist Objekt eines Satzes. Er ist also im Universum der Sätze entweder in der Situation des Senders oder des Referenten. Im ersten Fall untersteht der Satz des Körpers (*Ich habe Zahnschmerzen, Ich fühle mich nicht wohl, Es geht so*) dem, was Wittgenstein als ›Idiolekt‹ bezeichnet. Er ist durch keinen anderen Sprecher als besagten Körper falsifizierbar. Das gleiche gilt auch für das Gefühl. Es ist unmöglich, ›meine‹ Traurigkeit oder ›mein‹ Herzjagen zu erkennen, wenn ich sie nicht erkläre (oder ausdrücke). Überdies — bleiben wir bei dem, was als ›Innerlichkeit‹ bezeichnet wird — ist durch nichts sichergestellt, daß es stets derselbe Körper ist, der einmal sagt: *Ich habe Schmerzen* und ein anderes Mal: *Es geht besser*. Auch hier begegnen wir wieder dem Rätsel der momentanen Synthese, die an den Augenblick gebunden ist«. (Lyotard, Der Name und die Ausnahme, S. 181 f.)

Mit diesen beiden Textstücken von Lem und von Lyotard ist auf Grundprobleme der Identität verwiesen, die auch die Bestimmung von Autonomie umgrenzen. Die Frage, ob der Verlust eines oder mehrerer Körperteile die Identität beeinflusse, wird von Stanisław Lem in den Blick genommen angesichts der realistischen Möglichkeiten, menschliche Organe zu substituieren. »Seit mehreren Jahrzehnten begreifen die Genetiker das Leben nicht mehr als eine Organisation, die überdies die seltsame Fähigkeit besitzt, sich fortzupflanzen, sondern sehen gerade im Mechanismus der Reproduktion das, was in die Dimension des Biologischen einführt: Matrix nicht bloß des Lebendigen, sondern des Lebens.« (Foucault, Sexualität und Wahrheit I, S. 98) Die Anonymität ist in das Entstehen des Lebens selbst eingewandert. Künstliche Insemination, Leihmutterprinzip stellen die Realisationsformen von Elternbeziehungen dar, die eine andersartige Auffassung von Familie provozieren. Die Frage nach der Einmaligkeit des Individuums stellt sich in radikaler Weise, wenn es produziert werden kann wie andere Waren auch. Ab wann ist die Person nicht mehr sie selbst? Durch die drastische Überspitzung realistischer Möglichkeiten rückt das Problem ins Zentrum, daß sich Identität nicht so ohne weiteres auf eine kognitive selbstreflexive Beziehung reduzieren läßt. Wenn Mead noch behaupten konnte, daß der Verlust eines Körperteils die Identität nicht verändere (vgl. Mead, Mind, Self and Society, S. 136), so haben reale Entwicklungen diese Unbekümmertheit in Zweifel gezogen, wenngleich Forscher wie Eccles, die das Gehirn zur alleinigen materiellen Basis unserer Persönlichkeit bestimmen (vgl. Eccles, Die menschliche Persönlichkeit, S. 229), zwar Unerklärlichkeiten im Zusammenspiel von Körper und ›Seele‹ zugestehen, aber die Frage der Selbigkeit der Person für unproblematisch halten, weil Gehirntransplantationen chirurgisch unmöglich seien.

Die medizinische Entwicklung und gentechnologische Forschungen erweitern die Substitutionspraxis in einem enormen Maße. Sie konfrontieren uns gleichzeitig mit unserer Ohnmacht gegenüber der Frage, ob das technisch Machbare auch zugleich das menschlich Wünschenswerte ist. Generelle Regelungen sind auch hier an die Grenze gekommen, weil eine undifferenzierte Befürwortung oder eine unterschiedslose Ablehnung den realen Fortschritten und Bedrohungen nicht gerecht werden können. So kann die theologisch und philosophisch-ethisch debattierte Frage, wann der Anfang des menschlichen Lebens zu sehen ist, kaum die Frage lösen, die sich angesichts der einzelnen Entscheidung bezüglich einer Abtreibung stellt. »Die Situation ist die, daß wir die Regeln, nach denen solche Fälle zu beurteilen sind, nicht mehr besitzen und damit ist die Eigenverantwortung des Urteilens größer geworden. [...] Es gibt keine Gerechtigkeit mehr im Sinne einer universellen Gesetzgebung, die erlaubt, in all diesen Fällen zu entscheiden, was man zu tun und was man zu lassen hat« (Lyotard im Gespräch, S. 117). Der Vervielfachung von Möglichkeiten des Eingriffs in Lebensvollzüge entspricht die Abnahme allgemeiner Lösungsrichtlinien. Die Frage nach dem Übergang vom Demiurgen-Subjekt zur Subjekt-Kreatur wird immer dringlicher, weil es nicht nur Sache der ontologischen Beschreibung ist, welche Auffassung Maßgeblichkeit erhält, sondern immer auch Ergebnis eines sozialen Kampfes, welche Selbstkonzeption Menschen sich und anderen zubilligen. Diese Definitionsmacht erhält eine beängstigende Bedeutung, wenn Lyotards Spürsinn auf Unabweisbares trifft, wenn nämlich der

Riß durch das Denken, Sprechen und Erleben des Menschen selbst verläuft, wenn unser Selbstverständnis nichts anderes ist als eine zufällige Collage momentaner Synthesen.

Leibliche Habitualitäten und Aktualitäten konstituieren ein Identitätsfeld, das sich nicht in einem Pol zusammenziehen läßt. Dieses Identitätsfeld bestimmt den Ort des Ich, ohne es auf diesen festzulegen. Lyotards Ausführungen treiben die Ichspaltung, die sich ereignet, wenn ein Ich sich selbst Gegenstand wird, auf die Spitze. Referent und Sender sind nicht mehr nur unterschieden, sondern getrennt. Die unvermeidliche Nachträglichkeit des Sprechers gegenüber der Sache, über die gesprochen wird, scheint Identität auszuschließen. Das Ich, das über sich spricht, kann nicht wissen, ob es dasselbe ist, über das es spricht. Die Vervielfältigung des Ich scheint unbegrenzt zu sein, und der Verlust einer bindenden Einheit tritt drastisch in den Vordergrund.

Sowohl die futuristische Erzählung von Stanisław Lem als auch die sprachspielorientierte Analyse Lyotards stellen jeweils auf ihre Weise eine Spiegelungsform gesellschaftlicher Erfahrung dar. Die unterschiedlichen Erfahrungen der Subjekte einer bürgerlichen Gesellschaft im Hinblick auf die Diskrepanz zwischen dem Anspruch auf Mitbeteiligung an existenzbestimmenden Entscheidungen und der Realität, die eher dem Gefühl marionettenhafter Führung entspricht, erreicht in einer bestimmten Form der sogenannten Informationsgesellschaft ihren Höhepunkt. Durch die Zirkulation elektronischer Daten, die sowohl im öffentlichen als auch im privaten Bereich den Ruf haben, zunehmend an Einfluß zu gewinnen, erfährt sich das Subjekt immer seltener als Urheber von Aktionen. Die Doppeldeutigkeit des Subjekts, die die Reformeuphorie der Aufklärung zugunsten der Subjektzentrierung in Vergessenheit geraten ließ, bringt sich wieder in Erinnerung. Das Subjekt unterwirft nicht nur bislang unbegreifliche Vorgänge seiner Erkenntnismacht, sondern ist gleichzeitig selbst dieser Prozedur untergeordnet. Die jeweilige historische Konstellation unterstreicht die Schwerpunkte dieser grundsätzlichen Ambivalenz. Zur selben Zeit büßen Konzepte, die die aufklärerische Bedeutung autonomer Subjektivität begründet und begleitet haben, ihren kritischen Gehalt ein, indem sie radikalen Zweifeln unterzogen werden. Die provokative Kraft aufhellender Rationalität weicht immer mehr der Herausforderung durch bislang eher verachtete menschliche Daseinsformen. Angesichts der Simulationsmöglichkeiten sogenannter künstlicher Intelligenz gewinnen die leiblichen Dimensionen menschlicher Existenz als nicht rekonstruierbares Residuum spezifisch humaner Möglichkeiten immer mehr an Gewicht. Wenn also die Rehabilitierung vergessener animalischer Einbettung und die Wertschätzung vor- und nichtkognitiver Selbst- und Weltkonzeptionen zunimmt, so bedeutet dies nicht so ohne weiteres die Näherung an ontologische Wahrheiten, sondern auch einen Reflex auf veränderte reale Situationen. »Jahrtausende hindurch ist der Mensch das geblieben, was er für Aristoteles war: ein lebendes Tier, das auch einer politischen Existenz fähig ist. Der moderne Mensch ist ein Tier, in dessen Politik sein Leben als Lebewesen auf dem Spiel steht.« (Foucault, Sexualität und Wahrheit I, S. 171) Sowohl die Anhäufung monströser Vernichtungspotentiale als auch die technologischen Möglichkeiten der Reproduktion lebender Organismen stellen die Selbstverständlichkeit der animalischen Existenz in Frage. War dem *animal rationale* bislang seine Rationalität das Problem, so zeigt die gegenwärtige Konstellation darauf, daß es als Animalität real bedroht ist.

Lem übertreibt die Substitutionsmöglichkeiten medizinischer Entwicklung bis zu einem Punkt, an dem die Selbstbestimmung aufgrund von Zugriffsmöglichkeiten zu verschwinden droht. Lyotard dramatisiert die agonale Struktur von Subjekt und Objekt so weit, daß sich das Subjekt, wenn es sich selbst zum Objekt macht, nicht wiederfindet. Die Stimmung des *fin de siècle*, die abrechnet mit Verlust und Gewinn der Jahrhunderterfahrung, wird deutlich und findet ihre Parallelen in ähnlichen Darstellungen und Befürchtungen um die Wende vom 19. zum 20. Jahrhundert.

Am Ende des vorigen Jahrhunderts erreichte der Prozeß der Industrialisierung seinen vorläufigen Höhepunkt. Anzeichen für diese Entwicklung sind die Weltausstellungen, die die Menschen mit ihren technischen Errungenschaften und den Möglichkeiten der Modernisierung anschaulich konfrontierten. Gleichzeitig unterstrich das unübersichtliche Großstadtleben die Erfahrung der Zerstreuung und Anonymisierung. Philosophisch reagierte eine Lebensphilosophie auf diese Entfremdungserscheinungen, indem sie dem Begriff des Lebens einen oppositionellen Gehalt gegenüber der rationalisierten Entfremdung zumaß. Die Forderung »Zu den Sachen« selbst bestimmte nicht nur deskriptive Theorien und wurde zum Schlachtruf der phänomenologischen Bewegung unseres Jahrhunderts, sondern konnte auch mit Recht von positivistischen Anstrengungen in Anspruch genommen werden, weil sich hier eine Physiognomik der Zeit ausdrückte, die darin besteht, daß im Gegenzug zu der technologischen Entfremdung die Sache selbst in den Blick gerückt wurde. Dabei waren die Entfremdungserfahrungen nicht nur Sache einiger Wissenschaftler, die sich ihren epistemischen Leistungen gegenüber skeptisch verhielten, vielmehr kann man durchaus von einem Klima sprechen, das in den unterschiedlichsten Zeugnissen seinen Ausdruck fand. Diese Klagen über eine Verkümmerung von Erfahrung beziehen sich u. a. darauf, daß die Welt der Dinge in zunehmendem Maße repräsentiert ist in ökonomischen Warenbeziehungen. Dazu stellt Simmel fest: »Die qualitative Seite der Objekte büßt durch die Geldwirtschaft an psychologischer Betonung ein, die fortwährend erforderliche Abschätzung nach dem Geldwerte läßt diesen schließlich als den einzig gültigen erscheinen, immer rascher lebt man an der spezifischen, ökonomisch nicht ausdrückbaren Bedeutung der Dinge vorüber, die sich nur durch jene dumpfen, so sehr modernen Gefühle gleichsam rächt: daß der Kern und Sinn des Lebens uns immer von neuem aus der Hand gleitet, daß die definitiven Befriedigungen immer seltener werden, daß das ganze Mühen und Treiben doch eigentlich nicht lohne.« (Simmel, Das Geld in der modernen Kultur, S. 85)

Dieser Weltkonzeption entspricht eine Selbstkonzeption, die sich nicht mehr auf ehemalige Stabilisierungen verlassen kann. Nicht nur Freuds psychoanalytische Aufklärung dunkler Dimensionen eines ehemals als selbstbewußt vermeinten Ich, sondern auch andere Theorien thematisieren die Erfahrung der Zerstreuung des Menschen, der sich weder in der Einheit einer christlichen Seele noch in der Einheit einer alles begreifenden Vernunft erfuhr, sondern als orientierungsarmes Ich ohne stabiles Zentrum und verläßliche Grenzen. »Ich bin Myriaden Ichs und meine Ich-Persönlichkeit, die mir von der Innenanschauung aus als etwas ganz Unzusammengesetztes erscheint, besteht für die Außenbetrachtung aus unendlichen Ich-Wesen.« (Hart, Der neue Gott, S. 258) Man spricht von einem »impressionistischen Menschen«, der sich in der Fülle der Reize nicht als Identität stabilisieren kann. Diese Angst vor der Zerstreuung des Ich hat eine fast pathologische Sehnsucht nach einem integren Selbst zur Folge, was dazu führt, daß die Konzentration auf das »Innere«, das eigentliche Selbst, die einsetzt, kaum eine kritische Kraft gegen die real erlebten Entfremdungs-erscheinungen ausbilden kann. Mach spricht von einem »Ich-Kom-plex« (Mach, Analyse der Empfindungen, S. 21). Musil spricht von »Ei-genschaften ohne Mann« (Musil, Mann ohne Eigenschaften, S. 150). Benjamin zeichnet die Gegenwelt des Flaneurs, der der Hektik des Großstadtlebens den Spiegel vorhält.

Kalkül und Planung werden als signifikant für Objektbeziehungen im alltäglichen Bereich erlebt, charakterisieren aber auch die Sphäre wis-senschaftlich-instrumenteller Vernunft. Selbst die Sprache scheint etwas einzubüßen, was sie vordem garantierte. Sie rührt nicht mehr an die Dinge, sondern wird zum Komplizen eines desubstantialisierenden Ent-fremdungsgeschehens. »Denn die Worte haben sich vor die Dinge ge-stellt. Das Hörensagen hat die Welt verschluckt.« (Hofmannsthal, Eine Monographie, S. 479) Worte zirkulieren wie Waren in einem für den Menschen »gespenstischen Zusammenhang« (ebd., S. 480). Einen ver-wandten Ausdruck finden diese Erfahrungen durch Rilke, der sein Ge-dicht »Ich fürchte mich so vor der Menschen Wort« in der letzten Stro-phe mit der Warnung vor der gewaltsamen Eindeutigkeit einer präzisen Sprache schließt:

»Ich will immer warnen und wehren: Bleibt fern.
Die Dinge singen hör ich so gern.
Ihr rührt sie an: sie sind starr und stumm.
Ihr bringt mir alle die Dinge um.«

Es verwundert nicht, daß die Rehabilitierung des Schweigens gegen die Gewaltsamkeit des Sprechens eine um die Jahrhundertwende durch-aus populäre Fluchtbewegung aus den Fängen einer gläsernen, unleben-digen Vernunft darstellt. »Die Sensationen allein sind Wahrheit, zuver-lässige und unwiderlegliche Wahrheit; das Ich ist immer schon Konstruk-tion, willkürliche Anordnung, Umdeutung und Zurichtung der Wahr-heit, die jeden Augenblick anders gerät, wie es einem gerade gefällt, eben nach der Willkür der jeweiligen Stimmung, und man hat genau ebenso viel Berechtigung, sich lieber gleich hundert Iche zu substituieren, nach Belieben, auf Vorrat, woher und wodurch die Dekadence zu ihrer Ich-losigkeit gedrängt ward.« (Bahr, Zur Überwindung des Naturalismus, S. 84) Julius Hart spricht sein Zeitgefühl aus, indem er Myriaden von Ichs gewahrt, die nicht mehr ausmachen lassen, daß ›mein Ich‹ leitend und be-stimmend ist (vgl. Hart, Der neue Gott, S. 258 f.). Die Sehnsucht nach dem Dunklen und Rätselhaften wirft die Frage auf: »*wie können die Bewußtseins von Myriaden von Zellenindividuen zu einem menschlichen Ichbewußtsein werden?* Etwas Wirkliches ist die vollkommene Einheit, etwas Wirkliches aber auch die aus unendlich vielen Teilen Zusammengesetztheit alles Wesens. Das Eine ist nur das Viele und doch ist es ganz etwas Anderes.« (Hart, ebd., S. 261) Weit entfernt von jedem Verdacht neoromantischer Nostalgie stellt Mach fest: »Das Ich ist unrettbar. [...] Der einfachen Wahrheit, welche sich aus der psychologischen Analyse ergibt, wird man sich auf die Dauer nicht verschließen können. Man wird dann auf das Ich, welches schon während des individuellen Lebens vielfach variiert, ja im Schlaf und bei Versunkenheit in eine Anschauung, in einen Gedanken, gerade in den glücklichsten Augenblicken, teilweise oder ganz fehlen kann, nicht mehr den hohen Wert legen« (Mach, Analyse der Empfindungen, S. 20).

Die gegenwärtigen Erfahrungen, die einen zuspitzenden Ausdruck in der Behauptung vom Tod des Subjekts finden, stellen nicht bloß eine Wiederholung der Erfahrungen um die Jahrhundertwende dar, sondern bedeuten eine weitere Dramatisierung. Bevor die Barbarei zweier Weltkriege erfahren und bevor die perverse Vorstellung einer mehrfachen Vernichtung der Welt möglich wurde, konnte die Zerstreuung des Ich als Verlust erfahren und grundsätzlich als Vervielfältigung eines schließlich doch als Einheit begreiflichen Ich in seinen Spiegelungsformen aufgefaßt werden. Dagegen scheint heute die Hoffnung auf eine einigende Instanz gänzlich verloren zu sein. Das Subjekt scheint nicht nur verstreut, sondern als Subjekt in seinen selbstbestimmenden Möglichkeiten verloren gegangen zu sein.

Diese umstrittene Zeitdiagnose ist aus vielen Gründen zu bedenken. Zum einen ist zu fragen, ob sich in dieser radikalen Kritik lediglich die Suche nach neuen Subjektformationen ausdrückt, was bedeutet, daß nicht das Subjekt abgeschafft werden soll, sondern eine spezifisch historisch bestimmte Auffassung von Subjektivität. Zum anderen vernachlässigt diese Diagnose, daß das Subjekt niemals eindeutig als spontanes Aktzentrum aufgefaßt werden konnte, sondern seit den Anfängen seiner Konzeption von einer tiefen Doppeldeutigkeit durchzogen ist. Die Dialektik der Aufklärung betrifft nicht nur die inneren Widerwendigkeiten der Rationalität, sondern auch die innere Widersprüchlichkeit eines Subjekts, das sich in dem Maße, in dem es seine Welt unterwirft, objektiviert und ausbeutet, auch sich selbst zum Gegenstand dieser Bändigung und dieses Imperialismus macht. Das Subjekt, das sich in zunehmendem Maße wahrnimmt als Teil der Welt, muß erkennen, daß es als solches den selben Prozeduren unterliegt und kein Residuum in einem autonomen Bewußtsein finden kann. Die Frage danach, ob das Ich verloren ist, muß von diesem Befund ausgehen, um nicht wissenschaftlich oder philosophisch unbemerkt eine gesellschaftlich konkrete Erfahrung zu ratifizieren, ohne den Überschuß von Erkenntnis auszunutzen.

3. Formationen von Subjektivität

»Sokrates: So laß uns denn bedenken, in welches unter allen Dingen schauend wir doch jenes und uns selbst erblicken würden?

Alkibiades: Offenbar doch, o Sokrates, in Spiegel und dergleichen.

Sokrates: Richtig gesprochen. Ist aber nicht auch in dem Auge das, womit wir eigentlich sehen, eben so etwas?

Alkibiades: Freilich.

Sokrates: Denn du hast doch bemerkt, daß, wenn jemand in ein Auge hineinsieht, sein Gesicht in der gegenüberstehenden Sehe (Pupille) erscheint wie in einem Spiegel, was wir deshalb auch das ›Püppchen‹ nennen, da es ein Abbild ist des Hineinschauenden.

Alkibiades: Ganz richtig.

Sokrates: Ein Auge also, welches ein Auge betrachtet und in das hineinschaut, was das Edelste darin ist und womit es sieht, würde so sich selbst sehen.

Alkibiades: Das ist offenbar.

Sokrates: Wenn es aber auf irgendeinen andern Teil des Menschen sähe oder auf irgendein anderes Ding außer jenem, dem dieses ähnlich ist, wird es nicht sich selbst sehen.

Alkibiades: Richtig.

Sokrates: Wenn also ein Auge sich selbst schauen will, muß es in ein Auge schauen, und zwar in den Teil desselben, welchem die Tugend des Auges eigentlich einwohnt. Und die ist doch die Sehe (Pupille)?

Alkibiades: So ist es.«

(Alkibiades I)

Eine Konsequenz aus den vorangegangenen Überlegungen über das verlorene Ich könnte sein, die Suche aufzugeben und sich der anonymen Zirkulation von Sprachspielen oder Systemen zuzuwenden. Der Erklärungsgehalt solcher Theorien, die diesen Weg gehen, ist hoch in bezug auf die Anonymisierung und Integrationskraft unserer Gesellschaft. Gleichzeitig können sie nicht die Erfahrung aufnehmen, daß wir selbst als Akteure, wenn auch in einem noch so geringen Maße, Zeugen des Geschehens sind. Sie berücksichtigen, daß das Subjekt ein Niemand ist, und vergessen, daß es auch als ein Jemand fungiert. Solche Einschätzungen können dann auch nicht über ihren Status als Widerspiegelung gesellschaftlicher Realität hinausgehen, kritisch werden in dem Sinne, daß sie zu zeigen vermöchten, in welchem Maße und an welchem Ort das Subjekt Verantwortung für sein Handeln übernehmen kann. In diesem Falle büßte die Illusion von Autonomie selbst ihren illusionären Charakter ein, weil die Transitivität, die in der provokatorischen Kraft der versagten Erfahrung gründet, in Vergessenheit geriete. Ein anderer Ausweg aus diesen Spiegelungsgestalten gegenwärtiger gesellschaftlicher Realität besteht darin, daß man nach einer neuen Auffassung von Subjektivität sucht, d. h. daß man den Ort des Subjekts neu bestimmt.

Diese Frage ist Gegenstand sowohl philosophischer als auch psychologischer und sozialisationstheoretischer Überlegungen. Dabei ist zu beachten, daß es eine Vielzahl von sozialisationstheoretischen Konzepten, aber keine einheitliche Sozialisationstheorie gibt. Vergleichliches gilt sowohl für die Philosophie als auch für die Psychologie. Dies erscheint nur dann als ein zu behebender Mangel, wenn man davon ausgeht, daß die Identitätsgewinnung ein einheitlicher Gegenstand einer einhelligen Theorie sein könnte. Es zeigt sich jedoch, daß die Vielfalt der Zugänge, etwa aus psychoanalytischer, sozialgeschichtlicher, anthropologischer oder philosophischer Sicht die Mehrdeutigkeit des Phänomens widerspiegelt. Gemeinsam ist den unterschiedlichen Erklärungsweisen von Sozialisation, daß sie davon ausgehen, daß Vergesellschaftung und Individuierung verflochtene, nicht zu trennende Aspekte des Hineinwachsens von Kindern in unsere Gesellschaft bedeuten. War der Bildungsbegriff zu Beginn der Emanzipationsfindung der bürgerlichen Gesellschaft suggestiver Titel für die Bedeutsamkeit der Autonomiebestrebungen, so übernahm der Sozialisationsbegriff in den 60er Jahren die Aufgabe, die vielfältigen Verwicklungen des Individuums in seine sozialen Voraussetzungen, Möglichkeiten und Grenzen ins Gedächtnis zu rufen. Es ist als eine Bereicherung geisteswissenschaftlicher oder philosophischer Forschung durch sozialwissenschaftliche Fragestellungen anzusehen, daß sie den Blick auf die überpersonalen Bedingungen und Voraussetzungen subjektiven und intersubjektiven Handelns richteten und diese einer interdisziplinären Bearbeitung zugänglich machten (vgl. Schaller, Pädagogik der Kommunikation, S. 242 ff.). Von daher ist es auch gewissermaßen leichtsinnig, wenn heute unter dem Einfluß von verschiedenen Endzeitstimmungen ein Affekt gegen eine empirieoffene Erforschung deutlich wird. Wurde der Sozialisationsbegriff Ende der 60er und anfang der 70er Jahre begrüßt als tauglicher Ausdruck für die vernachlässigte gesellschaftliche Seite von Entwicklungsprozessen, so zeigt sich mit aufkommender institutionen- und wissenschaftskritischer Stimmung bald die Furcht, daß man aufgrund der Erforschung überpersonaler Bedingungsgefüge die Spielräume des Einzelnen aus dem Blick verliert. Der Bildungsbegriff soll wieder gutmachen, was Sozialisationstheorien vernachlässigten. Die Zuwendung zu konkreten Erfahrungssituationen tritt in eine eigentümliche Frontstellung zur empirischen Untersuchung allgemeiner Strukturen von Lebensformen. Dies entspricht durchaus einer traditionellen Arbeitsteilung und zugleich hierarchischen Ordnung von Philosophie und Einzelwissenschaft. »Suchen die Einzelwissenschaften immer mehr Gesetzmäßigkeit; werden sie dadurch, vor aller Gesinnung, zur Partei des Determinismus gedrängt, so lagern sich in der Philosophie zunehmend vorwissenschaftliche, apologetische Anschauungen von der Freiheit ab.« (Adorno, Negative Dialektik, S. 214) Die »Partei des Determinismus« wird abgelehnt von solchen Positionen, die zuversichtlich auf die Stärke eines zupackenden Selbst hoffen. Dabei entsteht die Gefahr, kreative Möglichkeiten — Muster privilegierten sozialen Verhaltens — zum allgemeinen Verhaltensschema zu stilisieren.

Hand in Hand mit neokonservativen Ermutigungen zur Erziehung und Rehabilitierung ordnungsverbürgender Tugenden geht eine Wissenschaftsfeindlichkeit, die ein Zuviel an Aufklärung und Emanzipation für unterschiedliche Fehlentwicklungen verantwortlich macht. Dabei wird auf öffentlichkeitswirksamen Foren nicht selten der Blick von den Ursachen abgelenkt, die viel eher in politischen Tendenzwenden und ökonomischen Verlagerungen als in den reformorientierten Konzeptionen selbst liegen. Die erneute Konzentration auf die Handlungsmöglichkeiten und -verantwortlichkeiten des Einzelnen birgt die Gefahr, die für den Einzelnen unüberwindlichen sozialen Beschränkungen zu bagatellisieren zugunsten einer Entlastung zuständiger Institutionen und auf Kosten ohnehin benachteiligter Mitglieder unserer Gesellschaft. Eine Vergewisserung über den Zusammenhang von Vergesellschaftung und Individuierung ist daher eine nach wie vor anstehende Aufgabe der Reflexion über Möglichkeiten und Grenzen von Autonomie. Die Bedenken gegenüber einer Tilgung von Subjektivität können sich kritisch auf die Thematisierung von Sozialisationsvollzügen beziehen, ohne die wissenschaftlichen Bemühungen der unterschiedlichen empirieoffenen Forschungen zu verwerfen. Dazu ist es erforderlich, über Subjektivität in der Weise nachzudenken, daß man die Alternative von Bildung zur Autonomie und Sozialisation in reproduktiven gesellschaftlichen Verhältnissen in Bewegung bringt, um übersubjektive Konturierungen und Bedingungen der Individualgenese sichtbar zu machen in der Absicht, nach Möglichkeiten der Subjektformation von Einzelnen zu suchen.

Ein gängiger Vorwurf gegen eine sozialisationstheoretische Akzentuierung der Identitätsbildung richtet sich gegen die Überbetonung kollektiver Bedingungen der Ichfindung. Dieser Vorwurf bildet auch ein Gefühl ab, das für Ohnmachtsempfindungen angesichts der Aussichtslosigkeit eingreifenden Handelns typisch ist. Das Gefühl der Fremdbestimmung, das sich besonders gegenüber der zunehmenden Technisierung unserer Lebensformen zeigt, vermittelt eine Angst vor der Anonymität, vor der Unmaßgeblichkeit des eigenen Handelns, wie sie tatsächlich vielfältig zu erfahren ist. Die einzelne Aktion richtet wenig aus, systemstabilisierende Kolonialisierungsbewegungen haben von langer Hand die Akteure, die Erfahrungssubjekte an die Ränder ihrer Einflußfelder gedrängt. Der theoretische Reflex drückt dies seit einiger Zeit unter Stichworten wie »Verschwinden des Subjekts« und »Hyperrealität« aus. Dabei unterscheiden sich die Theorierichtungen in der Bewertung dieser Befunde.

Zeigt sich für die einen in der Vollstreckung der Desubjektivierung die lang ersehnte Überwindung tyrannischer Zentrierungen sowohl des Erkennens als auch des Handelns, so signalisiert für die anderen das Verschwinden des Subjekts den Terror von antihumanistischen Tendenzen (vgl. Ferry/ Renault, Antihumanistisches Denken). Kündigt sich in der Transformation einer widerständigen Realität in eine bloß zeichenhafte Hyperrealität für die einen der Zusammenbruch vor dem Anbruch einer neuen besseren Zeit an, so betrachten andere diese Entwicklung als wachsende Ohnmacht des autonomen Einzelnen gegenüber einer zunehmend eigenständiger werdenden Entwicklung, die den ehemaligen Bändiger der Natur zum total Gebändigten degradiert. Die Ohnmacht des Handlungssubjektes wird zu dessen Bestimmung stilisiert, wenn es schließlich wirklich nur noch als Knotenpunkt in Netzwerken betrachtet wird, ohne daß es an dieser Verknotung selbst mitarbeiten könnte. Realität droht tatsächlich in Hyperrealität umzuschlagen, wenn wir erst in einer mediatisierten Erfahrung Vermittlungsprozesse wahrnehmen und den Begriff der Entfremdung in der Weise ernstnehmen, daß es vormals nichts Fremdes gab. »Noch die Theorie der Entfremdung, Ferment der Dialektik, verwirrt das Bedürfnis, der heteronomen und insofern irrationalen Welt nahe zu kommen, nach dem Wort des Novalis ›überall zu Hause zu sein‹, mit der archaischen Barbarei, daß das sehnsüchtige Subjekt außerstande ist, das Fremde, das, was anders ist, zu lieben; mit der Gier nach Einverleibung und Verfolgung. Wäre das Fremde nicht länger verfemt, so wäre Entfremdung kaum mehr.« (Adorno, Negative Dialektik, S. 174)

Gerade in der Sucht nach Authentizität und unmittelbaren Erfahrungen zeigt sich eine subtile Gestalt von Herrschaft übers Subjekt und Bemächtigung über die Dingwelt. Verschmelzen mit den Dingen in Unmittelbarkeit ist genauso herrisch wie das bloße Überfliegen in Wesenheiten, die den Dingen ihre widerborstige Realität bestreiten und sie zu überzeitlichen Idealitäten sublimieren. »Ob man sich in der Ordnung der Aussagen einrichtet, welche die Eigenordnung der Wesenheiten verkörpern, oder aber in den schweigenden Dingen, ob man sich der Rede absolut anvertraut oder ihr im Gegenteil absolut mißtraut, — die Verkennung des Problems der Rede fällt hier zusammen mit der Verkennung jeglicher Vermittlung. [...] In beiden Fällen ist man darauf aus, daß etwas — die innere Adäquation der Idee oder die Identität des Dinges mit sich selbst — den Blick abschließt, und was man damit ausschließt oder herabsetzt, ist das Denken der Ferne, das Denken in Horizonten.« (Merleau-Ponty, Das Sichtbare und das Unsichtbare, S. 168) Auch die Verfolgung des Anderen, des Fremden und die Begierde, es zum Eigenen zu machen, gründet in einer überlieferten Alternative, die nur ein Entweder-Oder von Eigenem und Fremden zuläßt. In der Respektierung der Ferne der Dinge, die erkannt aber nicht überwältigt wird, gründet die Enthaltsamkeit gegenüber einer Bemächtigung von Sachen und Personen. In der ergreifenden Näherung verschwinden die Gegenstände, denen sich das begreifende Denken zuwendet. »Allein erst äußerste Ferne wäre die Nähe; Philosophie ist das Prisma, das deren Farbe auffängt.« (Adorno, Negative Dialektik, S. 66)

Das Aufbegehren gegen Herrschaft, die aufgrund ihrer subtilen Institutionalisierungen und ihrer Verlagerung von körperlicher Tortur zu zivilisierender Disziplinierung immer unsichtbarer und damit undurchschaubarer und damit schließlich auch durchgreifender wird, ist weiterhin Aufgabe kritischen Denkens. Kritisch kann dieses Denken jedoch nur sein, wenn es sich von dieser Infiltration von Herrschaft distanziert und ihr nicht durch bloße Flucht den Weg bereitet oder sie durch theoretische Kopien ratifiziert. Um selbstkritisch sein zu können, muß Denken deshalb ein Denken der Ferne bleiben, das seine Gier nach universaler Einverleibung durchschaut und sich in die Lage versetzt, Fremdheiten auszuhalten und sowohl okkultistischen wie imperialistischen Verlockungen zu widerstehen. Ein solches Denken kann mit Recht dialektisch genannt werden. Die folgenden Überlegungen verpflichten sich daher in einem noch zu präzisierenden Sinn einer bestimmten Form dialektischen Denkens, wie es Merleau-Ponty und Adorno vor allem in ihren Spätphilosophien praktizieren. In beiden Konzepten handelt es sich um ein innerlich widerwendiges Denken, das in keinem letzten Resultat zur Ruhe kommt und den Keim seiner Widerlegung unablässig in sich trägt.

Die Schwierigkeit, autonome Möglichkeiten des Subjekts zu begreifen, ohne sie transmundan zu übersteigen oder resignativ abzuschreiben, gründet darin, daß man nach einem offenen Denkstil suchen muß. Dieser offene Denkstil darf aber gleichzeitig nicht in Beliebigkeit führen. Die negative Indifferenz, die sich *weder* in das eine *noch* das andere Extrem einer Alternative treiben läßt, kennzeichnet keine Gleichgültigkeit, sondern in der Bestreitung der ausschließlichen Gültigkeit eines Merkmals macht sie aufmerksam auf die Verflochtenheit der Qualitäten, die nur in ihrer gegenseitigen Bezogenheit Bedeutung haben. Ein Wissen, das sich als universal zuständig feiert, entlarvt sich selbst als inkompetent, weil es seine eigenen Grenzen nicht mitbedenken kann. Es versteift sich zu einem geschlossenen System, dem eine noch so unvollständige Distanz zu sich selbst unmöglich ist. Die imperiale Geste tarnt sich in vielerlei Weise: Sie gibt vor, dem Unmittelbaren am nächsten zu kommen. Sie triumphiert mit der Behauptung, den besten Überblick zu haben. Sie verheißt Schutz vor dem Zufälligen wie vor dem Unberechenbaren. Sie stellt in Aussicht, den Anfang dingfest machen und das Ende präzisieren zu können. Bei genauerem Hinsehen erweisen sich die Ansprüche stets als Prätentionen.

Der Versuch, mit der Omnipotenz eines identifizierenden Denkens und dem Vorurteil einer vollständig transparenten Welt zu brechen, den die vorliegenden Studien sowohl mit Adornos »Negativer Dialektik« als auch mit Merleau-Pontys »Zirkulärer Dialektik ohne Synthesis« unternehmen, behält das Risiko des Bodenlosen. Einmal in Bewegung gebracht, entstehen Strudel und Wirbel des Denkens, dessen bedenklicher Endpunkt eine »Implosion des Sinns« (Baudrillard) wäre. An diesem Endpunkt verirrte sich Denken im Spiegelkabinett seiner eigenen Abbilder und wäre zu keiner kritischen Distanz mehr fähig. Die Folgen liegen auf der Hand: Das Problem, das spätestens seit Descartes' Entdeckung des *fundamentum inconcussum* »cogito, existo« eine zentrale Provokation okzidentalen Denkens war, nämlich die Frage danach, ob dem Gedachten auch Wirkliches entspricht, verliert seine Brisanz, wenn das Denken in sich kreist, vagabundiert durch ein Reich der Simulationen und seine Macht daraus zieht, daß es gar keinen Wert darauf legt, daß es auf Dingen aufruht, die Winke geben. Damit fiele auch jeder noch so fragile Zusammenhang mit dem menschlichen Handeln. Die Herrschaftsform im Reich der Simulationen ist zwar nicht nach dem Souveränitätsmodell zu begreifen, folgt aber einem Terror der Willkür. Kriterien büßen ihre Relevanz ein, wenn eins sein kann wie das andere. Der Gegensatz zur imperialen Gebärde des »Alles oder nichts« ist nicht die Alternative des *anything goes*, sondern die negative Indifferenz von weder nur universaler Beherrschung noch nur unbegrenzter Willkür. Mit der Entbindung eines kritischen Denkens von der erfolglosen Jagd nach seinem Ursprung ist aber die Möglichkeit geschaffen, Verbindlichkeiten zu übernehmen, die dieses Denken argumentativ nicht bis ins Letzte ausloten kann. Darin gründet die befreiende Wirkung der Kritik jeder Ursprungsphilosophie.

Es gibt keine vernünftige Debatte darüber, ob menschliches Leiden sein soll oder nicht. Als leibliche Wesen sind wir der Gewalt ausgesetzt (vgl. Merleau-Ponty, Humanismus und Terror, S. 146), die wir erfahren können und die wir im Durchgang durch eine solche Erfahrung als inhuman ablehnen und bekämpfen müssen. »Bequem ist diese Lehre als insgeheim naiv-naturalistisch zu kritisieren. Aber in ihr zittert ein letztes Mal das somatische Moment erkenntnistheoretisch nach, bis es vollends ausgetrieben wird. [...] Das leibhafte Moment meldet der Erkenntnis an, daß Leiden nicht sein, daß es anders werden solle. [...] Darum konvergiert das spezifisch Materialistische mit dem Kritischen, mit gesellschaftlich verändernder Praxis. Die Abschaffung des Leidens, oder dessen Milderung hin bis zu einem Grad, der theoretisch nicht vorwegzunehmen, dem keine Grenze anzubefehlen ist, steht nicht bei dem Einzelnen, der das Leid empfindet, sondern allein bei der Gattung, der er dort noch zugehört, wo er subjektiv von ihr sich lossagt und objektiv in die absolute Einsamkeit des hilflosen Objekts gedrängt wird.« (Adorno, Negative Dialektik, S. 202 f.) Die Milderung des Leids ist nicht theoretisch vorwegzunehmen in dem Sinne, daß positiv bestimmt werden könnte, wie ein solcher Zustand definitiv aussehen müßte. Daß Leid nicht sein soll, ist eine negative Bestimmung, ein Vorgriff auf einen unbestimmten Zustand, der nicht kontrafaktisch unterstellt wird, weil er viele Züge erfahrener Faktizität trägt, der sozusagen die inhumanen Erfahrungen verknotet zu einem Negativbild wünschenswerten Zusammenlebens. Es gibt Grenzen der Argumentation, wo diese als solche inhuman wird, weil nicht alle Situationen theoretisch vorwegzunehmen sind. Zu diskutieren, ob Folter Kommunikation im Sinne des Watzlawickschen Axioms »Man kann nicht nicht kommunizieren« ist oder nicht, ist absurd und dokumentiert das Menschenverachtende bloßer Formalisierung. Eine Situation, die als solche als nicht-kommunikativ und anti-human strukturiert ist, kann nicht unter diesen Gesichtspunkten erörtert werden. Dies mag dogmatisch genannt werden, allerdings fällt dieser Vorwurf als Schatten auf den Ankläger zurück, der einen Omnipotenzanspruch theoretischer Reflexion dogmatisch behauptet. Auch hier zeigt sich wieder, daß eine Anforderung, eine Behauptung nicht als solche, sondern in ihrem Anspruch auf Universalität falsch werden kann. Es ist zweifelhaft, ob man menschliche Kommunikation überhaupt axiomatisch fassen kann. Die Produktivität menschlicher Verständigung zeigt sich darin, daß es sich nicht um einen Chiffrierungs- und Dechiffrierungsvorgang handelt, sondern um das gemeinsame Gewinnen von Bedeutung, das sich im Treffen, aber auch im Verfehlen der Worte ereignet, mit denen man nicht nur für sich, sondern immer auch für etwas einsteht. Deshalb hat es wenig Sinn, über die Harmlosigkeit von Theorien zu diskutieren. In dem Moment, in dem sich menschliches Denken nicht mehr als Vollstreckung einer wie immer gearteten vorgegebenen Ordnung begreift, wird es zu einem verantwortlichen Denken im strengen Sinne des Wortes, weil es Handeln ist, weil es durch seine Blickwinkel Bedeutungsfelder konstituiert, in dem es antwortet auf Situationen, von denen es sich abhebt. »Für das moderne Denken gibt es keine mögliche Moral, denn seit dem neunzehnten Jahrhundert ist das Denken bereits in seinem eigenen Sein aus sich selbst ›herausgetreten‹, es ist nicht mehr Theorie. Sobald es denkt, verletzt es oder versöhnt es, nähert es an oder entfernt es, bricht es, dissoziiert es, verknüpft es oder verknüpft es erneut. Es kann nicht umhin, entweder zu befreien oder zu versklaven. Noch bevor es vorschreibt, eine Zukunft skizziert, sagt, was man tun muß, noch bevor es ermahnt oder Alarm schlägt, ist das Denken auf der einfachen Ebene seiner Existenz, von seiner frühesten Form an, in sich selbst eine Aktion, ein gefährlicher Akt.« (Foucault, Die Ordnung der Dinge, S. 395 f.)

Im Leiden kündigt sich einem leiblichen Subjekt dessen Überwindung an im Protest gegen die Ursachen. Dies ist kein theoretischer, kein bloß der Erkenntnis verpflichteter Vorgang, wenngleich er eine humane Erkenntniskonzeption mitbestimmen sollte. Der theoretische Reflex ist kritisch, wenn er sich in diesem Sinne einer Humanität verpflichtet, die weder aus der unmittelbaren Verschmelzung mit dem Gegebenen noch aus der Vernachlässigung des Gegebenen zu gewinnen ist. Humanität ist dann kein Ideal mehr, das die Animalität des Menschen zugunsten seiner Gottähnlichkeit leugnet (vgl. Merleau-Ponty, Das Auge und der Geist, S. 115 ff.), das aber auch nicht umgekehrt jeden Überstieg des Menschen aus seinen sinnlichen Möglichkeiten bestreitet. Humanität bedeutet ein fragiles Sein zur Welt (vgl. Merleau-Ponty, Humanismus und Terror), das in Bewegung gehalten wird durch die Differenz von Möglichkeits- und Wirklichkeitsraum.

Wenn in den folgenden Überlegungen die anonymen Vorstrukturen von Subjektivität und die sozialisierende Bedeutung einer sinngeladenen Dingwelt betont werden, so ist damit weder die Abschaffung des Subjekts noch ein Okkultismus der Dinge anvisiert. Es geht vielmehr darum, Subjektivität als Formation zu begreifen, die sich innerhalb intersubjektiver Wahrnehmungsfelder konturiert, an deren Strukturen die Gegenstände mitbeteiligt sind. Das Subjekt »ist keine Substanz. Es ist eine Form, und diese Form ist weder vor allem noch immer mit sich identisch. Man hat zu sich nicht dasselbe Verhältnis, wenn man sich als politisches Subjekt konstituiert, das wählen geht oder in einer Versammlung das Wort ergreift, als wenn man sein Begehren in einer sexuellen Beziehung zu befriedigen sucht. Zweifellos gibt es Beziehungen und Interferenzen zwischen diesen verschiedenen Formen der Beziehung zu sich selbst« (Foucault, Freiheit und Selbstsorge, S. 18). Die Frage nach den unterschiedlichen Beziehungen zu sich selbst kann Gegenstand eines dialektischen Denkens werden, das weder die Sinnkonstitution in der kognitiven Bewältigung durch das wache Bewußtsein aufsucht, noch den Sinn in die Dinge selbst verlegt und sich damit den komplementären Gefahren ausliefert: »Der Naturalismus ist eine Philosophie, die unbestimmt genug ist, um die allerverschiedensten moralischen Überbauten zu tragen.« (Merleau-Ponty, Abenteuer der Dialektik, S. 90) Ein Mythos des Unmittelbaren soll ebenso vermieden werden wie ein fröhlicher Nihilismus, den man sich als Theoretiker wohl leisten kann, der seine Fröhlichkeit aber verliert angesichts der realen Verstreuung leidender Subjekte (vgl. Baier, Gleichheitszeichen, S. 12). Im Hinblick auf die Formationen von Subjektivität können dann übliche Sackgassen des Selbstverständnisses vermieden werden: Entweder das Subjekt scheitert unentwegt an seinen überspannten Ansprüchen, mit seinen endlichen Mitteln seine unendlichen Begierden zu befriedigen, »oder es kommt zu einer Maskerade, in der der transzendentale Akteur sich ständig empirische Doubles zulegt, die aber ihr Doppelgängertum auf eigene Faust fortsetzen, Arbeit, Leben und Sprache mit ›Quasi-Transzendentalien‹ ausstatten, partielle Autonomiebestrebungen fördern, die Rolle zwischen Herrscher und Untertan umkehren und dem Subjekt mit solchen Machenschaften in den Rücken fallen.« (Waldenfels, Ordnung im Zwielicht, S. 129) Es geht um den Versuch, Sozialisation zu begreifen als einen Verwicklungsprozeß von Akteur und sozialen Lebensformen, der krisenhaft verläuft als Organisationsvollzug von Erfahrung, als Formation von Subjektivität in Maskeraden des Ich und im Spiegelbild von Anderen. Der Ausdruck Spiegelspiel (vgl. S. 20) erinnert zu Recht an Heideggers Kritik des Identitätsdenkens und verweist auf eine Verflochtenheit von Selbst und Anderen. »Wo ist ihr Wahrheitskörper?« fragt Roland Barthes und gibt zu bedenken: »Sie allein können sich immer nur als Bild sehen, niemals sehen Sie ihre Augen, es sei denn verdummt durch den

45

Blick, den Sie auf den Spiegel, das Objektiv richten (mich würde nur interessieren, meine Augen zu sehen, wenn sie dich ansehen): sogar und vor allem für Ihren Körper sind sie zum Imaginären verurteilt.« (Barthes, Über mich selbst, S. 40)

Letzte Hoffnungen auf einen Authentizitätspunkt schwinden im Nachvollzug dieser Erfahrung. »Wir haben kein Organ für das Ich oder Wir, sondern liegen uns selbst im blinden Fleck, im Dunkel des gelebten Augenblicks, dessen Dunkel letzthin *unser eigenes Dunkel*, uns Unbekanntsein, Vermummt- und Verschollensein ist. Wie denn alles Zerfließende darin aus dem derzeitigen Zustand des Subjekts herstammt als der noch zerstreuten, ungesammelten, dezentralisierenden, wenngleich nie abreißenden Funktion des Bewußtseins überhaupt. Dieses aber wirkt entweder rein punktuell indirekt, als eigentliche Augenblicklichkeit, oder, wenn es dem Dabeisein näher kommen will, räumlich, sphärisch indirekt, so daß das Bewußtsein des zerstreuten Subjekts prinzipiell nur die Vergangenheit und ihre Gesetze erreicht, ohne sich jemals in die fließende Zukunft oder gar in die große Gegenwärtigkeit, ebensowohl verwirklichend wie mit einem sich Verwirklichenden zusammentreffend, begeben zu können.« (Bloch, Geist der Utopie, S. 253) Ich kann mich nicht anblicken, wohl ansehen, aber dann bin ich Gegenstand meiner Wahrnehmung, ein Doppel meines Ichs. Nur im wirklichen Blicken gelingt Verschmelzung, und das ist gerade nicht mit meinem eigenen Bild möglich, aber mit den Blicken der Anderen. Valéry beschreibt diese Situation minuziös: »Niemand könnte frei denken, wenn seine Augen nicht von anderen Augen loskämen, die ihnen folgten. Sobald sich die Blicke begegnen, ist man nicht mehr ganz und gar *zu zweit*, und es wird schwierig, allein zu bleiben. Jener Austausch verwirklicht, wie schon der Name sagt, in einer sehr kurzen Zeit eine Umstellung, eine Metathese: einen Chiasmus zweier ›Schicksale‹, zweier Gesichtspunkte. Dadurch kommt es zu einer Art simultaner wechselseitiger Abgrenzung. Du nimmst mein Bild, meine Erscheinung, ich nehme die deine. Du bist nicht *ich*, da du mich siehst und ich mich nicht sehe. Was mir fehlt, ist jenes ich, das du siehst. Und was dir fehlt, bist du, den ich sehe. Und wenn wir, bevor wir voneinander Kenntnis nehmen, im selben Maße, wie wir uns reflektieren, andere sein werden« (Valéry, zit. n. Merleau-Ponty, Das Auge und der Geist, S. 123). Gerade in der versagten Erfahrung von Authentizität gründen die Möglichkeit und die Wirklichkeit von Intersubjektivität. Nicht die Privilegierung des Subjekts konstituiert seine Möglichkeitsfelder, sondern die Leere dieses traditionellen Zentrums der Konstitution. So wie in der »gebrochenen Intersubjektivität« (Habermas) die subjektiven Deformationen, die »Nebenmöglichkeiten« (Bourdieu) fundiert sind, so ergibt sich in der gebrochenen Identität die Öffnung zum Anderen. Im wirklichen Anblicken bin ich beim Anderen, so wie er selbst bei sich nicht sein kann. Eine Transitivität, die sich im Verlaufe der Entwicklung transformiert, die aber Reste einer primordialen Parabiose von Mutter und Kind behält. Sie zeigt eine Verwicklung, einen Chiasmus von Eigenem und Fremdem.

Aus Protokollen von psychisch Kranken wissen wir, daß in unseren gesellschaftlichen Kontexten die Infiltration des Fremden in das Eigene als unnormal empfunden wird. »Ich habe das Gefühl, als wären andere mit mir verstrickt« (Kegan, Entwicklungsstufen des Selbst, S. 306). Terry sagte, »sie fühle sich nicht mehr als ›ein ganzer Mensch: es ist, als ob andere mit mir verwoben wären‹.« (Ebd., S. 228) Diese Abweichungen von der normalerweise vermeinten Integrität des Bewußtseins werden verständlich, wenn die Gefährdung nicht als von außen hinzutretend betrachtet, sondern das Ich als Gewebe von Eigenem und Fremdem begriffen wird, das zerreißen kann. Aus dieser Sicht fungiert die Pathologie als Vergrößerungsglas im Hinblick auf die Abweichungen innerhalb normaler Verhältnisse. »Wo sie uns einen Bruch oder einen Riß zeigt, kann normalerweise eine Gliederung vorhanden sein.« (Freud, Neue Folge der Vorlesungen, S. 52) Die Diffusität des Ich liegt vor seiner Konsolidierung zu Ich-Gebieten, die stets fragil bleiben wie Kristalle, die nach Maßgabe ihrer Spaltrichtungen zerbrechen, wenn sie auf den Boden fallen. »Der Kranke hat den Eindruck, dem Anderen ohne Begrenzung gegenüberzustehen. … Die Beobachtung zeigt, … daß dies streng genommen die Unfähigkeit ist, den Unterschied von Aktiv und Passiv, vom eigenen Selbst und dem Andern aufrechtzuerhalten.« (Wallon, zit. n. Merleau-Ponty, Die Prosa der Welt, S. 41) Die sogenannte normale Integrität des Selbstbewußtseins ist nur begreiflich als Beherrschung eines in ihr keimenden Entfremdungsgeschehens. Unser »eigenes Dunkel«, die Tatsache, daß wir nur auf uns selbst zurückkommen, uns aber niemals selbst vollständig gegenwärtig sein können, begründet die Differenz von Ich und Bewußtsein. Identitätssicherung ist immer retentional organisiert und deshalb unabschließbar. »Der erinnernde Rückgang in die frühe

Kindheit oder Wildheit kann nie in diese Dimension luzider Unberührtheit führen, weil er stets an dem Identitätsfaden entlanggehen muß, der wesentlich durch die Zer-Störung dessen entstanden ist, wohin der kommen wollte, der diesen vergeblichen Versuch unternimmt.« (Sommer, Evidenz im Augenblick, S. 246) Die Amnesie im Hinblick auf die frühe Kindheit (Freud) verrät die leibliche Mitwirkung an der Bildung des Ich.

Spiegel und Zeugung dokumentieren die Monstrosität der leiblichen Existenz, weil sie eine Vervielfachung repräsentieren, die jede Einheit sprengt, der Frage nach Anfang und Ende jede Antwort versagt und die Suche nach einem Zentrum vergeblich werden läßt. »Für einen dieser Gnostiker war die sichtbare Welt eine Illusion oder (genauer gesagt) ein Sophismus. Der Spiegel und die Vaterschaft sind abscheulich [...], weil sie diesen Sophismus vervielfältigen und verbreiten.« (Borges, Blaue Tiger, S. 24; i. O. herv.) Vervielfältigung steht gegen Identität. Die gnostische Leibfeindlichkeit begründet den Haß gegen das Spiegelbild, das eine Rückkehr in ein integres Ich unmöglich macht. Gnostisch gesehen bedeutet Selbsterkenntnis Rückkehr zum eigenen Ich aus der Fremde, Befreiung aus dem weltlichen Gefängnis zur geistigen Identität. Die leibliche Existenz ist aus dieser Sicht nicht Ermöglichung, sondern Behinderung personaler Existenz. Dieser Zusammenhang repräsentiert die widersprüchliche Bedeutung der historisch bedingten Selbstkonzeption des Menschen als verstreute Subjektivität: Zum einen erinnert die Empfindung der Verstreuung an gnoseogene Züge einer Atmosphäre am *fin de siècle*, zum anderen dokumentiert diese Erfahrung, wenn sie nicht den Verlust der Einheit, sondern den Gewinn der Vielfalt meint, einen Abbau von Leibfeindlichkeit, der ermöglicht, den Ausweg aus Entfremdungserscheinungen nicht ausschließlich in einem pneumatischen Selbst zu suchen, sondern in einem Differenzierungsgeschehen von Subjektivationen, das den Ich-Verlust nicht lediglich durch die Solidarität der Ich-Stärke ausgleichen kann. Dies erfordert allerdings eine andere Konzeption von Normalität, eine Revision der Dominanz der Eigenheit, der Authentizität, die der Mitbeteiligung von Fremdem und Anderem nur gefährliche Züge abgewinnen kann.

Pirandello gibt der Verrücktheit, die gesellschaftlich sanktioniert wird, weil sie eine Bedrohung bürgerlicher Identität ist, vorbildlich Ausdruck: »Als ich verrückt war, fühlte ich mich nicht in mir selbst, was so viel heißt wie: ich war nicht bei mir zu Hause.

Ich war in der Tat eine Herberge geworden, die allen offenstand. Und wenn ich mir ein wenig auf die Stirn klopfte, fühlte ich, daß dort immer Leute einquartiert waren: Arme, die meine Hilfe brauchten; und viele, viele andere Mieter hatte ich so auch im Herzen; und man kann nicht behaupten, daß Beine und Hände mir im selben Maß zu Diensten standen wie den Unglücklichen, die in mir wohnten und mich, in beständigen Geschäften, dahin und dorthin schickten.

Ich konnte nicht zu mir selbst ›ich‹ sagen, ohne daß mir gleich ein Echo aus dem Munde unzähliger anderer ›ich, ich, ich ...‹ wiederholte, als wenn ein Haufen Sperlinge in mir lärmte.« (Pirandello, Der Rauch, S. 58 f.) Die Vervielfältigung des Ich verursacht Angst, einem Schwindel vergleichbar, den man empfindet, wenn man sich zwischen zwei parallel aufgestellte Spiegel begibt und den Taumel der Iteration erlebt. Identität ist von hier aus begreiflich als Halt in diesem bodenlosen Strudel. Aber sie muß verstanden werden als Produkt dieser Angst, nicht nur als natürliches Ziel einer Genese.

Wenn Habermas sich in seiner Studie zur moralischen Entwicklung gegen Adornos Identitätskritik abgrenzt, so markiert das Scheidewege der Auffassung von Identitätsbildung. Für Habermas' Theorie des kommunikativen Handelns bleibt die Ich-Stärke Maßgabe der Entwicklung zu einem größtenteils autonomen Handlungssubjekt. Eine Identitätskritik entzieht nach seiner Auffassung der Theorie, die sie entfaltet, selbst den Boden. Für Adorno ermöglicht die Kritik des Imperialismus der Identität allererst ein Denken, das den Möglichkeiten von Subjekten und der Widerständigkeit einer Dingwelt gerecht wird. »Der Widerspruch von Freiheit und Determinismus ist nicht, wie das Selbstverständnis der Vernunftkritik es möchte, einer zwischen den theoretischen Positionen des Dogmatismus und Skepitizismus, sondern einer der Selbsterfahrung der Subjekte, bald frei, bald unfrei. Unterm Aspekt von Freiheit sind sie mit sich unidentisch, weil das Subjekt noch keines ist, und zwar gerade vermöge seiner Instauration als Subjekt: das Selbst ist das Inhumane. Freiheit und intelligibler Charakter sind mit Identität und Nichtidentität verwandt, ohne *clare et distincte* auf der einen oder anderen Seite sich verbuchen zu lassen. Frei sind die Subjekte, nach Kantischem Modell, soweit, wie sie ihrer selbst bewußt, mit sich identisch sind; und in solcher Identität auch wieder unfrei, soweit sie deren Zwang unterstehen und ihn perpetuieren. Unfrei sind sie als nichtidentische, als diffuse Natur, und doch als solche frei, weil sie in den Regungen, die sie überwältigen — nichts anderes ist die Nichtidentität des Subjekts mit sich —, auch des Zwangscharakters der Identität ledig werden. Persönlichkeit ist die Karikatur von Freiheit.« (Adorno, Negative Dialektik, S. 294) Die praktische Notwendigkeit eines kontinuierlichen Ich kann theoretisch kaum gestützt werden, wenn die Zwanghaftigkeit des Identifizierens, das jedes Anderssein gewaltsam unterdrückt, anerkannt wird. Maßgeblichkeit der Ich-Stärke signalisiert einmal die moderne Auffassung, daß nur ein selbstbestimmtes Ich Herrschaft durchschauen und abschaffen kann, das andere Mal ist sie Signum einer Entwicklung der Zivilisation, in der Herrschaft allesdurchdringend und damit Autonomie des Ich ein trauriger Schein wird.

Beide Auffassungen von Ichidentität, sowohl die im Sinne von Habermas als auch die im Anschluß an Adorno, können sich mit Recht auf Freuds Psychoanalyse berufen. »Das Ich ist nicht Herr im eigenen Haus«, aber nach Habermas soll es dies werden, wohingegen Adornos Aufmerksamkeit darauf gerichtet bleibt, daß auch diese Herrschaft Perpetuierung von Zwang ist. Durch seine Bedenken eröffnet Adorno eine Möglichkeit, Sozialisation zu begreifen, deren sich Habermas durch einen dogmatischen Schnitt begibt. Während nämlich für Habermas die physischen Objekte nur »Randbedingung und abhängige Variable des Lernens in Interaktionen« sind (vgl. Habermas, Stichworte, S. 143) und sein Blickfeld beengt bleibt durch die Frage nach der Selbstbezüglichkeit des Subjekts, öffnet nach Adorno der Bruch in der Identität Höhlen für eine expressive Dingwelt, die nicht bloß abhängige Variable ist, sondern mitkonstitutiv auch für die Selbstkonzeption, in der vollen Tragweite dieser Bedeutung. Diese Einsicht sprengt sowohl den Rahmen einer Subjektivitätsphilosophie als auch die Möglichkeiten, die eine Kommunikationstheorie im Hinblick auf intersubjektive Sinnleistungen absteckt. Subjektivitätspositionen werden in ihrer Enge kenntlich, weil sich zeigt, daß sich Subjektivität in der Differenzierung vom Nicht-Subjektiven profiliert. Eine Überbetonung der Möglichkeiten konstituierender Subjektivität läuft leer. »Der Subjektbestand der Welt verschlingt sozusagen die gesamte Welt und damit sich selbst.« (Husserl, Krisis, S. 183) Die destruktive Kraft identifizierenden Denkens wird auch nicht aufgehoben, wenn an die Stelle durchleuchtender Subjektivität die Aufklärungsbewegung von Verständigungsgemeinschaften tritt. »Der gegenwärtige

[Kommunikationsbegriff, K. M-D.] ist so schmählich, weil er das Beste, das Potential eines Einverständnisses von Menschen und Dingen, an die Mitteilung zwischen Subjekten nach den Erfordernissen subjektiver Vernunft verrät.« (Adorno, Zu Subjekt und Objekt, S. 743) Es ist deshalb auch voreilig, wenn man die Identitätsproblematik zu einer Subjektivitätsfrage im Sinne sprachlicher Verständigung verflüssigt (vgl. Habermas und Wellmer). Es stellt sich vielmehr das Problem, wie man die Dinge in ihrer sinnkonstituierenden Bedeutung beachten kann, ohne in bloße Romantik, in rigiden Naturalismus oder unkritischen Obskurantismus zu verfallen. Wege in diese Richtung bedeuten eine wirkliche Überwindung der Engen von Bewußtseinsphilosophien, die nicht schon deshalb durchbrochen werden, weil sich das Bewußtsein zu einer Verständigung von vielen ausdifferenziert. Die Anerkennung von »passiven Synthesisleistungen« (Husserl), die das Zusammenspiel von Dingen und Menschen vor der Aktivität des Bewußtseins repräsentieren, bedeuten keinen Irrationalismus, der Dunkelheiten des Bewußtseins resigniert anerkennt, sondern die radikale Akzeptanz der Grenzen von sogenannten Eigenheitssphären. Diese Grenzen werden nur umspielt, wenn man das subjektive Gefängnis durch intersubjektive Beziehungen überschreitet. In solchen Theorien bleibt zumindest eine Leerstelle; »und diese Leerstelle betrifft nicht ein Ephemeres, sondern das eigentlich Entscheidende: das ›Etwas‹, das ›Worüber‹ des Diskurses. Insofern der Gegenstand des Diskurses, das ›Etwas‹ des objektiv Seienden bzw. die Legitimität des Normativen, nur noch in der Gestalt eines ›Seienden‹ *für* den Diskurs, aber nicht mehr in der eines ›Seienden‹ an sich ins Blickfeld kommt, läßt sich einerseits sagen: Die Habermassche Kommunikationstheorie zieht lediglich die längst fällige Konsequenz — allerdings in spezifischer Weise — aus der Aporie, in die jede Subjektphilosophie gerät, wenn sie begreift, daß alles in der Welt Erkannte ein vom denkenden Subjekt selbst Konstituiertes ist. Auf der anderen Seite aber kann man auch sagen, daß der Diskurs in der Habermasschen Theorie im letzten ein Diskurs über etwas ist, das im Dunkeln bleibt.« (Gripp, Adorno, S. 17)

Aufschlußreich ist diese Beobachtung im Hinblick auf die Gestik im Kampf um das »Projekt der Moderne«. Die intersubjektive Klärung von Geltungsansprüchen lenkt ab von einer grundsätzlich unüberwindlichen Dunkelheit der Gegenstände, über die kommuniziert wird. Offensichtlich ist man vor die Entscheidung gestellt, entweder den bloß konstruktiven Charakter intersubjektiver Sinnvermittlung zu akzeptieren und vor diesem Hintergrund Regelhaftigkeit und Veränderungspotentiale zu untersuchen oder eine Mitsprache der Gegenstände zu akzeptieren, deren Spuren zu beachten, wohl wissend, daß hier ein grundsätzlicher Mangel an Bestimmtheit fungiert. In dem Sprechen über die Dinge haben wir immer schon die Wahrnehmungswelt verfeinert zu einer Welt der Sprache. Daß wir »verdammt sind zum Sinn« (Merleau-Ponty), verhindert jedes unmittelbare Sein bei den Dingen, allerdings ermöglicht es das Sein der Dinge für uns und unsere Kritik im Hinblick auf die Unterschiede in der Vermittlung.

Gerade dieses Dunkle versuchen solche Philosophen, die auf letztlich distinkte und klare Erkenntnis verzichten, aber auf Aufklärung beharren, zu verstehen, ohne diese Aufklärung in eine Durchleuchtung ausarten zu lassen. Hier ergeben sich Konvergenzen zu Konzeptionen, die die unvermeidliche Verspätung des Bewußtseins gegenüber der Realität behaupten, ohne auf Erkenntnis überhaupt verzichten zu wollen. Vor allem Merleau-Pontys Phänomenologie der Leiblichkeit rückt in eine bemerkenswerte Nähe zu Adornos Kritik des Identitätsdenkens und den Versuchen, ein Einverständnis zwischen Dingen und Menschen zu begreifen. Der Gesichtspunkt der Leiblichkeit ermöglicht eine Rationalitätskritik, die nicht unter die Entscheidung von rational und irrational fällt. Es geht nicht darum, auf Vernunft zu verzichten, sondern sie zu erweitern (vgl. Merleau-Ponty, Sens et Non-Sens, S. 109). Es handelt sich um eine »Rationalität, welche diese kritisiert, ohne ihr sich zu entziehen« (Adorno, Ästhetische Theorie, S. 87).

Vom Standpunkt transzendentaler Subjektivität ist der Geist das alleinige Sinnkonstituierende. Alles Dingliche kommt nur durch seine Vermittlung in den Blick. Unbestreitbar wahr an dieser Auffassung ist, daß die Dinge durch uns zur Sprache gebracht werden. »Die Sprache selbst ist in den Dingen selbst nicht vollkommen ausgesprochen. Dieser Satz hat einen doppelten Sinn nach der übertragenen und der sinnlichen Bedeutung: Die Sprachen der Dinge sind unvollkommen, und sie sind stumm. Den Dingen ist das reine sprachliche Formprinzip — der Laut — versagt. Sie können sich nur durch eine mehr oder minder stoffliche Gemeinschaft einander mitteilen. Diese Gemeinschaft ist unmittelbar und unendlich wie die jeder sprachlichen Mitteilung; sie ist magisch (denn es gibt auch Magie der Materie). Das Unvergleichliche der menschlichen Sprache ist, daß ihre magische Gemeinschaft mit den Dingen immateriell und rein geistig ist, und dafür ist der Laut das Symbol.« (Benjamin, Über Sprache überhaupt, S. 147) Genauer betrachtet läßt sich allerdings der Laut nicht nur dem rein Geistigen zuschlagen. Er ist der Wahrnehmung zugänglich und hat seinen Ort in der vitalen Koexistenz von Mensch und Welt. In dem Moment der empirischen Verunreinigung durch die Einsicht, daß sich Kognitives nicht vom Somatischen trennen läßt, spielt Materialität und Dinglichkeit in unser Wahrnehmen, Denken und Sprechen unaufhebbar hinein. Eine radikale Kritik der Omnipotenz des Bewußtseins ist deshalb nur durch Akzeptanz unserer Animalität möglich. Damit stößt Rationalität an die Grenzen ihrer Identifizierungsmöglichkeiten, weil in unserer leiblichen Existenz ein materialer Sinn fungiert, der sich nicht in Begriffe transformieren läßt und dennoch eine magische Gemeinschaft von Dingen und Menschen garantiert. Die Schwierigkeit, eine solche Magie anzuerkennen, ohne gleich ins Lager nicht ernstzunehmender Irrationalisten abgedrängt zu werden, gründet in der tatsächlichen Erfahrung, daß wir einer Welt ausgesetzt sind, wenngleich nicht alle in derselben Weise. »Im Augenblick, wo der Mensch in der Sonne erwacht und mit der Hand nach seinem Hut greift, hat sich zwischen der Sonne, die *mich* brennt, *meine* Augen blinzeln macht, und der Geste, die *dort* von Ferne meiner Mattigkeit Abhilfe schafft, zwischen dieser glühenden Stirne dort und der Schutzgeste, die sie von meiner Seite hervorruft, ein Band geknüpft, ohne das ich etwas zu entscheiden hätte, — und mag ich auf immer unfähig sein, die brennende Hitze, die der Andere erleidet, wirklich zu durchleben, so bedeutet jedenfalls die verheerende Wirkung der Welt, die ich am eigenen Leibe spüre, eine Verletzung für alles, was ihr ausgesetzt ist wie ich, und speziell für jenen Leib, der sich gegen sie zu wehren beginnt.« (Merleau-Ponty, Die Prosa der Welt, S. 152) Verloren ist eine ursprüngliche und überdauernde apriorische Erkenntnisbegründung, gewonnen ist ein Einfallstor konkreter historischer Realität. »Das alte Problem der Beziehungen von Subjekt und Objekt nimmt neue Gestalt an, und der Relativismus wird aufgehoben, sobald man ihn auf geschichtlichen Boden stellt, weil damit das Objekt zu den Spuren wird, die andere Subjekte hinterlassen haben, und das Subjekt, das geschichtliche Verstehen, zu einer Selbstkritik befähigt wird« (Merleau-Ponty, Abenteuer der Dialektik, S. 39 f.). Der Primat der aktiven Erkenntnistätigkeit aufgrund von spontanen Sinnstiftungen ist gebrochen durch eine Passivität, die darauf deutet, daß Sinn empfangen wird, ohne vom Geist produziert zu sein. Damit greift der Gesichtspunkt der Leiblichkeit einen der dunkelsten Dualismen unserer Tradition an, nämlich den von Aktivität und Passivität (Derrida).

Rationalität im Sinne eines erweiterten Vernunftfeldes ist auch die Vermitteltheit der Subjektivität durch Objektivität und nicht nur reine Leistung des Subjekts (vgl. Gripp, Adorno, S. 72). Diese Vermitteltheit bezieht sich auf alle Handlungen, Wahrnehmungen und Erkenntnisse des Menschen. Es läßt sich kein reines Subjekt isolieren, dem die Welt zur Bearbeitung gegenübersteht. In jedem Umgang mit Welt formt sich Subjektivität zwangsläufig mit. Der Bearbeitung der Natur im gesellschaftlichen Prozeß entspricht im wissenschaftlichen Bereich die kognitiv verallgemeinernde Arbeit an dem empirisch Zufälligen und Unreinen. In unserer Tradition hat sich in diesen Vermittlungsprozessen die Einheit als Garant der Kalkulierbarkeit und Beherrschbarkeit durchgesetzt. Auf der Seite der Einheit und Mathematisierbarkeit steht die geistige Dimension unseres Seins, deren Kontinuität und Permanenz. Erkennen wird in dieser Sicht zum Identifizieren, das allergisch auf alles Fremde reagiert. Die anfängliche Begeisterung für eine Denkform, die es dem Menschen ermöglicht, jenseits der bloß hinzunehmenden göttlichen Offenbarung von sich aus Natur nicht nur zu beherrschen, sondern nachzustellen und nie dagewesene Kombinationen zu produzieren, ist längst einer Skepsis gewichen im Hinblick auf die Folgen der Ausbeutung der Natur und ihrer technologischen Überbietung. Ein Begreifen dieser imperialen Gestik wird dann wahrscheinlich, wenn sich die Gewaltsamkeit identifizierenden Denkens durch die Unterdrückung der Vielfalt hindurch zeigt. Die Vorherrschaft der Einheit, sei es in der Produktion, sei es in der wissenschaftlichen und philosophischen Erkenntnis birgt ihre eigene Zersetzung in sich, weil es keine Tätigkeit gibt »ohne Substrat, ohne Tätiges und ohne das, woran sie geübt wird.« (Adorno, Negative Dialektik, S. 201) »Dazu stimmt, daß kein Subjekt des unmittelbar Gegebenen, kein Ich, dem es gegeben sei, unabhängig von der transsubjektiven Welt möglich ist. Der, dem etwas gegeben wird, gehört a priori derselben Sphäre an wie das ihm Gegebene. Das verurteilt die These vom subjektiven Apriori. [...] Die Phänomenologie der Tatsachen des Bewußtseins nötigt, zu überschreiten, wodurch sie als solche definiert wurden.« (Ebd., S. 196 f.)

Merleau-Ponty und Adorno stellen nicht eine Philosophie gegen die anderen. Sie brechen vielmehr philosophische Systeme von innen auf, um deren eigene Widerwendigkeit zu zeigen. Es geht dementsprechend auch nicht um das Andere der Vernunft als Ergänzung einer sonst unangetasteten Rationalität, sondern um Wiedergewinnung unterschlagener rationaler Möglichkeiten. Der Vorwurf der Irrationalität erscheint aus dieser Sicht als ängstliche Flucht nach vorn, in der sich traditionale Vernunftformen gegen ihren Machtverfall wehren. Verkannt wird in solchen Vorwürfen, daß es in der Erweiterung des Vernunftraumes um seine materialen Voraussetzungen nicht um die Rückgewinnung verlorener vorsubjektiver und vorrationaler Regionen geht, sondern um die Aufklärung rationalen Begreifens als Tätigkeit mit einer Entwicklungsgeschichte, die dazu führte, daß Erkennen vergeistigte, daß der Dingwelt nur das als wesentlich zuerkannt wurde, was in Gedanken zu überführen ist. Als Gegenstand der Erkenntnis vergeistigte auch das Subjekt, so daß schließlich die Einsamkeit der *res cogitans* hermetisch zu werden droht, wenn die Zusammengehörigkeit von Subjekt und Objekt in ihrer Materialität unsichtbar wird. Aber: »Irreduzibel ist das somatische Moment als das nicht rein cognitive an der Erkenntnis. Damit wird der subjektive Anspruch dort noch hinfällig, wo gerade der radikale Empirismus ihn konserviert hatte. Daß die cognitiven Leistungen des Erkenntnissubjekts dem eigenen Sinn nach somatisch sind, affiziert nicht nur das Fundierungsverhältnis von Subjekt und Objekt, sondern die Dignität des Körperlichen.« (Ebd., S. 194) Merleau-Ponty verwendet den Begriff Leib (später sogar *Fleisch, chair*), um die Verflochtenheit von geistigem und körperlichem Sein anzuzeigen und dem Mißverständnis entgegenzutreten, als sei ausschließlich der Geist für Sinnstiftungen zuständig. Dies ist die »kategoriale Verhexung« (Adorno) einer autarken Erkenntnistheorie. Wo soll die Grenze sein zwischen Geist und Körper, zwischen Innen und Außen? »Ist der Leib das Gefäß, das in seinem Innern das eigentliche Selbst verschlossen hält? Ist die Haut die Grenze zwischen dem ›Innern‹ und dem ›Äußern‹?« (Elias, Über den Prozeß der Zivilisation 1, S. L) Dies »winzige Häutchen« (Merleau-Ponty) soll die Spannung zwischen Innen und Außen aushalten, zumal dieses Innen und Außen aus demselben Element sind? Die Reduktion rationaler Möglichkeiten auf ein bloß kognitives Begreifen erweist sich als künstliche und gewaltmäßige Inthronisierung ausschließlich einer Erkenntnismöglichkeit. Ineins mit dieser triumphalen Gebärde unterbietet Rationalität damit ihre Möglichkeiten, die inwendigen Widersetzlichkeiten, die den Nihilismus einer Hyperrealität verhindern könnten, zu erkennen. Nietzsche bemerkt diese Torheit einer transparenzbesessenen Rationalität unter dem Stichwort »*Verwunderung über den Widerstand*«: »Weil Etwas für uns durchsichtig geworden ist, meinen wir, es könne uns nunmehr keinen Widerstand leisten — und sind erstaunt, dass wir hindurchsehen und doch nicht hindurch können! Es ist diess die selbe Thorheit und das selbe Erstaunen, in welches die Fliege vor jedem Glasfenster geräth.« (Nietzsche, Morgenröte, S. 270) Selbst wenn wir die Dinge unter naturwissenschaftlichem Interesse durchschaut haben oder unter ökonomischen Gesichtspunkten zu Waren verwandeln, bewahren sie eine Widerständigkeit, durch die wir nicht hindurchkönnen, die aber Rebellion gegen Verfügung sein kann, wenn wir diesem Protest einen maßgeblichen Ort zubilligen. »Warum sieht der Mensch die Dinge nicht? Er steht selber im Wege: er verdeckt die Dinge.« (Nietzsche, Morgenröte, S. 268)

Verständlich ist aus dieser Sicht, daß Menschen, die nur das Echo ihrer eigenen Stimme aus der Welt der Dinge vernehmen, kindliches Wahrnehmen als Animismus belächeln. Allerdings ist dieses Lächeln nicht nur traurig, weil es seine eigenen Verluste nicht bemerkt, sondern irreführend, weil es einen Phänomenbereich falsch beschreibt. Um Dingen eine Seele einzuhauchen, müssen sie vorher als tot bemerkt sein. Aber die Mortifikation von Natur ist allererst ein Produkt bestimmter Zivilisation, einer Dialektik der Aufklärung, die die Transformation ins Tote unter dem Stichwort radikaler Erfassung betreibt: »Die Aufklärung verhält sich zu den Dingen wie der Diktator zu den Menschen. Er kennt sie, insofern er sie manipulieren kann. Der Mann der Wissenschaft kennt die Dinge, insofern er sie machen kann.« (Horkheimer/Adorno, Dialektik der Aufklärung, S. 12; vgl. auch Wellmer, Zur Dialektik von Moderne und Postmoderne, S. 145 f.; vgl. auch Jonas, Organismus und Freiheit, S. 19 ff.) Der Ausdruck Verdinglichung als Kritik der Reduktion gesellschaftlicher Verhältnisse auf ökonomische Tauschbeziehungen muß ausgedehnt werden auf Menschen und Dinge. Es gibt eine Verdinglichung der Dinge in dem Sinne, daß sie nur noch unter imperialistischen Gesichtspunkten in den Blick kommen.

Es ist deshalb nicht eine zweite Geschichte der Verdinglichung zu schreiben, sondern vielmehr daran zu erinnern, daß die Mortifikation der Lebenswelt in ihrer wissenschaftlichen, ökologischen und militärischen Form immer Gewalt über Dinge und Menschen ist. Die Autoren der Dialektik der Aufklärung haben gezeigt, wie sich die Bändigung der Natur auf den Bändiger selbst auswirkt. Die zahlreichen zivilisationskritischen Untersuchungen der letzten Jahrzehnte haben uns gelehrt, eine Fortschrittsgeschichte auch mit den Preisen zu konfrontieren, die sie bezahlt. Dabei ist die Ummünzung dieser Entwicklung der bürgerlichen Gesellschaft zu einer bloßen Verfallsgeschichte kein kritischer Umgang mit ihr. Sie ändert nur die Vorzeichen und bleibt blind für die versäumten Möglichkeiten. »Jeder Versuch, die Illusion des ›Dinges selbst‹ wiederherzustellen, stellt in Wirklichkeit den Versuch dar, auf meinen Imperialismus und auf den Wert *meines* Dinges zurückzukommen.« (Merleau-Ponty, Das Sichtbare und das Unsichtbare, S. 26)

Es geht weder Merleau-Ponty noch Adorno um unmittelbare Annäherung an eine expressive Dingwelt, die uns alles zu sagen hätte. Beide haben vielmehr im Blick, das Gewebe aufzuklären, das sich zwischen Menschen und Dingen spannt, die Überschüsse kritisch anzumahnen, die eine widerständige Dingwelt jenseits ihrer interessegeleiteten Transformation bewahrt. »Was ist, ist mehr, als es ist. Dies Mehr wird ihm nicht oktroyiert, sondern bleibt, als das aus ihm Verdrängte, ihm immanent.« (Adorno, Negative Dialektik, S. 164) Die Einsicht in die verdrängten Überschüsse verurteilt nicht zum Schweigen, vielmehr bleibt die Notwendigkeit des begreifenden Denkens, allerdings eines Denkens, das die Koinzidenz mit den Dingen als versagte Erfahrung anerkennt. »Aus Not der Philosophie, mit Begriffen zu operieren, darf so wenig die Tugend von deren Priorität gemacht werden, wie umgekehrt aus der Kritik dieser Tugend das summarische Verdikt über Philosophie.« (Ebd., S. 23) Es ist eben nicht die triumphale Möglichkeit philosophischer Reflexion, Wirklichkeit in Begriffen zu begreifen. Es ist vielmehr eine Notwendigkeit, wenn wir nicht in Irrationalität versinken wollen. Merleau-Ponty und Adorno sehen die Grenzen menschenmöglicher Erkenntnis zur einen Seite hin in der schweigenden Mimesis, die das Besondere isoliert und schließlich unbegreiflich werden läßt, und zur anderen Seite hin in der imperialistischen Verfügung, die dem Gegenstand des Erkennens jede Fremdartigkeit nimmt. Beide Limesgestalten führen in ihren Konsequenzen zu Gewalt gegenüber Menschen und Dingen, die eine naiv, die andere raffiniert. Eine humane Rationalität hätte sich zwischen diesen Grenzen zu entfalten als Sprechen, das sich darüber im Klaren ist, daß es nur möglich ist, weil es ein Gewebe zerreißt (vgl. Merleau-Ponty, Das Sichtbare und das Unsichtbare, S. 166), indem es die wahrgenommene Bedeutung transformiert zu einem Sagbaren. Die Berücksichtigung der Materialität sowohl der Subjekte als auch der Objekte im Erkenntnisgeschehen verweist auf einen Mangel und dessen Produktivität. Weil den Gegenständen der Erkenntnis Dimensionen bleiben, die nicht im Gedachten aufgehen, bleibt das Begriffene Produkt eines Sublimierungsschicksals und der vollständigen Unmittelbarkeit wie der kompletten Konkretion beraubt. Das Besondere wird durch das Allgemeine geklärt und getrübt ineins. Weil es aber diese materiale Verwandtschaft zwischen Subjekt und Objekt überhaupt gibt, ist Erkenntnis möglich. »Wieviel eigene Kraft zur Organisation der Welt man der Sprache (dem Denken) auch immer zuerkennen mag, es muß, damit die Welt gesagt (gedacht) werden kann, vorausgesetzt werden, daß sie sich überhaupt organisieren läßt.« (Castoriadis, Durchs Labyrinth, S. 111) Es gibt eine »Rationalität in der Realität« (Castoriadis), die unser Denken in Bewegung hält und die als Produkt seiner Konstituierungsleistungen nicht aufzuklären ist. Dabei ist zu beachten, daß hier keine negative Ontologie gemeint ist, so als könnten wir unsere Aktivität unserer Passivität opfern. »Der Diskurs ist nicht in ein Spiel von vorgängigen Bedeutungen aufzulösen. Wir müssen uns nicht einbilden, daß uns die Welt ein lesbares Gesicht zuwendet, welches wir nur zu entziffern haben. Die Welt ist kein Komplize unserer Erkenntnis. Es gibt keine prädiskursive Vorsehung, welche uns die Welt geneigt macht. Man muß den Diskurs als eine Gewalt begreifen, die wir den Dingen antun« (Foucault, Die Ordnung des Diskurses, S. 36 f.). Die Spuren, die wir in der Realität hinterlassen, sind nicht nur Zeichen unseres Denkens und motiviert durch unser Erkennenwollen. Vielmehr gewinnen unsere Lebensformen ihre Gestalt durch unser Handeln. Wir handeln mit Dingen und Menschen und transformieren diese durch die Weise, wie wir mit ihnen umgehen. Dabei spielt nicht nur und vielleicht nicht einmal in entscheidender Weise unsere absichtsvolle, reflektierte Umgangsweise die bedeutsame organisierende Rolle. Vor der reflexiven Zuwendung leben wir als leibliche Wesen in einer Fusion mit der materialen Welt, die uns zwar nicht »geneigt« zu sein braucht, die unsere Aktionsformen aber vorstrukturiert, indem sie sie erfordert, abwehrt und ritualisiert. »Der Körper denkt immer« (Bourdieu, Entwurf, S. 199). »Das derart Einverleibte findet sich jenseits des Bewußtseinsprozesses angesiedelt, also geschützt vor absichtlichen und überlegten Transformationen, geschützt selbst noch davor, explizit gemacht zu werden: Nichts erscheint unaussprechlicher, unkommunizierbarer, unersetzlicher, unnachahmlicher und dadurch kostbarer als die einverleibten, zu Körpern gemachten Werte« (ebd., S. 200).

Es ist also nicht nur eine abstrakte Gewaltsamkeit des Sprechens gegenüber einer sinngeladenen Welt, die eine Schwierigkeit der Lesbarkeit der Welt ausmacht. Als leibliche Wesen sind wir den Dingen und unseren Mitmenschen nicht nur denkend zugewandt, sondern primär agierend und empfindend lernen wir durch gemeinsames Handeln und in der spezifischen Weise, wie wir mit anderen und mit Dingen umgehen. Wir lernen Bewegungen, wir lernen, wie wir essen und uns mit anderen unterhalten. Wir lernen das Untunliche nicht nur dadurch, daß wir sprachlichen Verboten und nachfolgenden Sanktionen ausgesetzt sind. Es gibt eine viel subtilere Zensur, indem wir vor der Schwelle ausdrücklicher Thematisierung lernen, unser Verhalten den Üblichkeiten unseres Milieus anzupassen. Die Wahrheit des Behaviorismus zeigt sich in der Beobachtung, daß Verhalten auf Spezifika von Situationen reagiert, ohne vom Bewußtsein dirigiert zu sein. Daß diese Reaktionen nicht nur Anpassungen, sondern Antworten darstellen, verweist auf die Einseitigkeit von Konditionierungskonzeptionen. Allerdings ist die Beharrlichkeit unseres vorbewußt agierenden Leibes enorm. Sie führt dazu, daß wir sogar in unseren reflektierten Auffassungen in Widerspruch geraten zu unseren leiblichen Expressionen. Marilyn French wirft von hier aus ein Licht auf den vorrationalen Rassismus: »Aber es war keine Engstirnigkeit. Es war die Fremdheit. Sie war nie mit einem schwarzen Kind Seil gehüpft, hatte nie auf dem Heimweg von der Schule Händchen gehalten. Und im Laufe der Jahre hatte sie trotz ihrer schönen klaren liberalen Ideen die Horrorvorstellung vom großen schwarzen Mann verinnerlicht. Die Vorurteile stecken im Körper.« (French, Frauen, S. 361) Von hier aus wird deutlich, wie eng der Blickwinkel wird, der sich nur unter dem Gesichtspunkt der Sprache auf Sozialisationsvorgänge richtet. Es gibt eine Sozialisation durch den Leib, durch die Wahrnehmung, die vom Bewußtsein nicht zensiert wird, auf die die Kognition zurückkommt, ohne sie mit ihren eigenen Möglichkeiten aufklären zu können.

Selbst materialistische Ansätze entgehen der Gefahr der Intellektualisierung der Phänomene nicht. In der Überschätzung des sprachlichen Organisationsgeschehens geschieht eine Unterschätzung vorsprachlicher Formationen von Subjektivität und Intersubjektivität. »Die Formung von Sinnlichkeit und Wahrnehmung, die später vielleicht nie eine bewußte sprachliche Kommunikation eingeht, bleibt unberücksichtigt.« (Pazzini, Die gegenständliche Umwelt, S. 153)[1] Weil Dinge nur durch uns zur Sprache gebracht werden, zeigt unser spezifisches Sprechen über sie zugleich die Änderungen des Wahrnehmenden und des Wahrgenommenen. »Wies van Gogh noch aus uns heraus, sprechen bei ihm noch die Dinge, so heftig sie auch sprechen, doch scheinbar nur von

---

[1]   Pazzini bleibt in seiner Rehabilitierung der Bedeutsamkeit der Gegenstände innerhalb der Sozialisation allerdings beschränkt auf die Kategorien von Gebrauchs- und Tauschwert, wobei die Sinnüberschüsse nach seiner Interpretation daraus resultieren, daß Gegenstände niemals in ihrem Tauschwert aufgehen. Die Produktion ist auf die Herstellung von Gebrauchswerten, auch wenn sie noch so flüchtig sind, angewiesen, damit die Basis kapitalistischen Produzierens erhalten bleibt (vgl. ebd., S. 174). Die Thematisierung der Gebrauchswertdimension ermöglicht die Einbeziehung zivilisationskritischer Betrachtungen, um begreiflich zu machen, warum durch die Handhabung der Gegenstände die Sinnlichkeit umorganisiert wird. Pazzini verweist hier vor allem auf Norbert Elias' Geschichte der Zivilisation, um aufzuzeigen, daß in den alltäglichen Gebrauchsgegenständen historische Physiognomien von Wahrnehmungen sedimentiert sind, die eine Erschließung des kritischen Potentials der Sinnlichkeit als Widerstand gegen die Tauschwertorientierung erschweren. »Am Absterben der Erfahrung trägt Schuld nicht zum letzten, daß die Dinge unterm Gesetz ihrer reinen Zweckmäßigkeit eine Form annehmen, die den Umgang mit ihnen auf eine bloße Handhabung beschränkt, ohne einen Überschuß, sei's an Freiheit des Verhaltens, sei's an Selbständigkeit des Dinges zu dulden, der als Erfahrungskern überlebt, weil er nicht verzehrt wird vom Augenblick der Aktion.« (Adorno, Minima Moralia, S. 44) Die Dimensionen von Tausch- und Gebrauchswert können erweitert werden, wenn man den Umgang mit Dingen in seiner Vielfalt betrachtet. Das Spielzeug ist zum Beispiel eine Kategorie, die sich weder unter Tausch- noch unter Gebrauchsgesichtspunkten zureichend bewerten läßt. In der Perspektive der Produktion machen diese Kategorien zwar die Herstellung von Gewohnheiten und die langfristige Markterschließung verständlich, für die Verbraucher, zumal für Kinder, liegen allerdings in Produkten die Möglichkeiten nicht fest. Gurwitsch macht in seinen Studien zur Milieuwelt darauf aufmerksam, daß es verkürzt ist, Dinge vor allem im kindlichen Milieu nur unter der Maßgabe des Zwecks zu betrachten. Auch Langeveld präzisiert in seiner Studie »Das Ding in der Welt des Kindes« die unterschiedlichen Gegebenheitsweisen von Gegenständen. Auffällig ist in beiden Untersuchungen, daß es eine Zeugidentität für Kinder nicht gibt. Die Bedeutung wird in der Situation gestiftet, in der Kinder Gegenstände anwenden. Es herrscht kein Konstruktionsprinzip vor, sie werden vielmehr in eine Situation hineingezogen, die auch uns Erwachsene verstrickt (vgl. Lewin, Changes in Social Sensitivity). Kinder »umleben« (Muchow) die Plätze ihres Milieus und lassen sich nicht von deren funktionalem Appell einengen. Allerdings wird kreatives Umfingieren in einer Umwelt schwierig, die funktional extrem differenziert und deren Gestaltungsmöglichkeiten ins Unsichtbare zurückgezogen sind.

sich und nicht als Echo des Menschen, so hallen nun plötzlich wir allein noch von ihnen zurück, so ist umgekehrt von dem neuen Expressionismus ab allein noch der Mensch eine Kaspar-Hauser-Natur, wie sie die Gegenstände lediglich als Erinnerungszeichen ihrer verstockten Abkunft oder als Punktierzeichen zum Behalten und Aufbewahren ihrer fortschreitenden Wiedererinnerung verwendet. Die Dinge werden so zu den Bewohnern des eigenen Inneren, und wenn die sichtbare Welt ohnedies schon zu verfallen, sich an eigener Seele zunehmend zu entleeren scheint, unkategoriell zu werden beginnt, so wollen danach in ihr und an ihr die Klänge der unsichtbaren zur Bildhaftigkeit werden: verschwindende Vorderseite, Füllesteigerung, ein Waldwerden, ein Einfluß und Rückfluß der Dinge in den Ichkristallwald, schöpferischer, tiefster Ausbruch, All-Subjetivismus in der Sache, hinter der Sache, als Sache selber, wobei der äußere Gegenstand in dem Maße verschwindet, wie er gleich einem der fünfhundert Götter Kantons im Tempel des verborgenen inneren Kanton wiederkehrt.« (Bloch, Geist der Utopie, S. 47 f.)

Es ist offensichtlich unvermeidlich, über die Beeinflussung durch die Welt der Dinge und deren Veränderung nachzudenken, wenn man Vollzüge der Subjektivation in den Blick nimmt. In dem Moment, in dem das Subjekt als leibliches Subjekt und Objekt, Herrscher und Untertan in seiner Welt sichtbar wird, ist seine Selbstbezüglichkeit auch immer eine Bewertung der materialen Welt. Das Gefängnis der Subjektivität ist geöffnet, ohne daß der Häftling dafür mit dem Tod bezahlen mußte. Eine Neubestimmung von Subjektivität im Sinne einer Überschreitung versetzt alte Begriffe in eine Bewegung, die an die überlieferten Bedeutungen anknüpft, aber ihren überholten Sinn kritisiert (vgl. Merleau-Ponty, Signes, S. 194). Weder wird an die Stelle des Bewußtseins eine neue Instanz gestellt — etwa Leiblichkeit oder Sprache —, die dann den gleichen Behauptungskampf auszuführen und schließlich zu verlieren hätte, noch wird das bislang Unterdrückte — etwa die Welt der Dinge — mit magischer Macht versehen. Neubestimmung meint, innerhalb der geschichtlichen Entwicklung übersehene Möglichkeiten als kritische Revisionen aufzunehmen und ihre Wirksamkeit innerhalb der jetzt vorherrschenden Konstellationen zu bedenken. Die Instanz der Subjektivität ist unverzichtbar für eine Theorie der Intersubjektivität und Identitätsbildung, weil sie eine verantwortliche Stellungnahme in konkreten Situationen ermöglicht dadurch, daß das Selbst, sogar in extrem fremdbestimmten Lagen, als antwortend und mitwirkend fungiert. »Das Subjekt ist der Garant eines konstanten Kampfes zwischen der kolonisatorischen Macht der Wörter und der Revolte der Reste.« (Leclaire, zit. n. Hager, Die Sache der Sprache, S. 117)

Gerade in der »Überbenennung« (Benjamin) durch unsere Sprache und in dem »Übersinn« (Merleau-Ponty) der Dinge wird eine Bewegung in Gang gehalten, die bei Koinzidenz von Reflexion und Wirklichkeit stillstehen würde. Das, was aus der Sicht einer Erkenntniskonzeption, die auf Klarheit und letzte Gültigkeit aus ist, als Mangel erscheint, nämlich die letzte Inkommensurabilität von Denken, Sprechen und Wahrnehmen mit ihren Gegenständen, erscheint einer Konzeption, die die Verflechtung von Subjekt und Objekt vor jeder dualistischen Konturierung begreifen will, als Vorzug. Gerade in dem Mangel der »Überbestimmung«, der unvermeidlich ist, weil Sprechen rivalisierende und wimmelnde Dinge in eine einheitliche Ordnung bringt, gründet die Möglichkeit der Revolte der Dinge und damit eine inhärente Chance zu Kritik. Subjektivität neu zu formulieren bedeutet damit, überlieferte Betrachtungsweisen zu bedenken und ihrer scheinbaren Triftigkeit zu berauben. Dabei kann es sein, daß in den Selbstbetrugsformationen mehr über die Konzeptionen von Subjektivität zum Ausdruck kommt als in den theoretischen Überhöhungen, die unangetastet überliefert werden, allerdings auch keinen Erklärungswert mehr besitzen im Hinblick auf konkretes Existieren; denn »die Masken, in denen die Krisis der Subjektivität sich ausdrückt, sind wahrer als die Lüge der kernigen Wahrheit.« (Adorno, Picasso, S. 524 f.)

4. Dialektik ohne Synthese

»Die Suche nach dem Inkommensurablen meint nach Kant nicht Gott, sondern die Freiheit, einen unbestimmbaren Begriff. Man muß ihn in seiner Unbestimmtheit belassen, denn in dem Augenblick, wo sich jemand an die Stelle des Nicht-Darstellbaren setzt und sagt, daß es dieses oder jenes von uns verlangt, wird das sehr gefährlich. In unserer abendländischen Geschichte haben wir diese Erfahrung gemacht, [...]. Aber daß die Aufgabe bestimmt wird von der Unmöglichkeit, auf den Appell des ›Großen Anderen‹ eine abschließende Antwort zu finden, ist evident. Das ist keine metaphysische, sondern eine ontologische, vielleicht auch ethische Dimension. Ich wüßte nicht, wie man das, was die Menschen tun, sonst erklären könnte: nichts zwingt uns dazu, den Stand der Erkenntnisse zu erweitern, die Erkundungen in der Malerei und in der Musik weiter voranzutreiben oder das Experiment des Denkens fortzusetzen, wenn es nicht einen Appell gäbe, der uns übersteigt.« (Lyotard, im Gespräch)

Der Versuch, der eingeschliffenen Alternative von Autonomie und Heteronomie zu entgehen, erfordert die Anerkennung von unterschiedlichen Ordnungen unserer Existenz, die nicht ineinander zur Abbildung zu bringen sind, weil es keinen Zeugen gibt, der auf allen Seiten zugleich sein kann. Daß wir uns wahrnehmend, handelnd, aber auch erkennend und redend unserer Welt und uns selbst zuwenden können, bedeutet, daß wir in unterschiedlicher Weise Verhältnisse gestalten, ohne daß die Gestaltungsprinzipien in einer einzigen Logik zu fixieren seien. Dabei sind wir im Denken unserer Wirklichkeit in ganz anderer Weise zugewandt als im Wahrnehmen. Gleichzeitig sind wir sichtbar, Ziel von Handlungen oder verwickelt in diese, wir sind Gegenstand von Erkenntnis und Partner im Dialog. Die Doppelbödigkeit unserer Existenz, Subjekt und Objekt im Geflecht intentionaler Bezüge zugleich, wenn auch nicht jeweils in gleichem Maße zu sein, zieht uns in ein Geschehen, das wir nur unzulänglich verstehen, wenn wir uns als bloß schöpferische Subjekte aufführen, aber auch wenn wir uns als bloße Marionetten objektiver Strukturen betrachten; denn »der Gedanke schreitet nicht einsinnig fort, sondern die Momente verflechten sich teppichhaft. Von der Dichte dieser Verflechtung hängt die Fruchtbarkeit von Gedanken ab. Eigentlich denkt der Denkende gar nicht, sondern macht sich zum Schauplatz geistiger Erfahrung, ohne sie aufzudröseln.« (Adorno, Noten zur Literatur, S. 21)

Ebenso verändern wir den Sinn unserer Handlungen, wenn wir über sie sprechen. Die unterschiedlichen Ordnungen beziehen sich aufeinander, ohne reversibel zu sein in der Weise, daß eine die andere vollgültig ersetzen könnte. Es kann daher nicht darum gehen, die Originalität der einen Strukturierung gegen eine andere auszuspielen. Es ist vielmehr bedeutsam, die Spezifik der unterschiedlichen Verhältnisse zu bestimmen. Erst wenn man zugesteht, daß es etwas gibt, »das, was, um erkannt zu werden, nicht gedacht zu werden braucht« (Merleau-Ponty, Vorlesungen I, S. 128), kann man das Gewicht würdigen, das der Behauptung zukommt, daß es einen praktischen Sinn von Autonomie gibt, der sich theoretisch nicht adäquat ausweisen läßt. Als Chiffre für eine humane Gesellschaft bleibt Autonomie unverzichtbar, weil sie protestiert gegen reale Fremdbestimmungen, wenngleich deren vollständige Beseitigung aussichtslos ist. Aber auch dem Denken bleibt vollständige Autonomie vorenthalten, weil es über das Was des Gedachten eingebunden bleibt in eine dichte Erfahrungswelt voller heteronomer Bestimmungen. »Keine Objektivität des Denkens als eines Aktes wäre überhaupt möglich, wäre Denken nicht in sich selber, der eigenen Gestalt nach, immer auch gebunden an das, was nicht selbst Denken ist: darin ist zu suchen, was an Denken zu enträtseln wäre.« (Adorno, Anmerkungen, S. 601) Pure Selbstgesetzgebung des Denkens bedeutete eine Mißachtung der Inhaltlichkeit von Reflexion, eine Ignoranz gegenüber dem Worüber des Denkens. Das Denken bewahrt die Signatur unserer leiblichen Existenz und damit die Spuren einer Erfahrungsgeschichte, deren Materialität sich im

Denken nicht ohne gravierende Folgen bestreiten läßt. Die Anerkennung »des menschlichen Leibes als eines natürlichen Symbolismus« (Merleau-Ponty, Vorlesungen I, S. 128) ermöglicht eine Sicht, die der Entscheidung zwischen »einem Prozeß ohne Subjekt« und einem »schöpferischen Subjekt« (vgl. Bourdieu, Sozialer Sinn, S. 78) entkommt und damit den Fängen der verschiedenen Spielarten ungeschichtlicher Auffassungsweisen. Die Anerkennung dessen, daß sowohl Denken als auch Wahrnehmen und Handeln gebunden bleiben an das, worauf sie sich beziehen, unterläuft sowohl eine Hypostasierung der Ding- als auch der Subjektwelt.

Sowohl die bloße Gegenposition zu traditionellen subjektivistischen Theorien, die die Akkumulation sozialen Sinns in sedimentierten Strukturen ausmacht, die mit sich selbst spielen, als auch die Steigerung des Subjektivismus zu unbeschwerter Kreation verfehlen die Erfahrung, daß Subjekte Akteure in Situationen sind, daß sie nicht als bloße Träger von Rollen figurieren, sondern die dialektische Beziehung von Freiheit und Determination artikulieren, indem sie stets übergreifen auf andere Ordnungen und sich nicht beschränken können auf eine eindimensionale Existenz. Die Überwindung der Probleme des Objektivismus und des Subjektivismus gelingt nur, wenn die begriffliche Verständigung über unsere Geschichte daraufhin überprüft wird, ob sie Raum bietet für unsere Erfahrungen und unsere antizipierte Existenz. Das Hin und Her zwischen einer »leeren Subjektivität«, die von allem Konkreten entbunden als transzendentale ein universales Dasein in Einsamkeit fristet, und einer »vollen Subjektivität«, die eingebunden in eine kontingente Welt deren Schicksal teilt, ohne Abstand von ihr zu gewinnen, führt zu keiner befriedigenden Lösung des Problems. Es verweist allerdings darauf, daß die Frage nach der Subjektivität, nachdem sie einmal in die Philosophie eingeführt wurde, nicht einfach ignoriert werden kann. Einmal infiziert durch dieses Denken kann Philosophie nicht so ohne weiteres zurück in eine vorneuzeitliche Denkweise. Sie kann mit ihren Vorlagen nur umgehen, indem sie diese transformiert, nicht indem sie sie annulliert (vgl. Merleau-Ponty, Signes, S. 194).

Der Abschied von Subjektivität und Metaphysik wird oft allzu rasch vollzogen, ohne zu bedenken, daß diese Konzeptionen eine Gravur unseres Denkens, Wahrnehmens und Handelns bedeuten, die man nicht ablegen kann, wie eine bloß äußerliche Dekoration. Die vordergründige

Aufmerksamkeit gegenüber groben Mustern der kritisierten Tradition verursacht, daß sich hinter unserem Rücken subtile Spielarten des Abgewiesenen umso ungehinderter tummeln. Die Auseinandersetzung mit den Beugungen der Welt durch die Optik eines Subjekts, das seinen Herrscherblick auf sie richtet, spielt nicht nur Gewinne im Hinblick auf mehr Erkenntnis ein. Sie begründet gleichzeitig eine massive Versagung, über die sich die traditionelle Reflexionsphilosophie jederzeit täuschen konnte. Indem nämlich erkannt wird, daß die Ordnungen des Seins nicht im Gedachten aufgehen, weil einem leiblichen Subjekt mehrere Register der Erfahrung zur Verfügung stehen, wird das Feld des Sinns in eins erweitert und gegen einen Abgrund geöffnet. Ein leibliches Subjekt kann nicht koinzidieren mit seiner Welt. Die Verwandlung der gelebten Welt in eine gedachte garantierte, daß das Fremde, dem sich das Denken frontal entgegenstellte, zum eigenen transformiert wurde und so zum Besitz werden konnte. Dies gelingt nicht mehr, wenn die Vielfalt der Verflechtungen das Muster des Sinns konstituiert. Jetzt ist zu erkennen, daß die reflektierende Zuwendung zur Welt nur eine unter anderen ist, sozusagen *ein* Porträt der Erfahrungsgeschichte, daß sie andere Sinnbezüge zum Schweigen bringt und so ihre Bedeutungsleistung durch Verdrängen des Unbestimmten und Verschweigen dessen, was nicht nach dem Denken modelliert werden kann, ermöglicht. »Daß die Gegenwart der Welt eben Gegenwart ihres Fleisches für mein Fleisch ist, daß ich ›von ihr bin‹ [en sois] und doch nicht diese selbst bin, das ist alsbald gesagt und schon vergessen: Die Metaphysik bleibt Koinzidenz.« (Merleau-Ponty, Das Sichtbare und das Unsichtbare, S. 168)

Selbst dialektisches Denken bleibt nicht verschont von der Signatur der Koinzidenz. Denn noch das Muster der Versöhnung verschleiert den Widerstreit der Differenz, die sich als zirkuläre Bewegung des Unterschiedenen realisiert, die nicht im Identischen zu übersteigen ist. »Die schlechte Dialektik fängt fast mit der Dialektik an, und nur jene Dialektik ist gut, die sich selber kritisiert und sich als gesonderte Aussage hinter sich läßt; es gibt keine gute Dialektik außer der Hyperdialektik.« (Ebd., S. 128) Während Merleau-Ponty in der Phänomenologie der Wahrnehmung dialektisches Denken »im Vorbeigehen begrüßt, insoweit es einen existentiellen Gehalt erkennen läßt, und [...] [beiseiteschiebt], insoweit es sich vom Status des In-der-Welt-seins lossagt« (Taminiaux, Merleau-Ponty, S. 70), reflektiert er ihre unverzichtbare Bedeutung in der späten

Philosophie und gelangt zu einem Konzept von einer »Dialektik ohne Synthese«, die in vielem an Adornos »Negative Dialektik« erinnert.

Der traditionelle frontale Zugriff auf das Sein im Modus der Aneignung wird kritisiert durch Formen lateraler Verknüpfungen unterschiedlicher Erfahrungsweisen mit ihren Gegenständen, die mit einem Überschuß operieren. Die horizontalen Verflechtungen artikulieren »sich in obliquen Modi wie *Abweichung, Verformung, Verfremdung* und *Überschuß,* die es erlauben, den Übergang von einer Ordnung zur anderen zu denken, ohne auf eine vorgängige oder letzte Synthese zu bauen.« (Waldenfels, Dialog und Diskurse, S. 244) Damit wird Merleau-Ponty einer symbolischen Matrix gerecht, die sich auf der konkreten Existenz niederschlägt, ohne sie vollständig zu verhängen. Er opponiert gegen das Mißverständnis, das darin besteht, daß das, was nicht gedacht wird, um bedeutungshaft zu sein, lediglich »nichts«, das bloße Gegenteil von »etwas« ist. Die Reflexionsphilosophie verwandelt alles, was sie berührt, in Gedachtes und bringt es so ohne Überschuß in ihren Herrschaftsbereich. »Sie bewirkt nur, daß ich mit vollem Bewußtsein das bin, was ich im Zustande der Unaufmerksamkeit immer schon war« (Merleau-Ponty, Das Sichtbare und das Unsichtbare, S. 67). Menschliches Verhalten als leibliche Strukturierung eines Seins in Welt entzieht sich aber der Aufteilung in eine *res extensa* und eine *res cogitans.* Eine radikale Kritik der Reflexionsphilosophie durch eine Berücksichtigung der Leiblichkeit des Subjekts läßt weder die Auffassung von Subjektivität unberührt noch die Konzeption des Denkens. Die denkende Beziehung zur Welt wird getrübt durch eine Versagung, die darin besteht, daß die Reflexion ihre Gegenstände niemals vollständig einholen kann, weil sie sie nicht hervorbringt, sondern als existierende antrifft und sie zu Gedanken transformiert. »Um jede Zweideutigkeit über diesen Punkt auszuräumen, wiederholen wir, daß wir der Reflexionsphilosophie nicht nur vorwerfen, daß sie die Welt in ein Noema verwandelt, sondern ebenfalls, daß sie das Sein des reflektierenden ›Subjektes‹ verzerrt, indem sie es als ›Denken‹ konzipiert — und daß sie schließlich ihre Beziehungen zu anderen ›Subjekten‹ in der ihnen gemeinsamen Welt undenkbar macht.« (Ebd.)

In gewisser Weise schafft sich die Reflexionsphilosophie so ihre Probleme selbst, weil sie Fragen aufwirft, die dadurch entstehen, daß sie konkrete Erfahrungen in ein abstraktes Dilemma treibt, in das sie von sich aus nicht geraten wären. Wenn ich an Sinngeschehnissen nur das in

Rechnung stelle, was Gegenstand des Bewußtseins werden kann, bleiben die praktischen Bezüge zur Realität unberücksichtigt und damit ein Zusammenleben von Menschen, die sich nicht nur wechselseitig begreifen, sondern sich gegenseitig mehr bedeuten, als in Begriffen erfaßt werden kann, die sich so aber auch aufgrund ihrer Leiblichkeit in gewaltsamer Verwicklung vorfinden, weil der jeweils andere in vielfältigem Sinn im Wege sein kann. Der Reflexion gerinnt der Andere zum Objekt, harmlos oder nicht gerät er auf die andere Seite des Geschehens. Als Lebewesen durchkreuzt er mein Handlungsfeld, ragt dort auf, wird übersehen, ist kooperativ, fungiert als Hindernis, befeuert oder lähmt meine Initiativen. »In gewissem Sinne ist die Bedeutung immer Abweichung: was der Andere sagt, erscheint mir als sinnvoll, weil seine *Lücken* nie dort sind, wo meine eigenen sind.« (Ebd., S. 242) Diese Register von Lücken schieben sich selten reibungslos übereinander. Gewaltsamkeit entsteht, wenn ich nur bei dem genommen werde, was konstitutive Abwesenheit ist, und wenn der Positivität meiner Existenz das bloße Nein, in extremer Form die strategische Nichtung entgegengesetzt wird.

Es muß also ein Weg gefunden werden, der ein Nachdenken über Wirklichkeit ermöglicht, ohne die Spezifik gelebter Strukturen in Vergessenheit geraten zu lassen und ohne Denken bloß als magische Transformation zu kritisieren. Naheliegend ist dabei, an dialektische Konzeptionen anzuknüpfen, die versuchten, Sein und Denken zu vermitteln. Aber zu bedenken ist das Problem, daß Dialektik dann zu einem bloßen »Manöver« (vgl. ebd., S. 237) verdünnt wird, wenn diese Verknüpfung im Medium des Denkens derart geschieht, daß dieses sich schließlich doch wieder zur einzigen Quelle der Bedeutung aufspielt. Diese Version dialektischen Denkens kann sich nicht von diesem Totalitätsanspruch und damit von seiner Souveränitätsgestik befreien. Es bleibt gefesselt an einen Imperialismus, der unbelehrbar ist, weil er nicht irritiert wird durch das, was sich seinem Zugriff entzieht. Aber auch eine zur These erstarrte, eine »einbalsamierte« Dialektik (vgl. ebd., S. 215 und S. 227) wird der Dichte und Verschachtelung einer konkreten Lebenswelt nicht gerecht. Die »gute Dialektik ist jene, die weiß, daß jede *These* eine Idealisierung darstellt, daß das Sein nicht aus Idealisierungen oder aus Gesagtem besteht, wie noch die alte Logik glaubte, sondern aus verbundenen Ganzheiten, wo die Bedeutung immer nur als Tendenz vorhanden ist, wo die Trägheit des Inhaltes es niemals erlaubt, den einen Begriff als positiven und den anderen als negativen zu definieren, und erst recht nicht, einen dritten Begriff als die absolute Aufhebung des Negativen durch sich selbst anzusetzen.« (Ebd., S. 129) Merleau-Ponty strebt eine »Dialektik ohne Synthese« an, ein Denken, das in keinem letzten Überstieg zur Ruhe kommt, das sich als Rede versteht, die ihren Sinn erst in der Antwort findet, und nicht als Abbildung der Wirklichkeit im Medium der Ideen. Seine Philosophie bewahrt ein Wissen um den Hof der Nichtphilosophie, Menetekel eines Sinngeflechts, das nur um den Preis der Zerstörung vollständig entwirrt werden kann, von dem das Reflektieren profitiert, gerade weil es die Differenz wahrt. Preisgegeben werden muß eine Denkfigur, die sich hierarchisch ordnet, zugunsten eines Musters der Überschreitung von der Seite her. Zwar gibt es Fortschritte, Antworten werden sich bewähren, andere werden ausgeschlossen, aber es gibt keine letzte Lösung mehr, die doch nichts anderes bedeutete als eine »Nacht der Identität«, in der sich keine Bedeutung mehr abheben kann. Der reflexive Sprung, mit dem das Denken das Sein verletzt, ist nicht zu schließen. Er ist nicht nichts, sondern eine Bedeutungstendenz, die ihre Spannung dadurch erhält, daß sie das Sein nur in der Verfehlung trifft, nur in der Sublimierung, in der Transformation zu einem Gesagten oder Gedachten. Idealisierung ist Vollzug und Ergebnis zugleich. Als Resultat verleiht die Idealisierung den Gedanken und Worten den Schein von Selbstständigkeit und Dauer und gibt damit die Unberechenbarkeit und Verwicklung dem Vergessen anheim, die sie als Prozeß kennzeichnen. Die Beziehung zwischen der Rede und dem, worüber sie spricht, ist eine dialektische im strengen Sinne: »indem die Sprache das Schweigen bricht, verwirklicht sie, was das Schweigen wollte und nicht erreichte.« (Ebd., S. 228)

Bezeichnend für die Mächtigkeit eines bestimmten Denkstils ist, daß alle Theoretiker, die versucht haben, mit der Dominanz identitätsstiftenden Denkens zu brechen, genötigt sind, sich den Wissenschaftlern und Philosophen gegenüber zu verteidigen, daß hier nicht Okkultismus statt Erkennen angeboten wird, und im Hinblick auf historische und politische Anfragen mit dem Relativismusvorwurf rechnen mußten. Sobald der Versuch unternommen wird, tradierte Rationalitätsansprüche in ihrer Souveränität zu korrigieren, provoziert dies offensichtlich vor jeder Einlassung auf die gewonnenen Möglichkeiten die Abwehr drohender Zersetzung. Die Allianz von identitätsstiftendem Denken und

selbstsicherer Existenz wehrt sich mit geradezu paranoischem Eifer gegen jede Anfrage an die Möglichkeit von Identität, sei es die der Person,
sei es die von Idee und Sache. Auf dem Spiel steht ein Fundament, das
vernünftiges Erkennen und menschenwürdige Existenz trägt. Die Physiognomie der okzidentalen Rationalität läßt es nicht zu, Rationalität
anders zu denken, diese mit ihrer eigenen Aggression gegenüber jedem
ihr Fremden zu konfrontieren. Sie, die Muster frontaler Begegnung von
Sinn und Sein ist, läßt keine Fronten an ihrer Seite zu. Noch die Kontur
der Alternativen bewahrt diese Signatur, und es verwundert nicht, daß
solche Autoren wie Freud, die zeigen, daß das Ich nicht identisch ist mit
dem Bewußtsein, mit skeptischen Rückfragen bedacht werden, und daß
Merleau-Ponty nur schneller als seine Kritiker ist, wenn er fragt: »Was ist
Philosophie? Der Bereich des *Verborgenen* (Φ und Okkultismus)« (ebd.,
S. 237). Es scheint so, als sei die einzige Alternative, die die transparenz-
besessene Rationalität zu sich selbst denken kann, Okkultismus oder —
in gleichsam seriöser Variation — Irrationalismus oder Relativismus.

Damit ist die Schwierigkeit benannt, die man auf sich lädt, wenn man
in der Verpflichtung gegenüber rationaler Aufklärung diese selbst kritisieren will. In dieser Bemühung rücken Autoren zusammen, die unterschiedlichen Traditionen angehören und auf unterschiedliche Ziele gerichtet waren, deren Gemeinsamkeit aber darin zu sehen ist, daß sie
nicht das bloß Andere zur Vernunft suchten, sondern eine andere Vernunft begreifen wollten, die aus ihrer Vergangenheit lernt, die ihre Me-
tamorphosen aufnimmt und nicht aussperrt, die zuläßt, daß sie von etwas in Bewegung gehalten wird, das nicht sie selber ist. Freud, Adorno
und Merleau-Ponty haben sich hier auf ihre Weise dem Problem gewid-
met, daß es eine Rationalitätsform gibt, die sich nicht mit Identitäten auf-
füllt, die vielmehr Lücken aufreißt für Differenzen. Damit ist aber der
Identitätsbegriff nicht getilgt, sondern vielmehr verschoben. Identität
kommt als eine Beziehung in den Blick, als eine Relation zwischen dem
Ich in seinen Objektivationen und dem Ich als antwortendem, das sich
niemals als originäre Tätigkeit erfährt. Individualität kann dementsprechend formelhaft als spezifische Gestalt von Subjektivität, »als die Fuge
zwischen dem Imaginären und dem Symbolischen beschrieben werden,
als das Zusammenspielen einer intersubjektiv[..] geteilten, präexistenten
symbolischen Ordnung und den eigenen Identitätsentwürfen in gegen-
seitiger Verweisung und Relativierung.« (Küchenhoff, Der Leib als Statt-

halter des Individuums, S. 171) Identität fungiert damit im Unterschied zur Tradition als ein praktischer Sinn, von dem die Reflexion weiß, den sie aber nicht fixieren kann.

»Die Welt der Natur und des Menschen ist nicht deshalb eine einzige, weil sie in allen parallel konstituiert ist und weil letztlich das ›Ich denke‹ in mir und im Anderen ununterscheidbar eins ist, sondern weil unsere Unterschiedenheit für sie offen ist und wir in unserem Bezug auf sie der gegenseitigen Nachahmung und Teilhabe fähig sind.« (Merleau-Ponty, Abenteuer der Dialektik, S. 246) Das dialektische Denken umschließt nicht alle Möglichkeiten und Wirklichkeiten. Es hat sein Außen, sein Surplus wie andere Praktiken des Menschen auch. Hinfällig wird in dieser Perspektive eine Dialektik, die einen Endzustand anzielt — und sei es einer der Versöhnung — und die deshalb von keinem Außen mehr bestritten wird. Die Offenheit des Erfahrungsfeldes jenseits von Endlichkeit und Unendlichkeit ist gewährleistet durch eine Bewegung, die »a contrario auf das Originäre« (Merleau-Ponty) zielt, ohne es als solches zu erreichen. In der Differenz vollzieht sich Identität als Dimension der Tiefe, die die Erfahrungswelt aushöhlt, ihr eine Kontur verleiht, ein Relief, das nicht auf Bewußtseinsakte als Ursache zurückzuführen ist. Identität verliert aus dieser Sicht den Charakter der Koinzidenz. Sie ist wesentlich Relation, die ihre Relata auseinanderhält. »In gewissem Betracht ist die dialektische Logik positivistischer als der Positivismus, der sie ächtet: sie respektiert, als Denken, das zu Denkende, den Gegenstand auch dort, wo er den Denkregeln nicht willfahrt. Seine Analyse tangiert die Denkregeln. Denken braucht nicht an seiner eigenen Gesetzlichkeit sich genug sein zu lassen; es vermag gegen sich selbst zu denken, ohne sich preiszugeben; wäre eine Definition von Dialektik möglich, so wäre das als eine solche vorzuschlagen.« (Adorno, Negative Dialektik, S. 144)

Eine Dialektik ohne Synthese versucht, der Tyrannei von Alternativen zu entkommen, ohne vernünftiges Denken überhaupt preiszugeben. Ihre Offenheit realisiert sich als positive Unbestimmtheit diesseits der Alternativen von empirisch und transzendental, von Klarheit und Dunkelheit, von Willkür und Berechnung. »Ein bedrückendes Gefühl der Verarmung überkommt uns, wenn wir der unbegrenzten Zügellosigkeit, der totalen Furchtlosigkeit die Berechnung entgegenstellen.

Wir wissen jedoch, daß sich uns der Reichtum unserer Möglichkeiten erst mit der Zeit erschließt. Wie die Rache — dieses kalt genossene Gericht — will das vielleicht geblendete, aber klare Wissen um unsere Reichtümer die Eindämmung der rohen Gewalt, eine relative Abkühlung der Leidenschaften. Der Fülle seiner Möglichkeiten wird der Mensch in zwei Etappen gewahr. Die erste ist beherrscht von der Zügellosigkeit, die zweite vom Bewußtsein. Wir müssen uns vor Augen halten, was wir durch das Bewußtsein verlieren. Je mehr wir uns von der Menschlichkeit einfangen lassen, desto mehr stellt sich heraus, daß das klare Bewußtsein eine Abkühlung bedeutet. Wir ermessen die unvermeidliche Verarmung, die mit dem Bewußtsein verbunden ist. Aber darum ist nicht weniger wahr, daß zum Menschsein das Bewußtsein gehört.

Was nicht bewußt ist, ist auch nicht menschlich.« (Bataille, Die Tränen des Eros, S. 196)

5. Sprache als Macht des Irrtums

»Der Diskurs ist nicht in ein Spiel von vorgängigen Bedeutungen aufzulösen. Wir
müssen uns nicht einbilden, daß uns die
Welt ein lesbares Gesicht zuwendet, welches wir nur zu entziffern haben. Die Welt
ist kein Komplize unserer Erkenntnis. Es
gibt keine prädiskursive Vorsehung, welche uns die Welt geneigt macht. Man muß
den Diskurs als eine Gewalt begreifen, die
wir den Dingen antun«
(Foucault, Die Ordnung des Diskurses).

Ein Denken, das sich einer Dialektik ohne Synthese verpflichtet, kann
auf Sprache nicht verzichten, weil es sich sonst als Denken aufgeben
müßte. »Im Zusammenhang des Wissens bedarf es, damit die Dinge werden, was sie sind, was sie gewesen sind, der Ingredienz, des Salzes der
Wörter.« (Barthes, Leçon, S. 31) Als Verstellung und Bloßstellung zugleich ermöglicht uns Sprache den Kontakt zu den Dingen, den Anderen und zu uns selbst. »Anhand der Sprache wird am deutlichsten, wie
man auf die Dinge selbst zurückkommen und wie man nicht auf sie zurückkommen sollte. Wenn uns die Möglichkeit vorschwebt, daß wir die
natürliche Welt oder die Zeit durch Koinzidenz wiederfinden, daß wir
identisch sind mit dem Punkt 0, den wir dort sehen, oder mit der reinen
Erinnerung, die unsere Wiedererinnerungen von unserem Innern her
lenkt, so ist die Sprache eine Macht des Irrtums, weil sie das kontinuierliche Gewebe zerreißt, das uns auf vitale Weise mit den Dingen und mit
der Vergangenheit verbindet, und sich wie ein Schirm dazwischen-
schiebt. Der Philosoph spricht, doch das ist seine Schwäche, eine uner-
klärliche Schwäche: er müßte schweigen, schweigend einswerden und im
Sein eine Philosophie wiederfinden, die schon fertig vorliegt. Alles sieht
danach aus, als wolle er ein gewisses Schweigen, das er in sich vernimmt,

in Worte kleiden. Sein ganzes ›Werk‹ besteht in dieser absurden Bemühung. Er schrieb, um seinen Kontakt zum Sein auszudrücken, er hat ihn
nicht ausgedrückt und vermag dies auch nicht, denn dieser ist nichts als
Schweigen. Also beginnt er von neuem …« (Merleau-Ponty, Das Sichtbare und das Unsichtbare, S. 165 f.) Merleau-Ponty und Adorno machen
unaufhörlich aufmerksam auf diese absurde Aufgabe der Philosophie,
ohne den Weg des Schweigens als angemessenen vorzuschlagen und selber zu betreten. Es geht ihnen nicht um eine schweigende Versenkung
in die Dinge und in den Anderen, weil dies für einen verantwortlichen
Denker nicht erstrebenswert und einem konkret existierenden Wesen
gar nicht möglich ist. »Denn das Sprechen, selbst das schweigende,
schlägt eine erste Bresche, in die sogleich von allen Seiten her die Welt
und die anderen einsickern.« (Castoradis, Gesellschaft als imaginäre Institution, S. 180)

Allerdings ist ihnen bewußt, daß Sprache unter dem Gesichtspunkt
des Zusammenspiels von Subjekt und Objekt ihre Bedeutung ändert. Sie
kann nun nicht mehr aufgefaßt werden als Chiffrensystem, das Ideen repräsentiert, die selbst wiederum Abbreviaturen des Wahrgenommenen
sind. Sprache widersetzt sich dem Dualismus von Idee und Realität, deren Seinsbereiche Husserl in der Reduktion scheiden wollte, um das Bewußtsein als »phänomenologisches Residuum« der Weltvernichtung ret-
ten zu können. Aber: »Gerade in dem Maße […], wie sie nicht ›natürlich‹ ist, leistet die Sprache paradoxerweise den größten Widerstand gegen die phänomenologische Reduktion und haftet dem transzendentalen Diskurs unaufhebbar eine gewisse Mundanität an, bleibt er
zweideutig.« (Derrida, Husserls Weg, S. 91) Sprache selbst als klangliches
oder schriftliches Phänomen ordnet sich in eine vernehmbare Welt ein
und gehört sowohl dem Gedachten als dem Bereich des Wahrgenommenen an. Ein Denken, das versucht, sich selbstkritisch als Vermittlungs-
tätigkeit zu begreifen, das gegen sich als imperialistische Verfügung
kämpft, kann Sprache nicht auffassen als Repräsentationssystem, das auf
einem ewigen Bund zwischen Zeichen und Bezeichnetem basiert. Sprache selbst stellt eine Bedeutungsleistung eigener Art dar, die weder darin
aufgeht, Originale der Wahrnehmung zu sublimieren, noch darin, willkürliche Bezeichnung einer stummen Dingwelt zu sein. »Für die Philosophen ist es eine der schwierigsten Aufgaben, aus der Welt des Gedankens in die wirkliche Welt herabzusteigen. Die unmittelbare Wirklich-

keit des Gedankens ist die *Sprache*. Wie die Philosophen das Denken ver-
selbständigt haben, so mußten sie die Sprache zu einem eignen Reich ver-
selbständigen. Dies ist das Geheimnis der philosophischen Sprache,
worin die Gedanken als Worte einen eignen Inhalt haben. Das Problem,
aus der Welt der Gedanken in die wirkliche Welt herabzusteigen, verwandelt sich in das Problem, aus der Sprache ins Leben herabzusteigen.«
(Marx/Engels, Die deutsche Ideologie, S. 432). Ein Mittel, mit dieser Ver-
selbständigung umgehen zu können, ist, der Verdrehung der Sprache
nachzuspüren, um sie in ihrer Abhängigkeit von der Realität durchschauen und um sie als *Äußerung* des konkreten Lebens begreifen zu
können (vgl. ebd., S. 433).

Der Terminus, der diese Leistung von Sprache für Merleau-Ponty und
auch für Adorno bezeichnet, ist Ausdruck. Unmittelbar einleuchtend
ist, daß ein Ausdruck nicht für sich stehen kann. So hat es keinen Sinn,
von einem bestimmten Gesichtsausdruck eines Menschen zu sprechen,
wenn dieser nicht von einem anderen wahrgenommen wird. Auch was
ein Text ausdrückt, gewinnt erst Bedeutung im Zwischenspiel von Leser
und Autor. Der Ausdruck bleibt selbst Original, er ist nicht die Dublette
dessen, was er ausdrückt. Mit dem Konzept des Ausdrucks läßt sich eine
Bedeutungsleistung begreifen, die nicht in Identitäten aufgeht. Vielmehr
zeigt sich gerade in der Differenz von Ausdruck und Auszudrückendem
die Stiftung des Sinns. Der Begriff Ausdruck läßt sich nicht nur auf die
subjektive oder nur auf die objektive Seite schlagen. Er ist geeignet, das
identifizierende Denken von innen her zu durchbrechen (vgl. Adorno,
Philosophische Terminologie 1, S. 210). Wenn sich etwas in einem
menschlichen Gesicht, in einem Text, in einem Kunstwerk ausdrückt,
so ist dies in einem Begriff nicht präzis abzubilden. Es bleibt eigentüm-
lich für einen Ausdruck, daß er nicht zu verallgemeinern und von seiner
materialen Basis abzulösen ist. Ein Gesichtsausdruck läßt sich ebenso
wenig vom Gesicht abstrahieren wie der Ausdruck eines Textes von diesem. Der Ausdruck läßt sich nicht konstituieren wie eine überlegte
Sprachgeste. Er ist Begleitung, die notwendig ist, die aber nicht auf sich
reflektiert. Wenn ich eine Sache besonders gut zum Ausdruck bringen
will, bin ich bei der Sache und nicht bei den Worten. Drückt mein Gesicht Zorn aus, so bin ich nicht bei meiner Gesichtsgestik, sondern bei
dem Gegenstand meiner Wut. »Der Leib glaubt, was er spielt: er weint,
wenn er Traurigkeit mimt. Er stellt sich nicht vor, was er spielt, er ruft

sich nicht die Vergangenheit ins Gedächtnis, sondern *agiert* die Vergangenheit *aus*« (Bourdieu, Sozialer Sinn, S. 135).

Unter diesem Gesichtspunkt kommt ein merkwürdiger Aspekt jedes Sprechens zum Vorschein, nämlich »selbst unbemerkt zu bleiben in dem Maße, wie es [...] gelingt, etwas auszudrücken.« (Merleau-Ponty, Die Prosa der Welt, S. 33) Die Kritik am logozentrischen und subjektorientierten Identitätsdenken hat im Konzept des Ausdrucks eine Möglichkeit gefunden, sich sprachlich zu artikulieren. Es gelingt nun, besser darzustellen, was Merleau-Ponty und Adorno unter der Dialektik von Produkt-Produzent verstehen. Weil Ausdruck immer auch Ausdruck für jemanden ist, weist er notwendigerweise über eine Subjektsphäre hinaus auf die Ansprüche und Interpretationen des Anderen. In der Formulierung »zum Ausdruck bringen« zeigt sich der Prozeß an, der durch die Spannung von Gemeintem und Gesagtem in Gang gehalten wird. Von hier aus wird deutlich, daß es in strengem Sinne keine Begriffe ohne Ausdruckscharakter gibt. Selbst wissenschaftliche Terminologie ist eine spezifische Modifikation des Ausdrucks, die ihre eigenen heterogenen Bedrohungen aussperren will. So behalten auch die kritisierten Begriffe der traditionellen Erkenntnistheorie einen Ausdruckscharakter, den sie allerdings durch ihren identifizierenden Impetus vergessenmachen wollen. »Den Identitätssatz durchschauen aber heißt, sich nicht ausreden lassen, daß das Entsprungene den Bann des Ursprungs zu brechen vermöchte. Alle Musik war einmal Dienst, um den Oberen die Langeweile zu kürzen, aber die Letzten Quartette sind keine Tafelmusik; Zärtlichkeit ist der Psychoanalyse zufolge die Reaktionsbildung auf den barbarischen Sadismus, aber sie wurde zum Modell von Humanität. Auch die hinfälligen Begriffe der Erkenntnistheorie weisen über sich hinaus. Bis in ihre obersten Formalismen hinein, und vorab in ihrem Scheitern, sind sie ein Stück bewußtloser Geschichtsschreibung, zu erretten, indem ihnen zum Selbstbewußtsein verholfen wird gegen das, was sie von sich aus meinen.« (Adorno, Metakritik, S. 47) Denn die Rettung traditioneller Begriffe gegen ihre eigenen Intentionen verhindert, daß wir uns in einer künstlichen Sprache einrichten müssen, um neues Denken zu ermöglichen. Es geht vielmehr darum, die verdrängten Mehrdeutigkeiten logischer Begriffe in Erinnerung zu rufen und so durch die Rehabilitierung ihrer Geschichtlichkeit die Engen von innen her aufzubrechen. Selbst die Begriffe von Erkenntnistheorie und Logik haben aus dieser Sicht neben ihrer Uniformität den unvermeidlichen Schatten von Expressivität. »Damit eine Sprechweise verstanden wird, muß sie sich von selbst verstehen und muß allgemein zugelassen sein; und das setzt letzten Endes voraus, daß sie ihre Entsprechung hat in anderen, nach demselben Muster gebildeten Wendungen. Aber zugleich darf sie auch nicht gewöhnlich sein bis zur Ununterscheidbarkeit, sondern muß dem Zuhörer noch auffallen; ihre ganze Ausdruckskraft bezieht sie daraus, daß sie *nicht* identisch ist mit ihren Konkurrenten.« (Merleau-Ponty, Die Prosa der Welt, S. 57)

Daß Bedeutung nicht in den Worten ruht, sondern in Differenzierungsprozessen allererst entsteht, entwickelt Merleau-Ponty vor allem in Anlehnung und in Kritik an Saussure. Daß sich Bedeutung nicht der Identitätsstiftung verdankt, sondern sich in offenen Unterscheidungsvollzügen ereignet, bezieht sich nach Merleau-Ponty nicht nur auf die Ebene der Zeichen. Das »Changieren von Identität und Nicht-Identität« (Castoriadis) erstreckt sich auch auf das, worüber gesprochen wird. Wenn Sprechen nämlich nicht nur die Abkürzung des Wahrgenommenen ist, dann muß es eine komplexe Beziehung zwischen Sprechen und Wahrnehmen geben, die einen Kontakt zu dem unterhält, worüber wir sprechen. Die Spuren der Appelle einer Dingwelt, die Expressivität einer vorbegrifflichen Verständigung zeigen sich z. B. in unbeholfenen Ausdrucksbewegungen, mit denen man sich in fremden Sprachräumen um Verständigung bemüht. Verständigung ist möglich ohne Dekodierungsbemühungen, die sich erst eines gemeinsamen Zeichensystems vergewissern müssen. In diesem Sinne wiederholt sich in jedem Sprechen das »Geheimnis des ersten Wortes«. In ein »privates Schauspiel [dringt] ein beweglicher Sinn ein, der indifferent ist in bezug auf individuelle Dunkelheiten, in denen er sich einnistet. Aber diese Sinnleere hat sich in der Fülle des individuellen Lebens vorbereitet wie die Verdampfung in der Masse des Wassers, sobald das Empfundene zu Dingen geronnen ist. Auf eine Weise knüpft das Sprechen an die sinnliche Gewißheit an und überschreitet sie, andrerseits aber hebt es diese auf und setzt sie fort; niemals durchbricht es gänzlich die ›ewige Stille‹ der privaten Subjektivität.« (Merleau-Ponty, Die Prosa der Welt, S. 65) Der sprachliche Ausdruck ist auf beiden Seiten des Geschehens zu finden, er ermöglicht die intersubjektive Verständigung und bewahrt private Subjektivität. Das Subjekt erscheint als Refraktion, als Brechung intersubjektiv fungierender Verständigungsregeln.

Der Dialektik von Expressivität und Uniformität entspricht ein Gewebe von Besonderem und Allgemeinem. Der sprachliche Ausdruck ist
nicht auszuschöpfen bis zu einem authentischen Kern, selbst wenn er einen Rest Solipsismus in der situierten Leibgebärde bewahrt. Indem er
partizipiert am Wahrgenommenen, wie es auch für andere da ist, weist
er immer über sich hinaus, riskiert, mißverstanden zu werden, aber
bleibt selbst darin noch die Möglichkeit des Verstehens überhaupt. Unter dem Gesichtspunkt einer strengen algorithmisierten Sprache, etwa
der digital strukturierten Computersprache, ist diese Diffusität ein
Greuel, im Hinblick auf ihren kommunikativen Aspekt und ihre Verflechtung in einer gelebten Welt eine *conditio sine qua non.* »Die Sprache
wählt nicht nur ein Zeichen aus für eine schon festliegende Bedeutung,
so wie man einen Hammer holt, um einen Nagel einzuschlagen, oder
eine Zange, um ihn herauszuziehen. Tastend kreist sie um eine Bedeu-
tungsintention, die über keinen Text verfügt, der sie lenken könnte, sondern gerade dabei ist, ihn erst zu schreiben.« (Ebd., S. 67) Es gibt keine
Verdoppelung der Sprache in dem Sinne, daß die erste die zugrundelie-
gende ist, aus deren Repertoire wir uns zum Zwecke der Verständigung
in einem zweiten System bedienen. Sprechen hebt sich vielmehr von einem Schweigen ab, dem die Rede abgerungen wird. Das Spiel mit Goe-
thes Verdikt »Am Anfang war das Wort« (Lacan), das in seiner extremen
Entgegensetzung zu »Am Anfang war die Tat« (Spitz) wird, ist nicht zugunsten der einen oder anderen Ursprungserfahrung zu lösen. Vielmehr
ist Reden Handeln, indem es die Verweisungen einer expressiven Welt
aufnimmt und in spezifischen sprachlichen Artikulationen realisiert.
Das Ausdruckskonzept bestreitet sowohl die Souveränität und Autonomie einer Ideenwelt als auch den naturalistischen Glauben einer von
sich aus bedeutsamen Dingwelt. »Es genügt, daß wir in der Fülle der
Dinge gewisse Hohlräume, gewisse Risse anbringen — und wir tun dies,
solange wir leben —, um selbst das in die Welt kommen zu lassen, was
ihr am fremdesten ist: *einen Sinn,* einen Anreiz, mit jenen verschwistert,
die uns hinreißen zur Gegenwart, zur Zukunft oder zur Vergangenheit,
zum Sein oder Nicht-Sein« (Merleau-Ponty, Die Prosa der Welt, S. 81).
Sprechen ist wie Gravieren, wobei die Gravuren nicht ohne den Ort ihrer Existenz deutlich werden können.
   Als leibliche Wesen leben wir mitten unter den Dingen, die wir berüh-
ren können, die wir bewegen, die uns im Wege stehen, die uns ge- oder

mißfallen, die uns an etwas erinnern oder uns zu etwas auffordern. Indem wir sie in einer bestimmten Weise wahrnehmen und behandeln, geben wir ihnen einen Sinn, der seinerseits bestimmte Appelle der Dingwelt aufnimmt und weiterspinnt, Hohlräume, d. h. Konturierungen und Artikulationen vornimmt, »die sich am Horizont der sinnlichen Welt herumtummeln« (ebd., S. 158). Im Ausdruck, in der sprachlichen oder künstlerischen Artikulation unserer Sinndifferenzierung innerhalb der gelebten Welt respektieren wir die mitkonstituierende Bedeutung der Dinge im Unterschied zum logischen Identifizieren, das unnachgiebig gegen nichtsubsumierbare Überschüsse vorgeht. Hohlräume können wir nur anbringen, weil die Welt und wir aus *einem* Stoff sind, weil »das Subjekt, um [...] Objektivität konstituieren oder sich in der Handlung objektivieren zu können, immer auch seinerseits ein Objektives sein muß.« (Adorno, Negative Dialektik, S. 272) Indem wir mit Dingen umgehen und über sie reden, setzen wir Differenzen zwischen sie und uns. Wir unterscheiden sie, wir vervielfältigen ihre Existenz. Dieses Differenzierungsgeschehen wird in Bewegung gehalten dadurch, daß wir an die Dinge selbst nicht heranreichen. Gerade weil Identifizierungen letztlich nicht möglich sind, können wir über Dinge Neues erfahren. Sie schießen in ihren Möglichkeiten über den Sinn, den wir ihnen geben, hinaus. »Man sagt, daß die genaue Aufzeichnung des brillantesten Gesprächs später einen dürftigen Eindruck erweckt. Hier lügt die Wahrheit. Das genau reproduzierte Gespräch ist nicht mehr das, was es war im Augenblick, als wir es erlebten: es fehlt die Gegenwart derer, die sprachen, dieser ganze Sinnüberschuß, den die Gesten, die Physiognomien, vor allem aber die Evidenz eines abrollenden Ereignisses, einer fortlaufenden Erfindung und Improvisation dem Gespräch verleihen. Das Gespräch existiert nicht mehr, es treibt keine Verzweigung mehr nach allen Seiten, es *ist*, verflacht zu einer einzigen Dimension des Klanglichen. Statt uns ganz zu fesseln, berührt es uns nur noch leicht durch das Ohr.« (Merleau-Ponty, Die Prosa der Welt, S. 86) Die vielfältigen Verweisungen, Verzweigungen und Appelle werden sublimiert in einem Nacheinander, das durch das Zuhören gestiftet wird. Es gibt einen »Logos der sinnlichen Welt«, der im gesprochenen Wort nicht aufgeht, so wie es eine Logik der sozialen Praxis gibt, die zwar eine Einheitlichkeit des Handlungsstils, aber nicht überraschungslose Planmäßigkeit bedeutet (vgl. Bourdieu, Sozialer Sinn, S. 187). Wie in der Malerei werden im Sprechen, im Schreiben, im Denken, im Wahrnehmen, kurz: in jeder menschlichen Praxis »Brandopfer aus Gegenständen« gebracht.

Ausdrücken heißt nicht repräsentieren und nicht Analogien bilden. In diesem Sinne gibt es keinen sekundären Ausdruck, der nur durch fertige Zeichen das ersetzte, was seinen Sinn von woandersher gewinnt. Es gibt eine Redseligkeit der Zeichen durch ihre Anordnung. Durch ihre Verflechtung stiften sie einen Sinn, wo dieser vorher so nicht war. Ein Ausdruck realisiert sich in einer Konfiguration, in einem Stil, also in einem Beziehungsgeflecht und nistet sich nicht isoliert in einer Geste, in einem Wort ein. In der Ausdrucksgebärde verweist diese über sich selbst hinaus auf die Konstellation, in der sie steht, und die Konfiguration, zu der sie gehört und stiftet Komplizenschaften mit anderen Ausdrucksversuchen. »Doch wenn es um die Sprache, den Leib oder die Geschichte geht, so kann man — will man nicht zerstören, was man zu verstehen sucht, indem man z. B. die Sprache auf das Denken oder das Denken auf die Sprache hin verflacht — nur das Paradox des Ausdrucks sichtbar werden lassen. Die Philosophie ist die Bestandsaufnahme dieser eigentlich universalen Dimension, in der Prinzipien und Konsequenzen, Mittel und Zwecke einen Kreis bilden. Sie kann bei der Sprache nur mit dem Finger darauf zeigen, wie durch die ›kohärente Verformung‹ von Gesten und Tönen der Mensch zum Sprechen einer anonymen Sprache gelangt, und wie er durch die ›kohärente Verformung‹ dieser Sprache ausdrücken kann, was nur für ihn da war.« (Merleau-Ponty, Die Prosa der Welt, S. 130 f.)

Sprechen ist immer Verformung, sie ist keine Urstiftung. Man schleicht sich immer schon, wie Foucault sagt, in die gesprochene Sprache ein, man wird von ihr umgarnt und übernimmt ihre Verzweigungen und Verweisungen, ohne jedoch in vollständiger Anonymität aufzugehen. Dadurch daß die Allgemeinsprache vom einzelnen übernommen wird, erfährt sie Verformungen, die in der Spaltung von Gemeintem und Gesagtem ihre Produktivität entwickeln. Es geht Merleau-Ponty immer wieder um die Differenzen, nicht um die Gleichsetzungen. Sprache kann ihre Bedeutung nur in der Unterscheidung vom Denken entfalten, ohne daß Sprechen ohne Denken zu begreifen wäre. Ebenso sind Wahrnehmung und Sprechen als leibliche Gebärden verwandt und doch unterschieden. Durch die Aufmerksamkeit gegenüber den paradoxalen Verwicklungen gewinnt man ein Gewebe von Sinn, das in keiner Instanz letztlich deponiert werden kann. »In einer einzigen Bewegung wurzelt die Erkenntnis in der Wahrnehmung und unterscheidet sich von ihr.« (Ebd., S. 141) Es gibt keine bloßen Dinge, denen wir durch das Erkennen Sinn verleihen, es gibt keine von der Wahrnehmungswelt vollständig emanzipierte Konstitutionsleistung. Dabei bleiben die Strukturierungen und die Konfigurationen nicht nur abhängig von den Wahrnehmungen, vielmehr bilden wir durch unseren vielfältigen Umgang mit unserer gegenständlichen Welt Kulturen aus, die durch Worte wie »erste« und »zweite Natur« nur sehr irreführend bezeichnet werden. Es gibt keine Trennung zwischen Kultur und Natur. »Schon der Sinn des Wahrgenommenen ist der Schatten unserer Tätigkeiten, die wir den Dingen angedeihen lassen; er ist nichts anderes als unsere Ausrichtung auf sie, unsere Situation ihnen gegenüber.« (Ebd., S. 142) Der Stil unserer Tätigkeiten und Wahrnehmungen profiliert ein soziales Milieu, in dem sich Differenzierungs- und Distanzierungsvollzüge ereignen, die das Geflecht unserer Fremd-, Ding- und Selbstwahrnehmung bestimmen. Es gibt keinen absoluten Anfang des Miteinander-Sprechens, auch nicht beim Erlernen der Sprache durch Kinder. Immer fädelt man sich ein in einen schon begonnenen Diskurs und profitiert von der Überbedeutung des Ausdrucks, der nicht Nichtsinn meint, sondern anderen Sinn. »Die ›objektive‹ Literatur und die ›objektive‹ Kunst, die glauben, daß sie nur an Bedeutungen appellieren, die schon in jedermann und auch in den Dingen gegenwärtig sind, bestehen in Wirklichkeit ihrer Form und ihrem Inhalt nach aus Erfindungen; und es gibt nur deshalb Objektivität, weil zunächst eine überobjektive Ausdruckskraft auf Jahrhunderte hin ein allgemeines Sprachfeld eröffnet hat; es gibt nur Bedeutung, weil eine überbedeutsame Geste sich selbst gelehrt, sich selbst verständlich gemacht hat mit dem Wagnis und der Einseitigkeit einer jeden Schöpfung.« (Ebd., S. 163) Nur aufgrund solcher Überbedeutungen können wir mit Fremden und mit Säuglingen kommunizieren, ohne sie auf unsere Zeichensysteme festzulegen. Die Gesten, die diese an ihre Welt richten, werden von uns gedeutet, mit einem Sinn besetzt, den sie schließlich selbst übernehmen, allerdings nicht, ohne ihn im Hinblick auf ihre Situation auf ihr spezifisches Körperschema zu modifizieren.

Im Ausdrücken sind wir immer auf der Seite subjektiver Erfahrung und auf der Seite objektiver Realität. Merleau-Ponty wendet sich in seinen Analysen vor allem der primären Ausdrucksbewegung zu und deren produktiven Wert. Dagegen unterscheidet Adorno einen wahren und einen unwahren Begriff des Ausdrucks. Ausdruck wird nach ihm dann unwahr, wenn er planmäßig Kaschierung von Konstruktion ist oder unkritischer Romantizismus. Seine dialektische Bedeutung kann der Ausdruck nur dann bewahren, wenn er sich weder bloß auf die Seite subjektiver Sinnkonstituierung noch auf die Seite der bloßen Expressivität von Dingen schlägt. »Das neu-sachliche Verdikt über den Ausdruck und alle Mimesis als ein Ornamentales und Überflüssiges, als unverbindlicher subjektiver Zutat gilt nur so weit, wie Konstruktion mit Ausdruck fourniert wird; nicht für Gebilde absoluten Ausdrucks. Absoluter Ausdruck wäre sachlich, die Sache selbst.« (Adorno, Ästhetische Theorie, S. 73) Aus dieser Sicht ist Ausdruck (wie die Benjaminsche Konzeption der Aura) gerade dann verfehlt, wenn er sich selbst setzt. Ausdruck ist dann in akzeptabler Nähe zur Sache, wenn er sich selbst als Geschehen vergißt, wenn er seine Inszenierungen nicht über die Anforderungen der Sache stellt. Wenn dem Ausdruck in dieser Gestalt dann der identifizierende Gestus fehlt, so wird er doch auch nicht in bloßer Entgegensetzung zur rein kontingenten Willkür. »Wäre Ausdruck bloße Verdopplung des subjektiv Gefühlten, so bliebe er nichtig; der Künstlerspott über ein Produkt, das empfunden, aber nicht erfunden sei, weiß das sehr genau. Eher als solche Gefühle ist sein Modell der Ausdruck von außerkünstlerischen Dingen und Situationen. In ihnen bereits haben historische Prozesse und Funktionen sich sedimentiert und sprechen daraus.« (Ebd., S. 170)

»Ausdruck ist der Blick der Kunstwerke.« (Ebd., S. 172) Damit erinnert Adorno an die rationalitätskritische Emphase, die in der Formulierung des Blicks der Dinge festgehalten wurde. Gerade weil Ausdruck nicht die Verdoppelung des Subjekts, das sein Inneres entäußert, und nicht die Kaschierung einer Konstruktion ist, geht er sowohl über das einzelne Gegebene als auch über das Privatsubjektive hinaus. »Noch wo das Ausgedrückte dem Subjekt ähnelt; wo die Regungen die subjektiven sind, sind sie zugleich apersonal, eingehend in die Integration des Ichs, nicht aufgehend in ihr.« (Ebd.) Ausdruck ist aber zugleich auch immer Modifikation des Gegebenen, etwa des Leids, und steht damit stets in der Gefahr, durch Imagination zu entschärfen. Die Gefahr einer affirmativen Grundstruktur von Kunst erklärt sich hieraus. Indem sie den Schmerz ausdrückt in Imaginationen, macht sie ihn beherrschbar, ohne

seine objektiven Bedingungen zu verändern. Diese Gefahr ist grundsätzlich in keiner mimetischen Bewegung zu vermeiden. Wir gelangen nicht
an die Dinge selbst heran, und in diesem Riß gründet die Wurzel der Sub-
limation, die in unbeteiligte Konstruktion umschlagen kann. »Der Ausdruck, mit dem Natur am tiefsten in die Kunst einsickert, ist zugleich
schlechthin deren nicht Buchstäbliches, Memento dessen, was der Ausdruck nicht selbst ist und was doch anders als durch sein Wie nicht sich
konkretisierte.« (Ebd., S. 173) Im Begriff des Ausdrucks als Memento einer sinnprovozierenden Dingwelt zeigt sich ein Konzept, Nicht-Identi-
sches zu verstehen, ohne es in Definitionen einzufrieren. Der Ausdruck
ist auf Seiten des Objekts wie auf Seiten des Subjekts, wenn auch nicht
in symmetrischer Weise, er repräsentiert die paradoxale Verflechtung
von materialer Welt und Erkenntnis. Es hat deshalb auch keinen Sinn,
den Ausdruck unter die Entscheidung nach Form und Inhalt zu zwingen. »Ausdruck ist ein Interferenzphänomen, Funktion der Verfah-
rungsweise nicht weniger als mimetisch.« (Ebd., S. 174) Der Ausdruck,
wenn er nicht kaschierte Konstruktion oder schlechte Expressivität ist,
rationalisiert nicht eine Dingwelt, sondern ermöglicht, sie zu begreifen.
Das gilt für den sprachlichen wie für den malerischen Ausdruck. Das
»Rutengängerische«, das Mimesis als »Vollstreckung der Objektivität«
(vgl. ebd., S. 175) kennzeichnet, verleugnet nicht die Tätigkeit des Subjekts, bestreitet jedoch den Alleinanspruch subjektiver Bedeutung einer
teilnahmslosen Natur. Wie die Rute die Impulse der Umgebung aufnimmt bei Zurückhaltung der konstituierenden Akte des Rutengängers,
so muß der Ausdruck empfindsam sein für das, was er ausdrückt, das er
in gewisser Weise hervorbringt, ohne es geschaffen zu haben. Die »Aporie von Mimesis und Konstruktion« ist nicht durch Sezierarbeit zu lösen. Wir gelangen nicht an einen Ort vollkommener Verschmelzung.
Diese Aporie ist in der Schwebe zu halten unter Verzicht auf einen ret-
tenden Ausweg. Sie ist die Alternative zum triumphalen identifizierenden Beherrschen. »Die in Rede stehende Haltung ist die der ›intolerance
of ambiguity‹, Unduldsamkeit gegen das Ambivalente, nicht säuberlich
Subsumierbare; am Ende gegen das Offene, von keiner Instanz Vorent-
schiedene, gegen Erfahrung selbst.« (Ebd., S. 176) In dieser Offenheit
liegt zugleich die Möglichkeit des Mißbrauchs, weil es keine letzte Instanz der Entscheidung gibt. Dieses Schicksal teilt der Begriff des Ausdrucks mit anderen Konzeptionen der Moderne. So war der Begriff der

Innerlichkeit zunächst durchaus kritisch gewendet gegen »die heteronom den Subjekten auferlegte Ordnung« (ebd., S. 177). Längst ist er zur unkritischen Affirmation von gesellschaftlichem Zwang verkommen, »zum Trugbild eines inneren Königreichs, wo die Stillen im Lande sich schadlos halten für das, was ihnen gesellschaftlich versagt wird« (ebd.). Die Illusion des »Dings an sich« kann als Memento, als Spur von Leid fungieren, wenn wir in der Lage bleiben, das über sie Hinausgehende auszudrücken. »Im Gebilde ist Subjekt weder der Betrachter noch der Schöpfer noch absoluter Geist, vielmehr der an die Sache gebundene, von ihr präformiert, seinerseits durchs Objekt vermittelt.« (Ebd., S. 248) Im Ausdruck als subjektivem Verhalten bleibt der Abdruck des Objektiven, was Benjamin unter den Stichworten »Spur und Aura« festhält: »Die Spur ist Erscheinung einer Nähe, so fern das sein mag, was sie hinterließ. Die Aura ist Erscheinung einer Ferne, so nah das sein mag, was sie hervorruft. In der Spur werden wir der Sache habhaft; in der Aura bemächtigt sie sich unser.« (Benjamin, Das Passagenwerk, S. 560)

In einer nichtdiskursiven Ausdrucksgebärde konkretisiert sich ein Kontakt zur entfremdeten und lädierten Gestalt der Dingwelt, eine Dialektik des Zerfalls, die das Wünschenswerte nur im Modus des Verschwindens zeigt. »Zentrales Kriterium ist die Kraft des Ausdrucks, durch dessen Spannung die Kunstwerke mit wortlosem Gestus beredt werden. Im Ausdruck enthüllen sie sich als gesellschaftliches Wundmal; Ausdruck ist das soziale Ferment ihrer autonomen Gestalt. Kronzeuge dafür wäre Picassos Guernica-Bild, das bei strikter Unvereinbarkeit mit dem verordneten Realismus, gerade durch inhumane Konstruktion, jenen Ausdruck gewinnt, der es zum sozialen Protest schärft jenseits aller kontemplativen Mißverständlichkeit.« (Adorno, Ästhetische Theorie, S. 353) Das Nachdenken über Sprache hat die Neigung zu vergessen, wie man in der Sprache lebt, daß Sprechen eine Praxis ist, die sich über etwas an jemanden richtet. Denken interpretiert Sprechen nach seinem Muster, als »geistigen Blick« (Husserl).

Merleau-Ponty hatte in seiner *Phänomenologie der Wahrnehmung* gezeigt, in welchem Maße leibliche Erfahrungen ein umfassendes Bedeutungsgeschehen verständlich machen, das unter der Voraussetzung völliger Transparenz der Welt für ein unantastbares Bewußtsein rätselhaft blieb. Es bedarf einer spezifischen Verschiebung der philosophischen Sicht, wenn die Animalität des Menschen nicht mehr nur als ärgerliche

Trübung einer ansonsten klaren Sicht der Dinge behandelt und bearbeitet wird, sondern wenn sie als Garant dafür in den Blick gerät, daß wir in Beziehung zu einer Wirklichkeit stehen, die ihre Existenz nicht nur unserer Initiative verdankt. Daß Erkennen als Aufklären zu konzipieren ist, bedeutet nicht gleichzeitig, daß man an eine letzte gläserne Architektur der Welt gelangt. In der Versagung dieser Erfahrung entspringt unsere Möglichkeit, unsere Welt zu gestalten und sie nicht nur hinzunehmen oder in einem »überfliegenden Denken« (Merleau-Ponty) zu verfehlen. Unser Wahrnehmen und Sprechen schlägt sich an den Dingen nieder. In dieser Brechung sind sie uns zugänglich. Jenseits dieser Matrix breitet sich die »Nacht der Identität« (Merleau-Ponty) aus, die jede Artikulation unmöglich macht.

Das »Hirngespinst einer reinen Sprache« gaukelt vor, daß die Zeichen aus sich selbst leben. Es profitiert vom Selbstverbergungscharakter der Sprache, die in dem Moment, wo sie die Sache trifft, vergessen macht, daß sie diese Verbindung ermöglicht. Dergestalt spielt sich Sprache auf als Substitut von Wirklichkeit um den Preis, daß sie einen Realitätsverlust erleidet, der sie selbst nicht unversehrt läßt. Sprechen ist nicht Substituieren, sondern Sublimieren. Sublimierung als Transformation, die Spuren ihrer Arbeit und des Widerstands der Dinge bewahrt, unterscheidet sich vom Surrogat, das seine Herkunft verschweigt und sich als originale Sphäre aufspielt. Allerdings ist die Entwirrung des intentionalen Geflechts nicht allein deshalb nicht einfach, weil wir verlernt haben, die Anbietungen der Dinge als seriöses Register unserer Erfahrungen zu akzeptieren, sondern weil die Sprache selbst Komplize dieser Verwechslung von Konstitution und Rekonstitution ist. Sowohl eine »heimliche Verehrung« der reinen Sprache durch die Ideale unserer alltäglichen Verständigung als auch die wissenschaftliche Auszeichnung präziser, zeitresistenter Begriffe sind darauf angewiesen, »daß es niemals einen Überschuß des zu Sagenden über das Gesagte oder des Gesagten über das zu Sagende gibt und daß das Zeichen einfache Abkürzung eines Gedankens bleibt, die sich jederzeit erklären und vollauf rechtfertigen ließe.« (Merleau-Ponty, Die Prosa der Welt, S. 28) Die Maßnahmen, die dem Ehrgeiz einer reinen Sprache dienen, haben zur Folge, daß Worte zu bloßen Etiketten schrumpfen, daß ihr Antwortcharakter verschwindet. Damit verliert sich aber auch die spezifische Produktivität der Worte. Sprache bedeutet dann lediglich Verdoppelung des Seins, dem sie nichts bestreitet, dem sie aber auch nichts hinzufügt. Die schöpferische Potenz der Sprache, die sich schon in ihren Verfehlungen bekundet, wird unerklärlich. Jeder Sinn scheint nur darauf aus zu sein, gesagt zu werden. Er liegt bereit und wartet auf seine konventionelle Codierung. Diese Form einer »falschen Wiedererkenntnis« reduziert die Leistung der Sprache, die nicht nur im literarischen, sondern selbst im mathematischen Ausdruck ihre Spuren hinterläßt. Sprache verfällt zu einem »Spiel von Redemasken« (Barthes, Leçon, S. 21). Der Opportunismus der Zeichen besteht in einer monströsen Stereotype: »ich kann immer nur sprechen, indem ich aufsammle, was in der Sprache *umherliegt*.« (Ebd.)

Sprache als bloßes Chiffrensystem, als Netzwerk von Codierung und Decodierung, spielt den Prozeß der Verdoppelung auch im Gespräch mit dem Anderen durch. Weil den Zeichen der Sprache keine Überschüsse zugebilligt werden, verstehen wir in der Rede des Anderen schließlich nur noch das, was wir selbst in sie hineingelegt haben. Das Spiegelkabinett ist geschlossen: Die sprachlich verdoppelte Wirklichkeit verdoppelt sich ein weiteres Mal in der Rede zum anderen. Das Korsett der Zeichen wird zum Kerker des Sinns, dem Veränderung und Aufhellung über sich selbst verwehrt bleibt. Aber: »Das sprechende ›Ich‹ ist in seinem Leib und in seiner Sprache eingebettet, nicht wie in einem Gefängnis, sondern im Gegenteil wie in einem Gerät, durch das es auf magische Weise in die Perspektive des anderen befördert wird.« (Merleau-Ponty, Die Prosa der Welt, S. 42)

Daß Sprache »Gerät« ist (Merleau-Ponty), bedeutet nicht nur, daß der Mensch Wirklichkeit für sich bearbeitet, sondern daß er in dieser Beziehung zur Welt auch sein Verhältnis zum anderen gestaltet. Sprache ist fundiert in einer »leiblichen Generalität« (Merleau-Ponty), sie wird im Hinblick auf die Reaktion des anderen gesprochen. Sprechen als Artikulation fädelt sich ein in eine überkommene Sprache und bezieht sich auf eine Welt, der wir nicht wie ein reines Bewußtsein zugewandt sind, mit der wir vielmehr unsere substanzielle Realität teilen. »Zwischen mir als Rede und dem Anderen als Rede, oder allgemeiner, zwischen mir als Ausdruck und dem Anderen als Ausdruck gibt es nicht mehr die Alternative, die jene Beziehung zwischen Bewußtsein und Bewußtsein in eine Rivalität verwandelt. Ich bin nicht nur aktiv, wenn ich spreche, sondern ich eile meiner Rede im Zuhören des Anderen voraus; ich bin nicht passiv, wenn ich zuhöre, sondern ich spreche gemäß dem ... was der Andere sagt. Sprechen, das ist nicht nur meine eigene Initiative; Zuhören, das heißt nicht nur, die Initiative des Anderen über sich ergehen lassen, da wir ja schließlich als sprechende Subjekte ein und dasselbe Bestreben, das älter ist als wir, *fortsetzen* und wieder aufnehmen« (ebd., S. 158). Das Echo auf eine widerständige Dingwelt wird im Dialog mit dem Anderen ein weiteres Mal gebrochen, so daß die Bedeutung weder zu fixieren ist im Gedachten noch im Sagen des einen Partners, sondern in einem »Geflecht«, dessen Muster von keinem von beiden allein entworfen wurde. »Das Verhältnismäßige des Gesprächs liegt darin, wie das Prinzip jeden Wortes bei dem *Worte* des andern liegt. Sofern aber jedes Wort eines Gesprächs die Mehrdeutigkeit hat, überhaupt auf Erwiderung hin ebenso gesprochen zu sein wie in bezug auf die Sache, sofern hierbei das Gespräch immer mehr sich in sich selbst verfängt, kommt es hier weniger zu einem Austausch von Gedanken und Meinungen als zur Konkretisierung einer Sicht, die eigentlich keinem von beiden gehört.« (Lipps, Untersuchungen, S. 33; vgl. auch Merleau-Ponty, Phänomenologie der Wahrnehmung, S. 406)

Wenn Adorno und Merleau-Ponty sich kritisch auf die Überschätzungen der überlieferten Reflexionphilosophie beziehen, dann verwerfen sie deren Möglichkeit nicht. Beiden war Schweigen kein möglicher Ausweg angesichts der Einsicht in den herrschenden Charakter des Sprechens. Beiden war auch deutlich, daß eine bloße Rückkehr zu den Dingen vor der Reflexion weder möglich noch wünschenswert ist. Beide reagieren auf eine versagte Erfahrung der Koinzidenz mit den Dingen, indem sie hier die Möglichkeit aufweisen, Verantwortung zu übernehmen im Antworten auf die Dinge, indem sie Sprache nicht länger als Ort der Wahrheit rühmen, sondern als Macht des Irrtums durchschauen. Beide philosophieren an den Grenzen der Nichtphilosophie, nicht indem sie mit dem Okkulten liebäugeln, sondern indem sie sich vom Standort der Philosophie auf deren Grenzen zubewegen. Denn: »Hat man sich einmal in der Reflexion eingenistet, so wird diese zu einer unüberwindlichen philosophischen Position, und alles, was ihre Ausübung hemmt oder sich gegen sie sträubt, wird nicht als eine Widersetzlichkeit der Dinge, sondern ohne weiteres als ein simpler Zustand des Nicht-Denkens behandelt, als ein unerklärlicher Riß im kontinuierlichen Gewebe der Denkakte, über den es fortan gar nichts mehr zu sagen gibt, weil er buchstäblich *nichts* ist.« (Merleau-Ponty, Das Sichtbare und das Unsichtbare, S. 68)

6. Ich und Nicht-Ich

> »Es genügt nicht zu sagen, daß die Außen-
> welt auf das Außen schaut: Vom betrachte-
> ten Ding muß die Linie ausgehen, die es mit
> dem betrachtenden Ding verbindet.
> Aus dem stummen Haufen der Dinge muß
> etwas kommen: ein Zeichen, ein Anruf, ein
> Wink.«
>
> (Calvino, Herr Palomar)

Die kritische Pilgerfahrt durch das »Labyrinth der Welt« (vgl. Schal-
ler/Všetečka, Labyrinth der Welt), die Comenius zu Beginn des sieb-
zehnten Jahrhunderts erzählt, führt auch »in einen Raum, in welchem
die Herren Philosophen darüber stritten, wie man einem jeden von den
Dingen, die sie vor sich hatten, als Rindern, Eseln, Schafen, Wölfen,
Schlangen und anderem Getier, den Vögeln und dem kriechenden Ge-
würm, desgleichen dem Holz, Gestein, dem Wasser und dem Feuer, den
Wolken, Fixsternen und den Planeten, ja sogar den Engeln, die unterschiedlichen Merkmale nehmen und sie so einander gleichmachen könnte. Und sie entkleideten sie zunächst der Form, dann der Materie und
schließlich aller ihrer unwesentlichen Merkmale, bis nichts zurückblieb als
das bloße Sein. [...] Einige, die ihr Treiben beobachteten, staunten darüber und rühmten die menschliche Vernunft, die sich so hoch verstiegen
habe, daß sie sich über das unmittelbar Wahrnehmbare hinwegzusetzen
und alle sinnlich wahrnehmbaren Dinge ihrer Körperlichkeit zu entklei-
den imstande sei, [...]. Doch da erhob sich plötzlich jemand und schrie,
daß dies nur eitle Hirngespinste seien, man es daher aufgeben solle. Er
brachte in der Tat auch einige auf seine Seite, aber die anderen empörten
sich dagegen und erklärten ihn für einen Ketzer, da er das höchste Wissen
aus der Philosophie ausscheiden und ihr gleichsam das Haupt abtrennen
wolle.« (Comenius, Das Labyrinth der Welt, S. 98 f.) Die Zeit des Comenius war auch die Zeit Galileis, der sich begeisterte für eine Denkform, die

es erlaubt, Natur kalkulierbar und damit beherrschbar zu machen. Salviati, den Galilei in einem fiktiven Dialog zu seinem Sprachrohr bestimmt, drückt seine Bewunderung aus für diejenigen, »die durch die Lebendigkeit ihres Geistes den eigenen Sinnen Gewalt angetan, derart, daß sie, was Vernunft gebot, über die offenbarsten gegenteiligen Sinneseindrücke zu stellen vermochten« (Galilei, Sidereus Nuncius, S. 208).

Das neuzeitliche, naturwissenschaftliche Erkennen tritt in die Fußstapfen einer einheitsverliebten Philosophie und erhält dadurch seine bis heute maßgebende Signatur. Es setzt auf seine Weise die griechische Vorherrschaft der Ideen vor der Sinnenwelt fort. Die mathematische Einheit wird ihm zur Rüstung gegen Vielfalt und Unwägbarkeit einer Erfahrungswelt, die allerdings als Lebenswelt lebendig gerade dort ist, wo sie sich nicht identifizieren läßt.

Das Selbstbewußtsein des wissenden Subjekts wächst mit der Verwandlung einer widerständigen, aber schweigenden Dingwelt in eine bloße *res extensa*, von der keine Aufforderungen ausgehen, die deshalb mit Hirngespinsten überzogen werden und ein Kleid aus Ideen und Worten erhalten kann. Dinge werden zu Objekten, zu dem ganz Anderen des Ich, dem sie lediglich entgegenstehen, mit dem sie nichts mehr teilen.

Die Radikalität des Autonomieanspruchs des bürgerlichen Subjekts ist gebunden an die Wahrscheinlichkeit der Gewinnung einer stabilen Identität. Sich selbst Gesetze geben kann nur ein Subjekt, das sich in nichts fremd ist, das sich abhebt von der Ordnung der Dinge, die diese nicht selbst stiften. In dem Maße, »in dem die Dinge sich um sich selbst drehen, für ihr Werden nichts anderes verlangen als das Prinzip ihrer Intelligibilität und den Raum der Repräsentation aufgeben, tritt der Mensch seinerseits und zum ersten Mal in das Feld des abendländischen Denkens (*savoir*) ein.« (Foucault, Die Ordnung der Dinge, S. 26) Subjektivität im Sinne eines starken Ich ist gewonnen durch bloßes Weglassen und Verleugnen dessen, was diese Stärke bedroht. Aber: »Was wahr ist am Subjekt, entfaltet sich in der Beziehung auf das, was es nicht selber ist, keineswegs durch auftrumpfende Affirmation seines Soseins.« (Adorno, Negative Dialektik, S. 133) Das identische, ichstarke Subjekt ist eine historisch bedingte Selbstkonzeption, eine Errungenschaft, die im Kampf gegen transsubjektive Bedingungen humaner Existenz die Grenzen zwischen Ich und Nicht-Ich immer schärfer zog und seine Souveränität als Subjekt des Wissens auf die Bezweiflung einer eigenen Ordnung der Dingwelt gründete. Als Subjekt des Begehrens muß es verleugnet werden, weil es sonst stets an einen unvermeidlichen Mangel erinnert würde. Der ungeheuren Provokation einer sturen Dingwelt, die uns nicht nur aufgrund ihrer Beharrlichkeit stets an unsere Hinfälligkeit erinnert, sondern sich auch noch weigert, uns ihre Geheimnisse preiszugeben, wird ein Ende gesetzt durch die gebieterische Geste subjektiver, triumphaler Sinngebung. Unter dem geistigen Blick der Reflexion eines wachen Erwachsenen kommen die Dinge als irreflexiv ins Abseits. Das autonome Subjekt, das sich vor allem von seiner Fähigkeit zu denken her begreift, ordnet die Dinge, ohne ihren Überschuß über die Begriffe zu respektieren. Nachdem die Dinge durch Entzauberung in die Tiefe des Schweigens versetzt worden sind, können sie sich als »Rätselgestalten« wieder ins Spiel bringen angesichts der Erfahrung, daß ihr Widerstand durch begriffliche Registratur zwar gebrochen ist für ein Denken in gnadenloser Klarheit, daß ihre Widersetzlichkeit im Handeln aber fungiert, ohne daß wir die Worte hätten, diese Nachbarschaft auszudrücken.

»Der erste Act, wodurch Adam seine Herrschaft über die Thiere constituiert hat, ist, daß er ihnen Nahmen gab, d. h. sie als seyende vernichtete, und sie zu für sich ideellen machte« (Hegel, Jenaer Systementwürfe, S. 288). Diese Herrschaft setzt sich fort in unermüdlicher Vergeistigung der Welt, die als philosophisches und wissenschaftliches Forschen der Naturwelt, die die Antwort verweigert, eine zweite Natur in Form von Ideenkleidern, Institutionen und Kreationen überstülpt, sie so zur Rede zwingt und damit ein Schweigen manifestiert, das die Versagung einer Erfahrung und damit ein Begehren auf Dauer stellt: »Das Symbol stellt sich so zunächst als Mord der Sache dar, und dieser Tod konstituiert im Subjekt die Verewigung seines Begehrens.« (Lacan, Schriften I, S. 166) Im Verschwinden der Sache entsteht eine symbolische Beziehung, die ihre humane Gestalt erst dann erhält, wenn sich der Mensch nicht nur selbst in seinem Anderen sucht.

Die »autonome« Vernunft ist an die Wirklichkeit nicht lediglich als an ihr Thema, an ihren Gegenstand gebunden. Sie realisiert sich als Griff im Element der Welt, aus dem sie nur auftauchen kann, weil sie in eminenter Weise dazugehört. Unter dem Gesichtspunkt, daß das Ich und seine Welt aus einem Stoff sind, wächst den Dingen eine Bedeutung zu, die ihnen als Objekte genommen wurde. »Es gibt genauso ein Verhältnis der *Einfühlung* und eine laterale Beziehung zu den Dingen wie zum Anderen: gewiß sind die Dinge keine Gesprächspartner, die *Einfühlung*, die sie uns darbietet, bietet sie als stumme Dinge dar — aber genau genommen sind sie Spielarten der gelungenen *Einfühlung*. Wie Verrückte oder Tiere sind sie *Beinahe-Kameraden*. Sie sind meiner Substanz entnommen, Dornen in meinem Fleisch« (Merleau-Ponty, Das Sichtbare und das Unsichtbare, S. 234).

Der Mensch verdoppelte seine Existenz in eine materiale und geistige Seite, weil scheinbar nur die *res cogitans* einer kritischen Vergewisserung fundamentaler Sicherheit standhält, die sich der Mensch im Erkennen selbst garantiert. Die Vereinsamung des Menschen, der die Realität der Außenwelt als Einsatz im Spiel um die letzte Gewißheit verloren hat, schreitet unaufhaltsam fort. Sie führt zu einer Hilflosigkeit gegenüber den Ansprüchen einer Natur, die durch das mathematische Ideenkleid genauso schlüpfen wie durch den ökonomischen Verwertungszusammenhang. Unweigerlich entsteht in Krisenzeiten der Versuch, die Dinge doch aus ihrer eigenen Existenz zu verstehen. Allerdings bleibt dieses Bemühen unvermeidlich asymmetrisch. Die Kritik am Imperialismus über die Dingwelt kann deshalb nicht davon ausgehen, daß es eine Gleichrangigkeit von Subjekt und Objekt im traditionellen Sinne geben kann.

»Werden w i r , w a s w i r n o c h n i c h t s i n d : *gute Nachbarn der nächsten Dinge.*« (Nietzsche, Nachgelassene Schriften 1875—1879, S. 588) Die gute Nachbarschaft zu den Dingen ist unwahrscheinlich wegen der Ortlosigkeit einer Begegnung, eine Utopie, an der das selbstherrliche Subjekt leidet, die es jedoch selbst stets mitproduziert. Eine Auffassung, die der Innerlichkeit subjektiver Reflexion nur die Äußerlichkeit materialer Existenz gegenüberstellt, ermöglicht keinen Platz, keinen Treffpunkt von Dingen und Menschen. Eine bestimmte Nähe zu den Dingen können wir nur dann gewinnen, wenn wir unser Verfügungsinteresse über sie kritisch bedenken und erkennen, daß Dingsein nicht darin aufgeht, Ware im Äquivalententausch oder Objekt wissenschaftlichen Erkennens zu sein. In der Aufwertung nicht konstituierter Rationalität, die den Dingen einen Überschuß an Sinn zubilligt, respektiert man den Vorrang des Objekts bei einem gleichzeitigen Mehr an Subjekt (Adorno). Das Subjekt büßt seine Macht als alleiniges Konstitutionszentrum ein. Die Objekte gewinnen ein Surplus an Sinn, das als Ungebändigtes Einspruch erhebt gegen die Allmachtsphantasien der Identifikation. Kritik an der Vergeistigung, an der imperialen Gebärde begrifflichen Erfassens der

Wirklichkeit, an der vollständigen Sublimierung der Lebens- zu einer Ideenwelt etabliert sich als Bedenken gegenüber der Entfremdung sowohl der Menschen als auch der Dinge. Einem kritischen Blick auf die Geschichte der Problematisierung von Subjektivität entspricht die Beachtung der Entwicklung einer Dingwelt, die zunehmend an Provokation für das Erkennen einbüßt, weil sie enteignet ist durch die Tyrannei systematischer Einheit und weil sie dem Gesetz der Quantifizierbarkeit gehorcht, der Anmaßung des messenden Subjekts. Eine bloße Korrektur gegenüber den entstellten Subjekten, die den Primat konstitutiver Macht unangetastet läßt, täuschte über die Verwirklichung der Dissoziierung von Mensch und Welt hinweg und verfinge sich wieder in einer Aneignungsgebärde des Subjekts, weil sie die Einverleibungsaktivitäten des Erkenntnissouveräns verbessert, ohne den Widerstand der Dinge zu stützen. Aber: »Die Ideen leben in den Höhlen zwischen dem, was die Sachen zu sein beanspruchen, und dem, was sie sind.« (Adorno, Negative Dialektik, S. 153) Die Ideen, zu denen sich der Mensch aus dem Gebiet der Schatten emporarbeiten wollte, gehören selbst zur Höhle, nisten sich ein in einer Zwischenwelt, in der sie eine bloße Ahnung geben von einer Welt, die so sein sollte, wie sie nicht ist.

Sowohl Subjektivität als auch Objektivität kommen nur als Vermittlung, als Beziehung in den Blick. Dabei ist diese Vermittlung in aller Strenge zu denken, und nicht nur als rhetorische Pflichtübung zu absolvieren. »Der Triumph, das Unmittelbare sei durchaus vermittelt, rollt hinweg über das Vermittelte und erreicht in fröhlicher Fahrt die Totalität des Begriffs, von keinem Nichtbegrifflichen mehr aufgehalten, die absolute Herrschaft des Subjekts. Weil aber die eskamotierte Differenz durch Dialektik erkennbar ist, behält in dieser totale Identifikation nicht das letzte Wort.« (Ebd., S. 174) Das Problem der Vermittlung ist zu bedenken in der Weise, daß noch in seiner Feststellung das Unvermittelte als das Entzogene seine Spuren hinterläßt. »Um das Ding zu spiegeln, wie es ist, muß das Subjekt ihm mehr zurückgeben, als es von ihm erhält. Das Subjekt schafft die Welt außer ihm noch einmal aus den Spuren, die sie in seinen Sinnen zurückläßt: die Einheit des Dinges in seinen mannigfaltigen Eigenschaften und Zuständen; und es konstituiert damit rückwirkend das Ich, indem es nicht bloß den äußeren, sondern auch den von diesen allmählich sich sondernden inneren Eindrücken synthetische Einheit zu verleihen lernt. Das identische Ich ist das späteste konstante Projektionsprodukt. In einem Prozeß, der geschichtlich erst mit den entfalteten Kräften der menschlichen physiologischen Konstitution sich vollziehen konnte, hat es als einheitliche und zugleich exzentrische Funktion sich entfaltet. Auch als selbständig objektiviertes freilich ist es nur, was ihm die Objektwelt ist. In nichts anderem als in der Zartheit und dem Reichtum der äußeren Wahrnehmungswelt besteht die innere Tiefe des Subjekts. Wenn die Verschränkung unterbrochen wird, erstarrt das Ich. Geht es, positivistisch, im Registrieren von Gegebenem auf, ohne selbst zu geben, so schrumpft es zum Punkt, und wenn es, idealistisch, die Welt aus dem grundlosen Ursprung seiner selbst entwirft, erschöpft es sich in sturer Wiederholung. Beide Male gibt es den Geist auf. [...] Nicht in der vom Gedanken unangekränkelten Gewißheit, nicht in der vorbegrifflichen Einheit von Wahrnehmung und Gegenstand, sondern in ihrem reflektierten Gegensatz zeigt die Möglichkeit von Versöhnung sich an. Die Unterscheidung geschieht im Subjekt, das die Außenwelt im eigenen Bewußtsein hat und doch als anderes erkennt.« (Horkheimer/Adorno, Dialektik der Aufklärung, S. 169 f.) Vermittlung wird total, wenn sich Subjektivität als bloße Identifikationsarbeit realisiert und Subjekte Objekte verschlingen, ohne zu bemerken, daß sie sich nicht gewinnen in der Destruktion von Materialität, sondern sich selbst mitzerstören. Wie sich das Subjekt nicht staatspolizeilich identifizieren läßt, so läßt sich das Objekt auch nicht protokollieren. »Subjekt ist in Wahrheit nie ganz Subjekt, Objekt nie ganz Objekt« (Adorno, Negative Dialektik, S. 177). Dieser wechselseitige Überschuß verhindert jede stabile Angleichung der Sache an ihren Begriff und umgekehrt. Daß die Dinge »Dornen in meinem Fleisch« (Merleau-Ponty) sind, bedeutet, daß es eine Art »Wahlverwandtschaft von Erkennendem und Erkanntem« (Adorno) gibt, die sich über die Materialität von Rationalität einrichtet. Dies hat zur Folge, daß das Denken als Identifizieren seine Gegenstände nicht berührt, weil es sie als bloße Objekte vor sich zitiert. Das »Ich denke« der cartesischen Tradition spiegelt unter dieser Perspektive eine historische Konstellation wider, in der sich das erkennende Subjekt emanzipieren wollte von seiner Passivität im Hinblick auf wahrheitsfähiges Erkennen. Unbemerkt begibt sich das neuzeitliche Subjekt in eine neue Abhängigkeit: »Unkritisch, in kontemplativer Passivität legt es ein Inventar der Dingwelt an, so wie sie ihm in der bestehenden Ordnung präsentiert wird.« (Adorno, Metakritik, S. 200)

Die Revision des Subjektbegriffs hat notwendig ein Umdenken im Hinblick auf die Gegebenheitsweise der Dingwelt zur Folge. Dieses Umdenken realisiert sich nicht in der Vorschrift einer Wahl zwischen Aktivität und Passivität, vielmehr müssen wir einen Weg finden, eine Rationalität zu begreifen im Sinne der *rationes rerum*, die die Spuren subjektiver Aktivität wahrt, ohne in ihnen aufzugehen. »Wenn wir an der Quelle der Dauer angelangt sind, dann befinden wir uns auch im Kern der Dinge, weil sie Widerständigkeit bilden, die uns warten läßt. Die Beziehung zwischen dem Philosophen und dem Sein ist nicht eine frontale Beziehung zwischen einem Zuschauer und einem Schauspiel; sie ist vielmehr die einer Mittäterschaft. Sie ist eine indirekte oder verborgene Beziehung.« (Merleau-Ponty, Vorlesungen I, S. 22) Der oblique Blick bleibt Aktivität des Subjekts, aber er wird abgelenkt durch eine Welt der Dinge, von der Herausforderungen ausgehen, die Aufmerksamkeit auf sich zieht, was nur dann als bloße Magie verspottet werden kann, wenn die Sortierung von Subjekt und Objekt als perfekt hingenommen wird.

Seit jeher hat die Beharrlichkeit der Dingwelt philosophisches Denken angefeuert, zeitresistente Ideen zu entwerfen, die das Sein reflektieren. Es entstanden »steinharte verewigte Worte« (vgl. Nietzsche, Morgenröte, S. 53), die die Dauerhaftigkeit einer widerständigen Dingwelt repräsentierten, und so schließlich den Dingen ihre Beteiligung an der Bildung von Sinn bestritten. »Nimmt man die Dinge in ihrem angestammten Sinne als identifizierbare Kerne, aber ohne jegliche Eigenkraft, so gelangt man von da aus nur dann zum Objekt-Ding, zum Ansich oder zum mit sich selbst identischen Ding, wenn man der Erfahrung ein abstraktes Dilemma aufdrängt, von dem sie selbst gar nichts weiß.« (Merleau-Ponty, Das Sichtbare und das Unsichtbare, S. 211) In der konkreten Erfahrung zeigt sich dieses Dilemma deshalb nicht, weil unsere Intentionen an die Objekte heranreichen, was durch den Widerstand der Dinge bezeugt wird. Das Problem ist nicht das Wissen über Dinge im einzelnen, das Problem ist das *absolute* Bewußtsein von ihnen. »Die Schlüsselposition des Subjekts in der Erkenntnis ist Erfahrung, nicht Form; was bei Kant Formung heißt, wesentlich Deformation. Die Anstrengung von Erkenntnis ist überwiegend die Destruktion ihrer üblichen Anstrengung, der Gewalt gegen das Objekt. Seiner Erkenntnis nähert sich der Akt, in dem das Subjekt den Schleier zerreißt, den es um das Objekt webt. Fähig dazu ist es nur, wo es in angstloser Passivität der eigenen Erfahrung sich anvertraut. An den Stellen, wo die subjektive Vernunft subjektive Zufälligkeit wittert, schimmert der Vorrang des Objekts durch; das an diesem, was nicht subjektive Zutat ist. Subjekt ist das Agens, nicht das Konstituens von Objekt« (Adorno, Zu Subjekt und Objekt, S. 752).

Das Subjekt bringt die Dinge nicht hervor, weder erschafft es sie nach seinem Bilde, noch folgt es einem ontologischen Plan, der in den Dingen selbst liegt. »Wo war also das Piano im Neolithikum versteckt?« müßten wir sonst mit Castoriadis fragen (Castoriadis, Gesellschaft als imaginäre Institution, S. 337) mit wenig Aussicht auf eine plausible Antwort. Wir gehen mit den Dingen um, d. h. wir inszenieren Konstellationen, in denen die Dinge eine bestimmte Bedeutung erhalten, in der sie aber niemals aufgehen. Eine gotische Kathedrale verändert unsere Haltung, richtet unseren Blick und dämpft unsere Stimme, in dem Augenblick, in dem wir sie betreten. Die Anonymität des Hotelzimmers kann befreien von der Disziplinarmacht, die im eigenen Heim regiert.

Es wäre verfehlt, die Bedeutung der Dinge in das Residuum der Kunst zu verbannen. Die Sozialwelt selbst fungiert als »Ort solcher ›Bastard‹-Kompromisse zwischen Ding und Sinn« (Bourdieu, Sozialer Sinn, S. 82). Im Handeln können wir die Mitsprache der Dingwelt, die uns befeuert oder hindert, kaum bestreiten. Sie fungiert als »Objektwelt«, als »Buch, in welchem jedes Ding metaphorische Aussagen über alle anderen macht« (ebd., S. 142). Indem wir uns einrichten zwischen den Dingen, stilisieren wir uns und die Dinge. Diese Modulation einer materialen Welt ist bestimmt durch die historische Situation, d. h. durch die veränderliche Relation zwischen Gegenständen, die wir wahrnehmen und handhaben, und uns. Daß wir unsere Umwelt, unser Milieu umstrukturieren, bleibt für uns selbst nicht folgenlos. Daß die magische Antwort auf eine bedrohliche Natur dadurch verdrängt wurde, daß sie in einer Fremdsprache, dem Ideenkleid der Mathematik, neu formuliert wurde, bedeutet einen spezifischen Umgang mit einer Welt, deren Bedeutung als Lebenswelt dadurch in zunehmendem Maße in Gefahr gerät. Einer Natur, die von sich aus keine Ansprüche hat, kann man in diesem Sinne keine Gewalt antun, weil sie bloßer Gegenstand unserer freien Verfügung ist. »Die Aufklärung verhält sich zu den Dingen wie der Diktator zu den Menschen. Er kennt sie, insofern er sie manipulieren kann. Der Mann der Wissenschaft kennt die Dinge, insofern er sie machen kann.« (Horkheimer/Adorno, Dialektik der Aufklärung, S. 12)

Es ist zwar eine Übertreibung, von *der* Aufklärung zu sprechen, und es ist eine undifferenzierte Verallgemeinerung, *die* Wissenschaft anzuklagen. Aber es bedarf der scharfen Zurichtung, um eine Denkgewohnheit ins Bewußtsein zu heben, die sich als zweite Natur etabliert hat, und der wir heute mitunter nichts anderes als die neoromantische Gebärde der Reanimierung von Naturdingen entgegenzusetzen haben. Unsere Hilflosigkeit ist selbst bereits Folge einer zunehmend abstrakten Lebenswelt, die den Widerstand der Dinge technisch ausgleicht und uns abhärtet gegen ihre immer deutlicher werdenden Proteste. Eine kleine Studie, die Adornos mikrologischen Blick auf die gestaltende Bedeutung unseres Umgangs mit den Dingen lenkt, kann trotz seiner Überempfindlichkeit gegenüber der Kulturindustrie vieles zeigen: »*Nicht anklopfen.* — Die Technisierung macht einstweilen die Gesten präzis und roh und damit die Menschen. Sie treibt aus den Gebärden alles Zögern aus, allen Bedacht, alle Gesittung. Sie unterstellt sie den unversöhnlichen, gleichsam geschichtslosen Anforderungen der Dinge. So wird etwa verlernt, leise, behutsam und doch fest eine Tür zu schließen. Die von Autos und Frigidaires muß man zuwerfen, andere haben die Tendenz, von selber einzuschnappen und so die Eintretenden zu der Unmanier anzuhalten, nicht hinter sich zu blicken, nicht das Hausinnere zu wahren, das sie aufnimmt. Man wird dem neuen Menschentypus nicht gerecht ohne das Bewußtsein davon, was ihm unablässig, bis in die geheimsten Innervationen hinein, von den Dingen der Umwelt widerfährt. Was bedeutet es fürs Subjekt, daß es keine Fensterflügel mehr gibt, die sich öffnen ließen, sondern nur noch grob aufzuschiebende Scheiben, keine sachten Türklinken sondern drehbare Knöpfe, keinen Vorplatz, keine Schwelle gegen die Straße, keine Mauer um den Garten? Und welchen Chauffierenden hätten nicht schon die Kräfte seines Motors in Versuchung geführt, das Ungeziefer der Straße, Passanten, Kinder und Radfahrer, zuschanden zu fahren? In den Bewegungen, welche die Maschinen von den sie Bedienenden verlangen, liegt schon das Gewaltsame, Zuschlagende, stoßweis Unaufhörliche der faschistischen Mißhandlungen. Am Absterben der Erfahrung trägt Schuld nicht zum letzten, daß die Dinge unterm Gesetz ihrer reinen Zweckmäßigkeit eine Form annehmen, die den Umgang mit ihnen auf bloße Handhabung beschränkt, ohne einen Überschuß, sei's an Freiheit des Verhaltens, sei's an Selbständigkeit des Dinges zu dulden, der als Erfahrungskern überlebt, weil er nicht verzehrt wird vom Augenblick der Aktion.« (Adorno, Minima Moralia, S. 43 f.) Die von vornherein auf ihre baldige Nutzlosigkeit hin hergestellten Wegwerfprodukte bilden so keine Inseln von Sinn. Sie infizieren vielmehr eine Einstellung zu den Dingen, die das Wertvolle nur noch da ausmacht, wo es durch einen hohen Preis ausgezeichnet ist.

Man muß nicht gleich eine Hyperrealität beschwören (Baudrillard), aber es ist wohl unzweifelhaft, daß wir unser nicht-instrumentelles Interesse an den Dingen in das Residuum »ästhetischer Erfahrung« abgeschoben haben, unsere Herrschaft über sie aber unseren Alltag regiert. In jeder Entwicklung in der Atmosphäre okzidentaler Rationalität wiederholt sich das Muster der Zivilisation, indem das Kind lernt, nach Ich und Nicht-Ich zu sortieren und einen Vorrang des Ich einzurichten, der sich nicht vom Surplus des Nicht-Ich irritieren läßt.

In der Etablierung einer geordneten Sozialwelt nimmt die Differenzierung von Bewußtsein und Nicht-Bewußtsein, von Belebtem und Unbelebtem (vgl. Spitz, Vom Dialog, S. 10 ff. und 66 ff.) einen entscheidenden Platz ein, den Winnicott unter dem Stichwort »Übergangsphänomene« reserviert (vgl. Winnicott, Vom Spiel zur Kreativität). Winnicott zielt in seiner Beschreibung der Übergangsphänomene auf einen intermediären Bereich, der sich unter dem Gesichtspunkt der Entwicklung zwischen der Phase der oralen Erotik und der der sogenannten echten Objektbeziehung ausbreitet. Als Kinderanalytiker hat er bemerkt, daß sich die Kommunikation zwischen Erwachsenen und Kindern nicht frontal, face-to-face, ereignet, sondern immer den Weg über die Dinge nimmt. Übergangsobjekte sind solche Dinge, wie etwa der Lieblingsteddybär, der trotz seiner Schäden unersetzlich ist, oder die Schmusedecke, die vor allem den Übergang von der Geselligkeit des Wachens zur Einsamkeit des Schlafens erleichtert. Diese Objekte haben zwar ihre eigene Realität, gehören aber noch nicht ganz zur Außenwelt im Sinne eines Nich-Ich. Weil Übergangsobjekte nicht phantasiert, sondern real sind, kann man sie nicht der Innensphäre zuschlagen. Sie sind *Objekte im Übergang*, die die ursprüngliche Symbiose von Kind, Mit- und Umwelt bewahren und gleichzeitig mit feinen Sprüngen durchziehen. Übergangsobjekte sind real und bedeutsam, d. h. sie sind gegenständlich und symbolisch in eins. Lernen als traumatische Geschichte der Erfahrung profitiert von diesen Übergangsphänomenen, die sich in dem konkreten Agieren mit Dingen etablieren, weil sich hier die spannungsreiche Verflechtung zwischen individualer Erlebniswelt und allgemeiner Wahrnehmungswelt konturiert. »Das Kleinkind erschafft das Objekt, aber das Objekt war bereits vorher da, um geschaffen und besetzt zu werden.« (Winnicott, Vom Spiel zur Kreativität, S. 104) In gewisser Weise zerstört das Kleinkind das Objekt, weil es — wie Gurwitsch das einmal ausdrückt — die primäre Ausdruckswelt dekomponiert (vgl. Gurwitsch, Die mitmenschlichen Begegnungen, S. 88). Die Dekomposition einer expressiven Welt voller rivalisierender Dinge differenziert die symbiotische Verwicklung von Kind und Welt und ermöglicht in der Destruktion die Konstruktion einer Beziehung zu den Dingen als Nicht-Bewußtsein, als Nicht-Ich.

Für Winnicotts erst spät in der Fachwelt gewürdigte Entdeckung der Übergangsobjekte und Übergangsphänomene ist entscheidend, daß hier nicht eine Objektcharakteristik neben andere tritt, sondern daß der Blick auf einen Erfahrungsbereich gelenkt wird, der weder nur subjektiv noch nur objektiv ist. Der intermediäre Bereich der Übergangsphänomene ist nicht nur bedeutsam für die frühkindliche Entwicklung, er bleibt unbemerkt leitend auch für spätere Erfahrungen. »Es ist ein Bereich, der kaum in Frage gestellt wird, weil wir uns zumeist damit begnügen, ihn als eine Sphäre zu betrachten, in der das Individuum ausruhen darf von der lebenslänglichen menschlichen Aufgabe, innere und äußere Realität voneinander getrennt und doch in wechselseitiger Verbindung zu halten.« (Winnicott, Vom Spiel zur Kreativität, S. 11)

Diese menschliche Aufgabe ist nicht naturwüchsig. Sie ist es ebensowenig wie die Differenzierung nach einer inneren und äußeren Realität. Das, was zum Inneren des Menschen gezählt wird, hat sich herausgebildet innerhalb der abendländischen Geschichte der Zivilisation, die sich lesen läßt als Genealogie des selbstbeherrschten Subjekts, das anstößig wird, wenn es diese Beherrschung verliert. Die anwachsende Affektkontrolle zeichnet die Trennung von Ich und Nicht-Ich nach dem Muster inneren und äußeren Zwangs vor. Die durchgreifende Disziplinierung und Kontrolle sichtbaren Verhaltens, d. h. auch wahrnehmbaren Umgangs mit Menschen und Dingen, von unsichtbaren Positionen aus läßt den Umgang mit den Dingen nicht unberührt, zumal, wenn es sich um technisch produzierte Gegenstände handelt, die den Bereich möglicher Modulationen mit wachsender Perfektion einengen.

Norbert Elias zeigt in seiner Geschichte der Zivilisation, wie die Gegenstände ihren Charakter ändern dadurch, daß unsere Sinnlichkeit im historisch spezifischen Kontext modelliert wird. Das Messer z. B., das zunächst als Waffe und Eßgerät benutzt und deshalb von jedem Gast selbst mitgebracht wurde, muß in zunehmendem Maße seine aggressiven Dimensionen verbergen. Es wird differenziert in unterschiedliche Messer mit unterscheidbaren Funktionen: Waffe, Brotmesser, Fleischmesser, Tranchiermesser, Obstmesser, Fischmesser. Die zivilisatorische Selbstkontrolle reproduziert sich auch über den disziplinierten Umgang mit den funktional ausdifferenzierten Geräten. Gleichzeitig schafft sie so gesellschaftliche Distinktionsmöglichkeiten; denn der Umgang mit der Vielfalt der Tafelgeräte verrät vieles über den Hantierenden. Er erweist sich als Virtuose der Routine, gehört zum Kreis der Eingeweihten und teilt ihre Privilegien. Er kann sich aber auch als prätentiös, als ungeschickter Nachahmer erweisen, dem die Zeit der Aneignung ihm fremder Verhaltensdispositionen einen Abstand zuweist, der den Vorsprung der exklusiven Kreise sichert. Der besondere Wert von Gegenständen erwächst aus ihrer Seltenheit, die Abstände zwischen den gesellschaftlichen Gruppen schafft und erhält. Weder die Akteure noch die Dinge sind ruhende Pole einer ansonsten wechselhaften sozialen Beziehung. Sie formieren sich allererst in spezifischen Konstellationen, durch die sie bestimmt werden, ohne von ihnen hervorgebracht zu werden. Es gibt weder für Menschen noch für Dinge kanonische Bedeutungen. Ihren Sinn gewinnen sie allererst in einer schwerfälligen Dialektik, indem sich das eine auf dem Feld des anderen spiegelt.

7. Das natürliche Ich — ein Bastard

> *»Am Leitfaden des Leibes.*
> — Gesetzt, daß ›die *Seele*‹ ein anziehender und geheimnißvoller Gedanke war, von dem sich die Philosophen mit Recht nur widerstrebend getrennt haben — vielleicht ist das, was sie nunmehr dagegen einzutauschen lernen, noch anziehender, noch geheimnißvoller. Der menschliche Leib, an dem die ganze fernste und nächste Vergangenheit alles organischen Werdens wieder lebendig und leibhaft wird, durch den hindurch, über den hinweg und hinaus ein ungeheurer unhörbarer Strom zu fließen scheint: der Leib ist ein erstaunlicherer Gedanke als die alte ›Seele‹.
> Es ist zu allen Zeiten besser an den Leib als an unser gewissestes Sein, kurz als ego geglaubt worden als an den Geist (oder die ›Seele‹ oder das Subjekt, wie die Schulsprache jetzt statt Seele sagt).«
>
> (Nietzsche, Nachgelassene Fragmente 1884—1885)

Merleau-Ponty spricht vom »natürlichen Ich« und entwendet damit die Rede über das Ich der Alternative von empirischem und transzendentalem Ich. Das natürliche Ich ist ein Bastard aus beiden: als leibliches immer schon Teil der Welt, als zeitliches sich immer voraus oder hinterher, Vergangenheit, die niemals Gegenwart war, und Zukunft, die die Gegenwart bestimmt. »Was uns originäres Bewußtsein heißt, ist nicht ein transzendentales Ich, das in Freiheit eine Mannigfaltigkeit an sich vor sich setzte und diese durch und durch konstituierte, sondern ein Ich, das allein der Zeit die Beherrschung des Mannigfaltigen *dankt* und dem auch die Freiheit noch ein Geschick bleibt, so daß *ich* nie das Bewußtsein habe, absoluter Urheber der Zeit zu sein und die Bewegung, die ich erlebe, selbst erst zusammenzusetzen, vielmehr erscheint mir, daß das Bewegte selbst es ist, das sich fortbewegt und den Übergang von einem Augenblick oder von einem Ort zum anderen vollzieht.« (Merleau-Ponty, Phänomenologie der Wahrnehmung, S. 322)

Das natürliche Ich ist ein Mischling. Es verdankt sich einer Verbindung, die nicht anerkannt ist. Als »fils de bast« bewahrt es eine Sehnsucht nach Ordnung und nach einer höheren Existenz, die seine konkrete Verankerung unmöglich macht. »So war es denn dieses endliche und unwissende Ich, das in sich selber Gott erkannte, indessen Gott, auf der anderen Seite der Phänomene, immer schon sich selbst dachte. Jener Schatten also vollbrachte es, daß dieses eitle Licht dazu kam, erst wirklich etwas zu erhellen; und so wird es endgültig unmöglich, den Schatten im Licht aufgehoben zu denken, ich kann nicht *mich erkennen* als Gott, ohne in der Hypothese zu negieren, was ich in der These behaupte.« (Ebd., S. 410 f.)

In seinem Streben, Gott ähnlich zu werden, kaprizierte sich das menschliche Ich auf seine Bewußtseinsmöglichkeiten und versuchte, die animalische Seite seiner Existenz zu vergessen. Es reihte sich stolz ein in die Hierarchie: Gott, Mensch, Kreatur. Diese Täuschung ist in dem Augenblick perfekt, in dem sich das Subjekt nur noch als Souverän aufspielt und unterschlägt, daß es als *animal rationale mortale* der Natur angehört, die es zu beherrschen vorgibt. Indem es sich in seiner Erkenntnisgewißheit Gott am nächsten fühlt, bemerkt es nicht den Verlust einer appellierenden Welt, die einem bloßen *cogito* nichts mehr zu sagen hat. Doch das Bastard-Ich entkommt seiner Geschichte nicht. In dem Maße, wie es sich entmischt, entfernt es sich von seiner wirklichen Existenz. »Das ›Ich‹ unterjocht raubt tödtet und thut jede Gewaltthat: mit alledem will es nichts als seiner Schwangerschaft dienen: damit es einen Gott gebäre und alle Menschheit ihm zu Füßen sehe.« (Nietzsche, Nachgelassene Schriften 1882–1884, S. 79)

Das Gefälle von Gott zur Kreatur über den Menschen wird brüchig, wenn sich die Bedeutsamkeit des »*Geflechtes* Mensch-Tierheit« (Merleau-Ponty, Das Sichtbare und das Unsichtbare, S. 343) angesichts der historisch konkreten Erfahrung in zunehmendem Maße aufdrängt, die Tatsache, daß der »moderne Mensch [...] ein Tier [ist], in dessen Politik sein Leben als Lebewesen auf dem Spiel steht.« (Foucault, Sexualität und Wahrheit I, S. 171) Ein Bastard kann nur verachtet werden in einer Konstellation, die in einer hierarchischen Ordnung erstarrt ist und in absoluter Reinheit ihr Ideal bestimmt. Hier wird ein Mischling nicht geduldet, der von jeder Ordnung ein bißchen hat und partizipiert an allem, ohne diesem je völlig zu gleichen. Nur aus diesem Grund gibt es eine Geschichte der Kränkungen der menschlichen Eigenliebe, die Freud die psychologische nannte und damit von der biologischen durch Darwins Deszendenzlehre und von der früheren kosmologischen durch die Entdeckung des Kopernikus unterschied (vgl. u. a. Freud, »Selbstdarstellung«, S. 232 f.). Das konkrete Ich wird stets von seiner Hybriden-Existenz eingeholt: Es ist weder Mittelpunkt des Universums noch befreit von einer animalischen Existenz. Es ist noch nicht einmal Souverän seiner selbst, weil es immer mehr ist, als es von sich weiß. »Zuerst werde ich durch die Welt gesehen oder gedacht« (Merleau-Ponty, Das Sichtbare und das Unsichtbare, S. 343), das Sichtbare realisiert sich durch meine Existenz, die dadurch sowohl ihrer bloßen Eigenheit beraubt als in ihrer Allgemeinheit relativiert wird.

Jede Kritik an bewußtseinsphilosophischen Traditionen beansprucht zu zeigen, daß die Existenz des Menschen weiter reicht als sein Bewußtsein davon. Es gibt Dimensionen, die dem Bewußtsein als Fremdes einwohnen, die es bestimmen, ohne daß es sie vollständig erfassen könnte. Merleau-Pontys spezifische Kritik an bewußtseinsphilosophischen Engführungen knüpft an Husserls Phänomenologie an, die zwar auch dem Bewußtsein einen eminenten Rang einräumt, die aber aufgrund der Aporien, in die sie mit dieser Zuspitzung gerät, gleichzeitig anfällig ist für einen Ausweg aus dem Gefängnis des Bewußtseins. Husserls gesamtes Philosophieren stellt die spannungsreiche Gestalt eines Denkens dar, das sich als strenge Wissenschaft aus konkreten Erfahrungen entfaltet. Der Sprengsatz dieser Gestalt verbirgt sich in der Gegenläufigkeit von wissenschaftlicher Strenge und lebensweltlicher Konkretion. Eine Welt, in der wir leben, läßt sich nicht ohne Verluste umwandeln in eine Welt, die wir denken. »Der spezifische Fluch, der besagt, daß die Wissenschaften vom Menschen es mit einem Gegenstand zu tun haben sollen, der sprechen kann, verdammt diese dazu, hin und her zu schwanken zwischen maßlosem Vertrauen in ihren Gegenstand zum einen, sofern sie dessen Diskurs wörtlich nehmen, und maßlosem Mißtrauen zum anderen, sofern sie vergessen, daß seine Praxis mehr Wahrheit enthält, als sein Diskurs offenbaren kann.« (Bourdieu, Entwurf, S. 209)

»Nous sommes condamnés au sens«: Wir sind verdammt zum Sinn, stellt Merleau-Ponty fest (Merleau-Ponty, Phénoménologie de la perception, S. XIV) und verweist darauf, daß nicht erst ausdrückliches Nachdenken Sinn hervorbringt, sondern daß wir als konkrete Existenzen eingelassen sind in ein umfängliches Sinngeschehen, von dem wir profitieren, indem wir es verwandeln. Weder sind wir reines Produkt unseres Milieus noch absoluter Herrscher über unsere Verhältnisse. Wir existieren als konkrete Dialektik, als Produkt-Produzent (vgl. Merleau-Ponty, Sens et Non-Sens, S. 237). Diese Dialektik wird durch unsere Leiblichkeit in Bewegung gehalten, deren Generalität unsere Koexistenz mit den Anderen und den Dingen ermöglicht und deren Spezifik uns einzigartig gestaltet. Allgemeinheit und Besonderheit durchdringen sich unaufhörlich, und es hat wenig Sinn, sie territorial zu unterscheiden. »Warum wäre uns unser Leib ein Spiegel unseres Seins, wenn nicht weil er selbst ein *natürliches Ich* ist, eine solcherart uns gegebene Strömung der Existenz, daß wir niemals wissen, ob die uns tragenden Kräfte die seinen oder die unseren sind — oder vielmehr daß sie nie je gänzlich die seinen oder die unseren sind.« (Merleau-Ponty, Phänomenologie der Wahrnehmung, S. 204)

Wir neigen dazu, jeden Sinn in Vernunft zu verwandeln und dabei zu vergessen, daß es sich hierbei um eine Verwandlung im wahrsten Sinne des Wortes handelt, daß wir nämlich nicht Bedeutung durch unsere Vernunft setzen, sondern uns einfädeln in eine bedeutungsvolle Praxis, »und der Handelnde, der die Handlungen und sich selber in Szene setzt, tut dies im Rahmen einer Szenerie und einer Intrige, in die er aufgrund seiner leiblichen Situierung eingelassen ist.« (Waldenfels, Ordnung im Zwielicht, S. 132) Die von der Philosophie als strenger Wissenschaft angestrebte Selbsttransparenz des Bewußtseins streitet dagegen mit der Schattenhaftigkeit einer Welt, der es selbst angehört, von der es sich gleichwohl ständig durch unterschiedliche Privilegien auszeichnen will. In der »Formalen und transzendentalen Logik« wehrt Husserl ab: »Aber die Erfahrung ist kein Loch in einem Bewußtseinsraume, in das eine vor aller Erfahrung seiende Welt hineinscheint« (S. 239). Gleichzeitig weiß er von der Rätselhaftigkeit rationalen Erkennens, zu der »dieses wunderbare Bewußthaben eines so und so gegebenen Bestimmten oder Bestimmbaren gehört, das dem Bewußtsein selbst ein Gegenüber, ein prinzipiell Anderes, Irreelles, Transzendentes ist« (Husserl, Ideen I, S. 204).

Erkennen ist Rationalisieren als Vollzug in einem mehrfachen Sinn. Rationalisierung bedeutet immer Aufklärung und Entstellung in einem, und zwar dergestalt, daß sie gelebten Sinn umwandelt in gedachten, ihn so aber der kritischen Reflexion allererst zugänglich macht, indem sie ihn dabei als fungierenden vernichtet. Der Prozeß gesellschaftlicher Rationalisierung folgt der Dialektik der Aufklärung. Indem er durch Disziplinierung, Organisation und Erfassung die Durchsichtigkeit schattenhafter Existenz steigert, vernichtet er Spielräume des Unbestimmten, Unkalkulierbaren und Widerständigen. Diesen destruktiven Charakter von Aufklärung konnte Husserl nicht anerkennen. Sein Credo für Rationalität ist ausgerichtet gegen den Irrationalismus seiner Zeit. Er will keine Einfallstore für Ideologien öffnen, deren Suggestion in einer bloßen Ablehnung wissenschaftlicher Rationalität gründet. Je näher ihn sein Philosophieren an die Abgründe des Sinns führt, umso insistenter rüstet er Rationalität auf. Selbst wenn er Unbestimmtes und dem Bewußtsein Fremdes berücksichtigt, dominiert die Auffassung von einem Bewußtsein, das aufgrund seiner intentionalen Verflechtung mit der Welt in sich selbst auf Anderes bezogen ist und prinzipiell Unbestimmtes in Bestimmtes überführen kann. Vor diesem Hintergrund stellt die leibliche Verfaßtheit des Menschen die Spannung von konstituierendem Bewußtsein und sinnlichen Erfahrungen auf ihre härteste Zerreißprobe, und es erstaunt nicht, daß Husserl immer wieder versucht, sich den Provokationen dieses »merkwürdig unvollkommen konstituierten Dings« zu stellen. Husserls radikales phänomenologisches Programm unter dem Fanal »zu den Sachen selbst« führt sich in dem Maße, in dem es sich realisiert, selbst in seinem Anspruch auf Vollständigkeit ad absurdum. In dem Maße nämlich, wie sich das Bewußtsein als verantwortlich für den Sinn seiner Welt erkennt, entzieht sich die Welt und wird zum Bewußtsein (vgl. Fischer, Differente Wissensfelder). Das Bewußtsein ähnelt seine Gegenstände sich selbst so weit an, daß ihre Widerständigkeit verschwindet und damit jede Provokation, jede Veranlassung, im Erkennen den Umweg über die Lebenswelt zu machen.

Dieses Ergebnis verblüfft besonders den, der grundsätzlich mit Husserl übereinstimmt und seinen phänomenologischen Weg bis zu einer bestimmten Gabelung teilt. Husserls Denken entfaltet sich aus dieser Perspektive als eine »Dialektik wider Willen« (Adorno) und inspiriert Versuche, eine Philosophie der Erfahrung zu betreiben, die Erfahrung auch dort respektiert, wo diese ihrer selbst nicht habhaft wird. »Der Motor der Husserlschen Denkbewegung [...] ist der Wille, das von der ratio fortgewiesene Dasein im Umkreis der autonomen ratio selber aufzurichten.« (Adorno, Metakritik, S. 194) Husserl widerstand damit der Intellektualitätsfeindlichkeit seiner Zeit und plaziert seine Ansprüche an Vernunft in einer historischen Konstellation, in der menschenverachtende Ideologien dankbar waren für jeden Angriff auf die sogenannte kalte Rationalität. Die Aufgabe, die er Denkern, die an ihn anknüpfen wollten, hinterließ, war damit präzisiert. Der Rationalitätsbegriff muß in einer Weise erweitert werden, daß er sich weiterhin gegen Irrationalität abgrenzt, daß er aber gleichzeitig in Erinnerung ruft, daß er nicht einziges Konstitutionsprinzip von Sinn ist. Verständlich wird von hier aus die Widerspenstigkeit des Leibes, der deshalb »ein merkwürdig unvollkommen konstituiertes Ding« ist, weil seine Bedeutungsleistung nicht im Bewußtsein aufgeht, weil er aber auch nicht einfach einer dem Bewußtsein transzendenten Dingwelt zugeordnet werden kann. »Ist mein Leib Ding, ist er Idee? Er ist weder das eine noch das andere, er ist der Maßstab der Dinge.« (Merleau-Ponty, Das Sichtbare und das Unsichtbare, S. 199) Als Maßstab fungiert der Leib im Sinne einer Idealisierung eines konkreten Allgemeinen, das durch gegebene Ideen nur unzureichend beschrieben wird. Am Leib scheitert die Sortierung in Ideales und Naturhaftes, er ist immer auf beiden Seiten des Geschehens und damit Maßstab unserer Welt, sofern sie aus demselben Stoff ist.

Der Leib ist die Dimension von Kreuzungen, die eine wechselfältige Beziehung von Konstituiertem und Konstituierendem bekundet, die sowohl Originalität als auch Identität in Zweifel zieht. Er ist inkarnierte Ambivalenz und und damit unser Garant für den Kontakt zur Welt und gleichzeitig der Schirm, der verursacht, daß das Bewußtsein zwar eine Struktur des Verhaltens ist, aber nicht nur. Als Phänomenologe kann Husserl, der die »noch stumme Erfahrung [...] zur reinen Aussprache ihres eigenen Sinnes [...] bringen« will (Husserl, Cartesianische Meditationen, S. 40), auf die »Drastik und Dichte der Erfahrung nicht verzichten«, möchte aber nach Adorno »den Zoll dafür sparen, daß nämlich seine Aussagen eben dadurch auch in den Zusammenhang der Erfahrung und dessen Bedingtheit eingespannt bleiben.« (Adorno, Metakritik, S. 127) Diese Spannung erreicht ihren Höhepunkt dort, wo sich das Erkennen am stärksten gegen den Bannfluch über den Naturalismus wehrt. In dem

Moment, in dem die Aufklärung der Konstitutionsleistungen des Bewußtseins auf den Beitrag der Sinnesorgane stößt, handelt es sich ein Stück Dingwelt ein, das an die unüberwindliche Nichtidentität von Sache und Denken erinnert, an die Unmöglichkeit nämlich, »in subjektiven Begriffen ohne Überschuß einzufangen, was nicht des Subjekts ist« (ebd., S. 152).

Die fünfte Cartesianische Meditation ist für Adorno und auch für Merleau-Ponty gleichzeitig ein Beleg dafür, wie nahe Husserl mit seinen Möglichkeiten der wechselfältigen Verflechtung von Konstituierendem und Konstituiertem, also der Verwobenheit von Aktivem und Passivem kommt, und ein Zeichen der Dringlichkeit dafür, die Grenze der Bewußtseinsphilosophie zu sprengen. Die Zusammengehörigkeit von leiblichen Wahrnehmungsorganen und sinnlicher Materialität, die Tatsache, von der Merleau-Ponty sagt, daß das Ich und seine Welt aus einem Stoff sind (vgl. Merleau-Ponty, Das Sichtbare und das Unsichtbare, S. 182 ff. und S. 313 ff.), kulminiert in dem phänomenalen Befund, daß es etwas gibt, das das Bewußtsein in seinen Leistungen bestimmt, was aber nicht von diesem konstituiert ist. Die Bewußtseinssphäre ist nicht zu reinigen von diesen vorbewußten Implikationen. Es bewahrt etwas von der Dichte des Erfahrungsfeldes, von dem es sich abhebt. Damit ändern sich aber nicht nur einzelne Theorieteile phänomenologischer Forschung, sondern die Bedeutung einer Philosophie der Erfahrung ändert sich insgesamt. »Die Phänomenologie ist letztlich weder ein Materialismus noch eine Philosophie des Geistes. Ihre eigentliche Leistung besteht darin, die vortheoretische Schicht aufzudecken, in der beide Idealisierungen ihr relatives Recht erhalten und überwunden werden.« (Merleau-Ponty, Das Auge und der Geist, S. 50) Leiblichkeit wird damit zum Signum dieser Bemühung, weil sie weder materialistisch zu reduzieren noch idealistisch zu überspringen ist.

Die phänomenologischen Analysen der konstitutiven Bedeutung leiblicher Erfahrung ergeben, daß Phänomene durch fortschreitende Näherung in die Ferne rücken: Je »mehr ich mich dem Ding nähere, desto mehr höre ich auf zu sein; je mehr ich bin, desto weniger gibt es Dinge« (Merleau-Ponty, Das Sichtbare und das Unsichtbare, S. 162). Es gibt keine Synthese, in der das Ich an die Dinge selbst heranreicht. Es gibt aber auch keine Koinzidenz, in der das Ich vollständig bei sich selbst wäre. Weil wir nicht absoluter Geist sind, weil eine Phänomenologie, die die leibliche Existenz ernstnimmt, antritt gegen die »berufliche Hochstapelei des Philosophen« (vgl. Merleau-Ponty, Das Auge und der Geist, S. 66), der dem Bewußtsein alle Konstitutionsleistungen zutraut, müssen wir in dem Rückgang auf die Sache selbst erkennen, daß das Bewußtsein immer schon voraus oder hinterher, aber niemals zugleich ist. Diese »Dichte der Dauer« (Merleau-Ponty), »diese Differenz der Zeiten« (Foucault) schiebt sich unausweichlich zwischen Reflexion und Gegenstand. Sie bestreitet den Primat der Identität und begründet die Möglichkeit der Bewegung in der Erkenntnis. »Konstituierte mein Bewußtsein aktuell die von ihm wahrgenommene Welt, so gäbe es zwischen ihm und der Welt keinerlei Abstand und keinerlei mögliche Abweichung, das Bewußtsein durchdränge die Welt bis in ihre geheimsten Verästelungen, seine Intentionalität führte uns in den Kern der Dinge, und in eins verlöre das Wahrgenommene seine Gegenwartsdichte und das Bewußtsein versänke, verlöre sich nicht mehr in ihm. Doch wir sind im Gegenteil der Unerschöpflichkeit des Gegenstandes bewußt, und wenn wir in ihr uns verfangen, so weil zwischen ihm und uns jenes von unserem Blick genutzte latente Wissen steht, dessen mögliche rationelle Entfaltung immer nur Präsumtion, da es selbst stets diesseits unserer Wahrnehmung bleibt.« (Merleau-Ponty, Phänomenologie der Wahrnehmung, S. 278)

Aufgrund der Zwischenleiblichkeit, aufgrund des phänomenalen Befundes, daß wir als leibliche Subjekte, als Wahrnehmendes und Wahrnehmbares in eins, immer auf beiden Seiten des Geschehens sind, wird es denkbar, daß Licht in die Dunkelkammer des Bewußtseins fällt. »Denken, das darüber sich belehrt, daß zu seinem eigenen Sinn gehört, was nicht seinerseits Gedanke ist, sprengt die Logik der Widerspruchslosigkeit. Ihr Gefängnis hat Fenster.« (Adorno, Positivismusstreit, S. 306)

Die befreiende Wirkung einer Philosophie, die den beengenden Panzer des Identitätsdenkens sprengt, darf nicht hinwegtäuschen über die Anforderungen, die daraus entstehen. Die Einsicht in die konstituierende Bedeutung unserer Leiblichkeit bedeutet nicht, daß sich nunmehr die animalische Seite unserer Existenz dort breitmacht, wo bislang das Bewußtsein residierte. Es handelt sich nicht um einen Staffettentausch im Kampf um das Privileg gewisser Erkenntnis. Die Aufgabe besteht vielmehr darin, die Konsequenzen der Anerkennung der Leiblichkeit für überbrachte Traditionen zu bedenken. Wir können nicht einfach aus unserer Geschichte aussteigen, aber wir können ihren Sinn für uns neu aufnehmen, rekonstituieren, die überlieferten Probleme umformen und so andere Antworten ermöglichen. Für das hier anstehende Problem der Autonomie richtet sich die Frage darauf, welche Folgen eine Phänomenologie der Leiblichkeit hat im Hinblick auf die Auffassung des Subjekts.

»Wenn man vom Sichtbaren und vom Sehen, vom Sinnlichen und vom Empfinden ausgeht, so gelangt man zu einer ganz neuen Vorstellung von ›Subjektivität‹: es gibt keine ›Synthesen‹ mehr, es gibt einen Kontakt zum Sein durch seine Modulationen hindurch oder durch seine Reliefs hindurch« (Merleau-Ponty, Das Sichtbare und das Unsichtbare, S. 337). Vom Standpunkt einer Philosophie her, die allen Sinn im Bewußtsein verknotete, war die Erfahrung des Anderen ein Problem, wohingegen die Selbstgegebenheit des Ich geklärt zu sein schien. Hier trifft Gedanke auf Gedanke im Inneren einer Person. Vom Gesichtspunkt einer Philosophie der Leiblichkeit dagegen greift das Problem der Fremderfahrung auf die Selbstgegebenheit über. Ein natürliches Ich ist sich nicht in gleicher Weise gegeben wie ein ideales. »*Derjenige, der* wahrnimmt, ist nicht vor sich ausgebreitet, wie ein Bewußtsein es sein soll, er hat seine geschichtliche Dichtigkeit, übernimmt eine Wahrnehmungstradition und sieht sich konfrontiert mit einer Gegenwart. In der Wahrnehmung denken wir nicht den Gegenstand und denken nicht uns als ihn denkend, wir sind vielmehr zum Gegenstand und gehen auf in unserem Leib, der mehr als wir selbst von der Welt und von den Motiven und Mitteln weiß, sie zur Synthese zu bringen.« (Merleau-Ponty, Phänomenologie der Wahrnehmung, S. 278 f.) Das zeigt sich bereits in einfachen Erfahrungen, z. B. in der Erfahrung, daß uns unser Gesicht, das dem begegnenden Anderen als Ausdruck unserer Existenz dient, selbst am entferntesten ist. Wir hören uns anders als die anderen, wir sehen uns anders. Um unser Gesicht sehen zu können, sind wir auf Hilfsmittel angewiesen: Spiegel und Bild, aber wir können uns nicht in Aktion sehen, wir können nicht sehen, wie wir blicken, wenn sich unsere Aufmerksamkeit, unser Zorn, unser Begehren auf den anderen richtet. Wir erfahren uns nicht unmittelbar, und wenn wir uns selbst unsere Aufmerksamkeit zuwenden, ist unser Verhalten längst schon bedeutsam geworden in einer Situation, die es aufnahm, als Echo auf das Verhalten des anderen, mit dessen Existenz es sich berührt. »Das Bewußtsein kann *in* den existierenden Dingen *leben* ohne Reflexion, es kann sich ihrer konkreten Struktur überlassen, die noch nicht in ausdrückliche Bedeutung verwandelt ist; bestimmte Episoden seines Lebens können, noch bevor sie auf den Status verfügbarer Erinnerungen und ungefährlicher Objekte reduziert sind, durch ihre eigene Trägheit seine Freiheit gefangen nehmen, seine weltliche Wahrnehmung einschränken, dem Verhalten Stereotypen aufzwingen; ebenso *sind* wir unsere Klasse und unser Milieu, noch bevor wir sie denken.« (Merleau-Ponty, Struktur des Verhaltens, S. 257)

Daß Kant forderte, daß das »ich denke« alle meine Vorstellungen begleiten können muß, verliert nichts an Dringlichkeit. Fraglich wird allerdings, wie es dies kann, wenn es nicht mehr als Anfang des Sinns begriffen wird, sondern selbst einem Feld von Verhalten (vgl. Spitz, Eine genetische Feldtheorie) integriert wird, das auf einem anonymen Erwerb ausruht.

»Das ›Ich denke‹ kann also gleichsam halluziniert werden durch seine Objekte.« (Merleau-Ponty, Struktur des Verhaltens, S. 257) Diese frappierende Einsicht, die die dialektische Verwicklung von Subjekt und Objekt ernstnimmt, wirft eine Fülle von Fragen auf, die nicht lediglich durch eine Umkehrung traditioneller Lösungsmuster zu beantworten sind. Daß das »ich denke« selbst eine Verhaltensstruktur, die Artikulation eines Erfahrungsfeldes ist, bedeutet, daß seine Privilegien neu bedacht werden müssen: Das »Selbstbewußtsein ist nicht von Rechts wegen bei sich, es erwirbt sich erst in der Aufhellung seines konkreten Seins, es bewährt sich nur in der aktiven Integration der isolierten Dialektiken — des Leibes und der Seele —, zwischen denen es zunächst zerrissen ist.« (Ebd., S. 258) Vom Standpunkt der Leiblichkeit gibt es ein intentionales Leben, das nicht mit Begriffen der Vorstellung zu erfassen ist, und ein Verstehen, das noch kein intellektuelles Begreifen ist. Das Konzept der Leiblichkeit ist insofern radikaler als psychoanalytische Beschreibungen des Unbewußten, als es den Weg einschlägt, ohne Muster des Bewußtseins auszukommen, ohne zu bestreiten, daß wir in der Reflexion nicht ohne sie auskommen. »Die Philosophie des Leibes [chair] ist das gerade Gegenteil aller Theorie, die das Unbewußte mit Begriffen der ›unbewußten Vorstellungen‹ deutet; — gerade sie waren der Tribut, den Freud an die zeitgenössische Psychologie zu entrichten hatte. Das Unbewußte ist das Empfinden selbst, da dieses keine gedankliche Habe *dessen* ist, *was* empfunden wird, sondern vielmehr eine Enteignung unserer selbst zu dessen Gunsten darstellt, also eine Öffnung auf das, was, um erkannt zu werden, nicht gedacht zu werden braucht.« (Merleau-Ponty, Vorlesungen I, S. 127 f.)

Unser Leib fungiert als Register unserer Erfahrung. Insofern ist er eher einem Kunstwerk ähnlich als einem physikalischen Objekt (vgl. Merleau-Ponty, Phänomenologie der Wahrnehmung, S. 181). Er relativiert die Leistung des Bewußtseins und unterspült die Trennung von Wesen und Faktizität. »Mein Leib ist jener Bedeutungskern, der sich wie eine allgemeine Funktion verhält, jedoch existiert und der Krankheit zugänglich ist.« (Ebd., S. 177)

Damit ändert sich die Bedeutung von Sinn. Er kann nicht länger einer bloß idealen Sphäre zugerechnet werden, er ist verstrickt in die Kontingenzen einer geschichtlichen Welt, von deren Erwerb er profitiert und deren Trägheit er teilt. Der Sinn des Ich kann nun nicht mehr bloß in seiner denkenden Selbstvergewisserung aufgefunden werden. Das Ich ist vielmehr ein »intersubjektives Feld« (vgl. ebd., S. 513). Es ist ständige Modulation seines Seinsbezugs und insofern niemals vollständig bei sich selbst. Daß, wie Adorno formuliert, das Selbst das Inhumane sei und deshalb Persönlichkeit eine »Karikatur von Freiheit« (vgl. Adorno, Negative Dialektik, S. 294), gewinnt von hier aus einen konkreten Sinn. Das Ich, das sich nur als denkendes maßgeblich findet, das sich nur als selbstbestimmt vermeint, übernimmt nicht seine menschliche Existenz, sondern halluziniert eine gespensterhafte Welt. »Ich, das ist in Wirklichkeit ein Niemand, es ist das Anonyme; es muß so sein, jeder Objektivierung, jeder Benennung voraus, um Fungierender zu sein oder derjenige, dem all dies zustößt. Das Ich, das benannt ist, das namhafte Ich ist ein Objekt. Das Ur-Ich, dessen Objektivierung dieses darstellt, ist der Unbekannte, *dem* alles zu sehen oder zu denken gegeben ist, an den alles appelliert, vor dem ... es etwas gibt. Es ist also die Negativität, — in eigener Person natürlich nicht zu fassen, da sie *nichts* ist.

Aber ist dies *derjenige, der denkt,* überlegt, spricht, argumentiert, leidet, genießt usw.? Offensichtlich nicht, da es *nichts* ist — Derjenige der denkt, wahrnimmt usw., ist diese Negativität als leibliche Offenheit zur Welt — Die Reflexivität muß durch den Leib, durch den Selbstbezug des Leibes und der Sprache verstanden werden. Die Dualität Sprechen-Zuhören verbleibt inmitten des Ich, seine Negativität ist nur die *Höhlung* zwischen Sprechen und Zuhören, der Punkt, wo ihre Äquivalenz sich herstellt — Die Dualität Negatives-Leib oder Negatives-Sprache *ist* das Subjekt — der Leib, die Sprache als alter ego — Das ›Zwischen-uns‹ (Michaux) meines Leibes und meiner selbst, meine Verdoppelung — die nicht verhindert, daß der passive Leib und der aktive Leib in der *Leistung* miteinander verschweißen, *deckungsgleich* und nicht-unterschieden sind — Und das, obwohl mir jede vollbrachte *Leistung* (lebhafte Diskussion usw.) immerzu den Eindruck vermittelt, ich sei ›aus mir herausgegangen‹« (Merleau-Ponty, Das Sichtbare und das Unsichtbare, S. 310 f.). Das natürliche Ich als leibliche Subjektivität realisiert sich als Prozedur, als Vollzug. Es gibt der intersubjektiven Existenz die Tiefe, indem es durch sie hindurch spricht, ohne als Sprecher identifizierbar zu sein. Es existiert als Differenz, als Outis im Sinne des listigen Odysseus, ein bestimmter Niemand, also ein Jemand, der Eröffnung eines Wahrnehmungs-, Handlungs- und Denkfeldes ist, in dem seine Spuren noch nicht gezogen sind.

8. Spiegelungen des Ich

> »Das katoptrische Universum ist eine Rea-
> lität, die den Eindruck der Virtualität
> wecken kann. Das semiosische Universum
> ist eine Virtualität, die den Eindruck der
> Realität wecken kann.« (Eco, Über Spiegel)

»Spiegel haben etwas zutiefst Dämonisches«, stellt Bernard Foy fest, nachdem er sich selbst völlig überraschend im Spiegel als Fremder begegnet
war. Die erschreckende Begegnung mit dem eigenen Spiegelbild kann
selbst das cartesische Fundamentum inconcussum zum Wanken bringen:
»Ich denke, also bin ich«, [...], *»wer bin dann ich, der denkt?«* (vgl. Gustafsson, Die dritte Rochade, S. 274) Das Dämonische am Spiegelbild, das als
Quasi-Ding einen Blick auf unser Gesicht und auf das uns Verborgene hinter unserem Rücken ermöglicht, hat diesem merkwürdigen Doppelgänger immer schon eine abergläubische Dimension verliehen. Verwandt ist
das Spiegelbild mit dem Schatten, der die Verdoppelung zum Wesenhaf-
ten hin ankündigt. Das Spiegelbild, das das eigene Selbst als fremdes begegnen läßt, überrascht damit, daß der rechten Hand auf ihrer Seite eine
Hand entgegenkommt und nicht auf der anderen, die wir zunächst durch
tägliches Händeschütteln gewöhnt fixieren. Das Dämonische am Spiegelbild gründet darin, daß wir und unsere Welt uns so begegnen, wie wir sie
sonst niemals wahrnehmen. Ein altes Sprichwort lautet: »Wer nachts in
den Spiegel sieht, hinter dem wird der Teufel sichtbar«. Es deutet auf eine
weitere Doppelbödigkeit des Spiegelbildes hin, das zum einen die Angst
bannt, davor nämlich, daß man nicht sehen kann, was hinter einem ist,
zum anderen aber dieses Überführen in Sichtbarkeit zugleich verteufelt.
Das Spiegelbild ist in gewisser Weise eine Verdoppelung des Selbst, das
sich aber zugleich als anderes begegnet. Insofern ist es eine dämonische
Verdoppelung, die das Selbst nur in der Verfremdung präsentiert. »Was
den Spiegel angeht, so ist er das Instrument einer universellen Magie, die

die Dinge in Schauspiele, die Schauspiele in Dinge, mich in andere und andere in mich verwandelt.«(Merleau-Ponty, Das Auge und der Geist, S. 22) Das Spiegelbild bezieht seine dämonische Kraft auch daraus, daß es stets eine Integrität vortäuscht, die der kristallinen Struktur unserer realen Existenz nicht entspricht. Es ist gerade nicht das Bild, das die anderen von uns haben, sondern der Blick, den wir selbst auf uns richten und der von Erwartungen beseelt ist, die wir uns narzißtisch erfüllen. Der alternde Leib will sich so zum Beispiel seiner ewigen Jugend vergewissern. Die Intimität des eigenen Blicks bleibt unzensiert von der Skepsis des unbestechlichen Fremden, dem überdies keine Kontinuität der Zeit Muster des Sehens vorschreibt. Die Maskeraden des Ich verfangen sich im Spiegelbild in einem diabolischen Zirkel. Die lückenlose Selbstbetrachtung ereignet sich als kontinuierliche Selbstvergewisserung gegen den verfallenen Leib. Daß im ausgehenden 18. Jahrhundert im avangardistischen Paris die Öffentlichkeit die neuen körpergroßen Spiegel als psyché bezeichnete (vgl. Konersmann, Ansichten vom Selbst, S. 680), verweist auf diese eigentümliche Verdrehung: Der Spiegel hat die Funktion des fremden Blicks, der öffentlichen Zensur, gleichzeitig gehorcht er der Suggestion des Sichspiegelnden im Hinblick auf seine scheinhafte Unveränderlichkeit. Diese schmerzhafte Provokation durch die sture Dingwelt für den Leib in seiner Vergänglichkeit und das daraus erwachsende Dilemma existentieller Desintegration charakterisiert Bloch unter dem Stichwort »Der verletzliche Leib«: »Was rings umher liegt, bleibt noch lange übrig.

Nur wir ziehen ab, sind warm und werden doch einst blind und bleich an diesem, das uns hier bedeckt.

So atmet man und stirbt in Teilen, an denen wir überhaupt nicht sind. Wie gesund man sich auch fühlen mag, wir tragen einen Leib, der uns mehrfach oder letzthin doch nicht so ähnlich ist wie es Blumen oder schöne Steine sein könnten. Die Tiere sind leiblich seiend und treten nicht heraus, aber der Mensch kann nicht in den Schwerpunkt seines Körpers zurück, trifft nicht diesen an, wo er in seine eigene Mitte spielen will, auch im Sprung, auch im Tanz nicht, hier erst recht nicht trifft er den Leib an, den er vielmehr verläßt und umbricht. Genau doch der, welcher aussieht, wie er ist, hat sein Fleisch durchdrungen, gleichsam mit und zu einem Auge seiner geklärt. Aber gerade der beseelte Leib geht mit dem, der ihn beseelte, nicht lange genug mit, das heißt, verblüffend kurz.«(Bloch, Geist der Utopie, S. 318)

In der Neuzeit wurde der lebendige Spiegel zur Metapher einer Subjektivität, die durch die Spaltung der Substanzen zerrissen ist. Davor fungierte das Spiegelbild lange Zeit als Präsentation eines Originals, also als vertrauenstiftendes Abbild eines Vorbildes, das selbst nicht angeschaut werden kann. »Dem an die Voraussetzung des platonischen Weltbildes gebundenen Bedürfnis, ein Original präsentiert zu sehen, ohne es, dessen direkter Anblick unerträglich wäre, anzuschauen, entspricht akkurat der Spiegel und die Unterscheidung zwischen Gespiegeltem und Bespiegeltem. Dies ist nicht nur von Belang für die Metaphysik, sondern auch für die ihr später verbundene Theorie des Bildes. [...] *Das Spiegelbild vermag zu zeigen, was selbst nicht in Erscheinung tritt.*« (Konersmann, Spiegel, S. 75) In dem Vollzug der Spiegelung bleibt das Bild auf das Original und seine Präsentation bezogen, es ist somit eine gespaltene Einheit, die aus zweien besteht. »Nur spiegelnd ist der Spiegel Spiegel. Diese Prädikation spricht die Besonderheit des Spiegels gegenüber allen übrigen Dingen aus. Abhängig vom Bespiegelten, bleibt dem Spiegel und seinem Bild eben jener emphatische Autonomiestatus verwehrt, den das harmonisch konstruierte Tafelbild der Renaissance reklamiert.« (Ebd., S. 114 f.) Im Spiegel als Metapher für Subjektivität zeigt sich die Tradition in Gestalt ihrer Transformationen. Als Abbild eines sich selbst unsichtbaren Originals bewahrt es die Tradition der Präsentation durch Repräsentation, als lebendiger Spiegel, als Spiegel der in seiner Spiegelung die Unzugänglichkeit des Originals hervorhebt, verdeutlicht dieses Bild den Übergang zur neuzeitlichen Subjektivität, die sich nicht gewinnt als Abbild, als Spiegel der Wirklichkeit und Bild Gottes, die sich vielmehr schafft, indem sie sich als konstituierendes Muster jeder Erkenntnis durchschaut, Ermöglichung von Wissen und Entstellung von Wirklichkeit in eins.

In der Tradition neuzeitlicher Subjektivität büßt der Spiegel zunächst seine dämonische Kraft ein. Er wird integriert in ein Universum von Bedeutungen, das das Subjekt ordnet, systematisiert und vor sich ausbreitet. Der Spiegel wird zu einem weiteren Instrument der Bemächtigungsstrategien, indem er Unsichtbares in Sichtbares verwandelt. Er unterstützt die Illusion der vollständigen Verfügung. Dies veranschaulicht eine Lithographie von Escher: »Hand mit spiegelnder Kugel«. In der linken Hand hält der Zeichner mit einer anspielungsreichen Herrschergebärde eine spiegelnde Kugel, in der sich der Raum so vollkommen zeigt, wie er in originaler Anschauung niemals gegeben ist. Zwar ist alles verzerrt, aber diese Deformation bewegt sich auf das ruhende Zentrum, die blickenden Augen des Zeichners, zu. Der Blick, der auf die Miniaturwelt geworfen wird, wird als unveränderliches Zentrum reflektiert.

Zugleich ist das Gesicht des Menschen, das sich nur in seiner Wiederholung hat, Menetekel eines Mangels. Ein »Ohnekopf, ein Décapité ist der angeschaute Mensch vor sich selbst« (Bloch zit. n. Nibbrig, Spiegelschrift, S. 38). Das hier gemeinte berühmte Selbstbild Machs, das ihn selbst auf einem Ruhebett liegend durch den Augenbrauenbogen des linken Auges auf seinen hingestreckten Körper sehen läßt, verweist auf die tägliche Erfahrung des Menschen, der sein Gesicht gerade nicht sehen kann. Es »erscheint ein Teil meines Körpers, so weit er sichtbar ist, und dessen Umgebung.« (Mach, Analyse der Empfindungen, S. 15) Für sich selbst ist der Mensch in diesem Sinne ein Niemand, ein *outis*, der erst in der Begegnung mit dem Anderen zu einem Jemand, gleichsam in seiner Existenz beglaubigt wird. Seine Selbstbezüglichkeit verhindert zwar, daß sich diese Anonymität steigert zu einem »Irgendetwas«, aber eine grundsätzliche Unfaßlichkeit eröffnet ein Feld von Bestimmungsmöglichkeiten, die vom produktiven Mangel versehrter »Identität« zehrt. »Das Subjekt ist niemand. Es ist zerlegt, zerstückelt. Und es blockiert sich, es wird angezogen von dem zugleich täuschenden und realisierten Bild des anderen oder überhaupt von seinem eigenen Spiegelbild. Da findet es seine Einheit.« (Lacan, Das Ich in der Theorie Freuds, S. 73) Die Entspiegelung der Selbsterfahrung verweist auf die konstituierende Funktion des Bildes im Anderen oder im Spiegel. Das neuzeitliche Subjekt wird instabil, brüchig, findet seine Einheit nicht im Inneren, sondern im Anderen. Seine Identität realisiert sich in der Differenz von Erfahrung und Bild. Daß das Subjekt sich spiegeln kann, verweist auf die Verwicklung von Passivität und Aktivität: In gewissem Sinne wird es zu einem Jemand, indem dem Niemand die Integration in das Sichtbare zustößt. Weil der Spiegel mitbeteiligt ist an der Bildung des Selbst und so an einen grundsätzlichen Mangel erinnert, wird er verteufelt als Komplize unserer Leiblichkeit, als Entäußerung eines ohne ihn integren Inneren, weil er an das Subjekt des Begehrens appelliert, verunreinigt er die Seele: »Der Mensch darf sein eigenes Gesicht nicht sehen können. Das ist das Allerschlimmste. Die Natur verlieh ihm die Gabe, sein Gesicht ebenso wie seine eigenen Augen nicht ansehen zu können.

Nur im Wasser der Flüsse und Seen konnte er sein Antlitz erblicken. Und die Stellung, die er dabei einnehmen mußte, war symbolisch. Er mußte sich bücken, sich niederbeugen, um die Schmach zu begehen, sich anzuschauen.

Der Schöpfer des Spiegels hat die menschliche Seele vergiftet.« (Pessoa, Das Buch der Unruhe, S. 258) Daß der Mensch dem Reich des Sichtbaren angehört, daß er sich selbst aber nur fragmentarisch sieht, bedeutet einen »Fleck in der Autonomie« (vgl. Lacan, Die vier Grundbegriffe in der Psychoanalyse, S. 80), ist aber zugleich eine Öffnung für den Anderen in einer Dialektik, die sich um den zentralen Mangel dreht, »daß das Subjekt vom Signifikanten abhängig ist und der Signifikant zuerst auf dem Feld des Andern erscheint.« (Ebd., S. 215)

Der Blick des Anderen oder der Anderen ist im bestimmten Sinne präexistent. Noch bevor ich meinen Blick auf die Welt richte, stehe ich im Schnittpunkt der Perspektiven von vielen: »ich sehe nur von einem Punkt aus, bin aber in meiner Existenz von überall her erblickt.« (Ebd., S. 78) Die Anerkennung unserer Sichtbarkeit macht mit einem Schlage deutlich, daß der Rückzug des begegnenden Anderen in sein mir kontemplativ unzugängliches Inneres oder die Verteidigung meiner Eigenheitssphäre ihm gegenüber nicht Selbsterkenntnis in vollkommenster Form bedeuten, sondern Verkennung, die blendend funktioniert. »Worin das Bewußtsein sich auf sich selbst zurückbeziehen kann — [...] — ist Eskamotage. Umgehung der Funktion des Blicks.« (Ebd., S. 81) Das Bewußtsein hat seinen blinden Fleck, weil es sich in gewisser Weise immer verfehlt, wenn es auf sich als bloßes Bewußtsein zurückkommt. »Wir wissen [...], daß das Bewußtsein an etwas völlig Kontingentes gebunden ist, an etwas ebenso Kontingentes wie die Oberfläche eines Sees in einer unbewohnten Welt — die Existenz unserer Augen oder Ohren.« (Lacan, Das Ich in der Theorie Freuds, S. 65)

Nach Lacan sind alle spezifisch menschlichen Vollzüge durch ihre Resonanzfähigkeit gekennzeichnet. Narziß wird von der Nymphe Echo geliebt, die sich in ihrem Kummer über die verschmähte Liebe zur bloßen Stimme verflüchtigt, die einer früheren Strafe zufolge in den Schluchten immer nur die letzten Worte, die an sie gerichtet wurden, wiederholt. Beide, Narziß und Echo, verkörpern Extreme unserer Existenz, das bloße Sein zu sich selbst und das pure Sein durch den Anderen. Beide gehen an dieser Ausschließlichkeit zugrunde.

Der Blick des Anderen reicht an das an mir heran, was ich nicht sehen kann, es sei denn durch die Resonanz seines Blickes. Mein Echo auf sein Verhalten, das wiederum auf mich antwortet, konstituiert mein Subjektivitätsfeld, indem es Fragen aufnimmt, die nicht vom Selbst gestellt wurden. Echo, Resonanz, Antworten sind Weisen responsiven Verhaltens, die nicht im behavioristischen Reaktionsmodell eingefangen werden können. Es scheint vielmehr so, als ob das umfassende Modell durch unsere Sprache gebildet wird, deren vorzüglichstes Merkmal von Lacan darin gesehen wird, daß sie »Unverborgenheit des Verborgenen«, die »originäre Form des *Anderswo*« (vgl. Merleau-Ponty, Das Sichtbare und das Unsichtbare, S. 320) ist, damit eine Möglichkeit, das Unbewußte zu verstehen, ohne es als Bewußtes zu imaginieren oder durch Identifikation zu eskamotieren. »Es gibt ein Wissen im Unbewußten, das schlechterdings nicht zu begreifen ist, wenn man es als ein sich vollendendes, sich schließendes Wissen auffaßt.« (Lacan, Die vier Grundbegriffe der Psychoanalyse, S. 141)

Nach Lacan ist das Unbewußte strukturiert wie eine Sprache. D. h. es ist nicht ungeordnet und unzugänglich. Lacan macht sich in dieser Interpretation eine Mehrdeutigkeit Freuds im Hinblick auf den Bereich des Unbewußten zunutze. Freud, der von »Traumgedanken« und »Vorstellungsrepräsentanzen« der Triebe im Bewußtsein spricht, hatte im Fortgang seiner Überlegungen den Raum, den das unbewußte Es einnimmt, im Vergleich zum Ich und zum Vorbewußten immer mehr erweitert. Die Strukturverhältnisse der seelischen Persönlichkeit erweisen sich so als außerordentlich konfliktreich. Das bewußte Ich sieht sich in der Lage, als vernünftiger Reiter vom Roß seiner Leidenschaften dorthin gebracht zu werden, wo dieses selbst hingehen will. Aber nicht nur, daß das »arme Ich« in seinen Zielen durch ichfremde Energien angetrieben wird, auf diesem Wege hat es insgesamt drei »Zwingherren« zu dienen: Außenwelt, Über-Ich und Es. Es schmeichelt dem Es die Libido ab, als bestimmt durch sein Wahrnehmungssystem ist es bemüht, den Anforderungen der Realität zu entsprechen, und schließlich ist es den Geboten und Verboten seines Gewissens ausgesetzt. Zwar hat das Ich Angst vor den Strafen des Über-Ichs und vor den Restriktionen der Realität, aber in ganz besonderem Maße ist es fremdbestimmt durch die Forderungen des Es, das mit seinen Leidenschaften als imposanter Anarchist fungiert in den moralischen Ordnungen des Über-Ichs und in den nüchternen Gegebenheiten der Wirklichkeit.

Während das Ich von Freud als durch einen »Zug zur Synthese« gekennzeichnet wird (vgl. Freud, Neue Folge der Vorlesungen, S. 65), herrscht im Es »Chaos«, es ist ein »Kessel voll brodelnder Erregungen.« (Ebd., S. 63) »Es ist der dunkle, unzugängliche Teil unserer Persönlichkeit; das wenige, was wir von ihm wissen, haben wir durch das Studium der Traumarbeit und der neurotischen Symptombildung erfahren und das meiste davon hat negativen Charakter, läßt sich nur als Gegensatz zum Ich beschreiben.« (Ebd.) Freud reagiert mit dieser Beschreibung auf die versagte Erfahrung, daß uns das Es niemals als solches gegeben ist, es sei denn organisiert durch ein vielfach geängstigtes Ich. Traumarbeit und Symptombildung haben gezeigt, daß das Ich als Organisator auf etwas trifft, das nicht ihm selbst entstammt. Im Traum und im Symptom begegnet das Ich einem »inneren Ausland«, dem »Ichfremdesten« (vgl. ebd., S. 50). Dies ist nur möglich, weil sich das Ich spalten kann, was sich nicht nur durch die Vergrößerungsgläser der Pathologie, sondern in vielen alltäglichen Geschehnissen wie etwa dem Versprecher zeigt. Das Ich hat Spaltrichtungen wie ein Kristall, die seinem Zerspringen eine Orientierung verleihen, ohne daß es doch unbedingt zum Bersten kommen muß.

Das Über-Ich, das sich der Einverleibung bestimmter vorbildlicher Verhaltensmuster, der Transformation des Fremden zum Eigenen verdankt, also Inbegriff der Fremdbestimmung ist, überspannt die Risse, es repräsentiert die Seelenprovinz mit dem höchsten Anpassungsmechanismus. Auf der ihm ganz entgegengelegenen Seite, nicht von ihm getrennt, findet sich das Es, das Ich-fremdeste. Freud übernimmt in seiner Überarbeitung, in der er zwischen den Bewußtseinsqualitäten bewußt, vorbewußt und unbewußt und den Bewußtseinsprovinzen Ich, Es und Über-Ich differenziert, die Überlegungen zum Es von Nietzsche und von Groddeck, um zu zeigen, daß das Subjekt der Gewißheit als Zentrum der Welt eine zwar historisch wirksame, aber doch zutiefst verkennende Selbsteinschätzung des Menschen ist. Das »Ich« ist kein Souverän, es ist vielmehr »eigentliche Angststätte«; es triumphiert nicht im Herzen des Geschehens, es ist »Grenzwesen« (vgl. Freud, Das Ich und das Es, S. 206), das nur als solches existieren kann, weil es sonst entweder aufgrund der Absorption durch das Es, durch die Realität oder durch das Über-Ich verschwindet. Das Ich konkretisiert sich nur als Differenz, die seine Identität ausmacht: ein Skandal für die Logik, die den Widerstreit verfolgt. »Was den Aberglauben der Logiker betrifft: so will ich nicht müde werden, eine kleine kurze Thatsache immer wieder zu unterstreichen, welche von diesen Abergläubischen ungern zugestanden wird, — nämlich, dass ein Gedanke kommt, wenn ›er‹ will, und nicht wenn ›ich‹ will; so dass es eine *Fälschung* des Thatbestandes ist, zu sagen: das Subjekt ›ich‹ ist die Bedingung des Prädikats ›denke‹. Es denkt: aber dass dies ›es‹ gerade jenes alte berühmte ›Ich‹ sei, ist, milde geredet, nur eine Annahme, eine Behauptung, vor Allem keine ›unmittelbare Gewissheit‹. Zuletzt ist schon mit diesem ›es denkt‹ zu viel gethan: schon dies ›es‹ enthält eine *Auslegung* des Vorgangs und gehört nicht zum Vorgange selbst. Man schliesst hier nach der grammatischen Gewohnheit ›Denken ist eine Thätigkeit, zu jeder Thätigkeit gehört Einer, der thätig ist, folglich — ‹.« (Nietzsche, Jenseits von Gut und Böse, S. 30 f.) Auch Nietzsche hat in diesem Ich eine Verkennung erblickt, die nicht nichts, sondern als Verkennung wirksam ist, weil wir uns »verlesen [...] in dieser scheinbar deutlichsten Buchstabenschrift unseres Selbst« (Nietzsche, Morgenröte, S. 108) und weil diese Verkennung unser Schicksal mitbestimmt.

Groddeck ist begeistert von seiner Idee, »daß alle Erkrankungen des Menschen, ebenso wie sein ganzes Leben unter dem Einfluß eines Unbewußten stehen und daß in diesem Einfluß sich stets die Sexualität zum mindesten nachweisen läßt.« (Freud/Groddeck, Briefe über das Es, S. 13) Es charakterisiert Freuds Rationalismus und Scharfblick, wenn er Groddeck gleichsam in seiner Schwärmerei bremst: »Ihre Erfahrungen tragen doch nicht weiter als bis zur Erkenntnis, daß der ps. Faktor eine ungeahnt große Bedeutung auch für die Entstehung organischer Krankheiten hat? Aber macht er diese Erkrankungen *allein*, ist damit der Unterschied zwischen Seelischem und Körperlichem irgendwie angetastet? Es scheint mir ebenso mutwillig, die Natur durchwegs zu beseelen wie sie radikal zu entgeistern. Lassen wir ihr doch ihre großartige Mannigfaltigkeit, die vom Unbelebten zum organisch Belebten, vom Körperlichlebenden zum Seelischen aufsteigt. Gewiß ist das Ubw die richtige Vermittlung zwischen dem Körperlichen und dem Seelischen, vielleicht das langentbehrte ›missing link‹. Aber weil wir das endlich gesehen haben, sollen wir darum nichts andres mehr sehen können.

Ich fürchte Sie sind auch ein Philosoph und haben die monistische Neigung, alle die schönen Differenzen in der Natur gegen die Lockung der Einheit geringzuschätzen. Werden wir damit die Differenzen los?« (Ebd.,

S. 15 f.) Zwar hält es auch Freud für möglich, das cartesianische Problem der Kluft von Körper und Geist durch das Aufspüren des Unbewußten zu überbrücken, aber er hütet sich davor, die eine Übertreibung gegen die andere auszutauschen. Seine Thematisierung des Es soll nicht den Platz mit den überkommenen Theorieansätzen tauschen, sie soll die Sicht vielmehr bereichern, differenzieren, den Bewußtseinsraum erweitern und konstitutive Dunkelheiten ausweisen, die zwar wissenschaftliches Forschen an seine Grenzen führen, ohne es allerdings gänzlich unmöglich zu machen. Sein »besonderes Talent zur fragmentarischen Genügsamkeit« (vgl. ebd., S. 38) befähigt Freud, den Mangel einer besseren Bekanntschaft mit dem Unbewußtsein, dem Herrn »im Havelock, dessen Gesicht ich nicht deutlich sehen kann« (vgl. ebd.), zu ertragen, ohne ihn durch einen überanstrengten Panpsychismus zu kaschieren. Freuds Aufmerksamkeit gilt dem, »was am Rande der Prosa des Lebens bleibt: Worte, die verfliegen, Traumfetzen, das Paradoxe einer Geste« (Pontalis, Nach Freud, S. 33), fragile Gebilde, die nicht jenseits unseres Lebens zu einer Urgeschichte unserer Existenz abgekapselt sind, sondern in unserem konkreten Wahrnehmen, Denken und Handeln wirksam sind als Unbestimmtheiten, die man verdeckt, wenn man sie nach dem Muster gewohnter Ordnungen erklärt. Dennoch sind sie nicht das bloße Gegenteil von Ordnung, wie Freuds Rede vom »Chaos, vom Kessel voller brodelnder Erregungen« nahelegt, die das ganz Andere zum Ich markieren will. Triebe können repräsentiert werden. Triebrepräsentanzen führen ein doppelbödiges Dasein: Als Agenten des Somatischen bedienen sie sich des Codes des Psychischen, der allerdings Verschlüsselung bleibt, Zeichen eines Mangels, der durch Verstellung dem Verstehen geöffnet wird. »Das Urunbewußte, das Unbewußte als archaische Funktion, das Unbewußte als verhüllte Präsenz eines Denkens, das auf der Ebene des Seins anzusetzen wäre, bevor es sich enthüllen soll, das metaphysische Unbewußte eines Eduard von Hartmann — wenn Freud sich auch in einem *argumentum ad hominem* darauf bezieht — und vor allem das Unbewußte als Instinkt — alles dieses hat nichts zu tun mit dem Freudschen Unbewußten, nichts zu tun — was immer das analytische Vokabular mit seinen Biegungen und Beugungen besagen mag — nichts mit unserer Erfahrung. Ich rufe die Analytiker unter Ihnen als Zeugen an — *Haben Sie je, auch nur einen Augenblick lang, das Gefühl gehabt, im Teig des Instinkts zu rühren!*« (Lacan, Die vier Grundbegriffe der Psychoanalyse, S. 132)

Lacan bestreitet das Chaos im Unbewußten und setzt ihm eine bestimmte Ordnung entgegen, die nicht die Architektur der Vernunft ist: »Das Unbewußte ist die Summe der Wirkungen, die das Sprechen auf ein Subjekt übt, auf jener Ebene, wo das Subjekt sich aus den Wirkungen des Signifikanten konstituiert.« (Ebd.) Traum, Versprecher, Witz, Symptom sind Bildungen der Signifikanten, in deren Spiel sich das Unbewußte zeigt, strukturiert wie eine Sprache, die als »Macht des Irrtums« fungiert.

Diese Sprache ist keine, die sich einfach ausspricht, die sich eher ausdrückt, indem sie sich verspricht, indem sie verneint, indem sie schweigt. Das, worauf der Analytiker hören sollte, ist das, was sich nicht unmittelbar zeigt, sondern was sich als Verbergung offenbart. Lacan zielt wie Merleau-Ponty und Adorno auf ein Ausdrucksgeschehen, auf ein responsives Verhalten, das sich nicht im traditionellen Dualismus von Original und Dublette fixieren läßt. Er greift dabei auf Freuds Traumdeutungen zurück. Wenn Freud von Verschiebung spricht, dann weist er nicht hin auf einen verdrängten Wunsch, der einfach durch einen Ortswechsel in die Hörbarkeit gelangt. Vielmehr ist der Wunsch nur in seiner Hörbarkeit präsentiert. Der sprachliche Ausdruck ist eine »Übersetzung ohne Original«. Das Verstehen des Unbewußten gelangt niemals an ein Original, das bloß darauf wartet, entdeckt zu werden. Diese traditionelle Sicht führte in bekannte Ausweglosigkeiten: Kann man das Unbewußte als solches bewußt machen? Das Unbewußte kommt als Original nicht vor, so wie mein Blick für mich nicht original gegeben sein kann. Es konstituiert sich vielmehr in Sinnverschiebungen, die sich im konkreten Diskurs zeigen, und zwar als intersubjektives Phänomen. Im Antworten auf den Anderen übernimmt das Subjekt seine Geschichte in dem Augenblick, wo es aufhört, den Gesprächspartner als Verbündeten im Spiel seiner narzißtischen Selbsttäuschungen zu mißbrauchen. Wenn der Andere beginnt, ohne sein Wissen zu uns zu sprechen, akzeptiert er ein »Wir«, in dem er seine Subjektivität transformiert. Er teilt sich mit, indem er seine Teilung übernimmt und aus dem Zirkel illusionärer Integrität zumindest partiell austritt. Es gibt, wie Merleau-Ponty und Levinas übereinstimmend sagen, eine Vergangenheit, die niemals Gegenwart war. Ein solches Ausdrucksgeschehen läßt sich nicht mehr in den Entgegensetzungen von Identität und Differenz beschreiben. Im Sagen, im Ausdrücken kommt immer schon ein Anderes zur Sprache, dessen Andersheit in der Differenz gründet. Deshalb kann Lacan sagen, daß »das Unbewußte des Subjekts der Diskurs des anderen ist« (Lacan, Schriften I, S. 104).

Dieses Denken, das den Starrheiten von Identitäten genauso ausweichen muß wie den Unbeugsamkeiten überlieferter Dualismen, bietet solchen Überlegungen Unterstützung, die versuchen, Ich-Entwicklung so zu begreifen, daß diese niemals abgeschlossen ist, daß sie sich stets aufs Neue herausgefordert fühlt durch eine Differenz von *je* und *moi* (Lacan), Es, Ich und Über-ich (Freud), *I* und *me* (Mead), die das Subjekt als Feld formieren, das zirkulär auf sich zurückkommt und sich so stets nur in der Spannung von Vergangenheit und antizipierter Zukunft realisiert. Sowohl Freud und Lacan als auch Mead suchen die Identität des Erfahrungssubjektes in den Differenzierungen des Subjektfeldes. Das Ich ist keine Integrationsinstanz, die irgendwann einmal in die Form des Präsens zu überführen ist. Das Ich existiert als Kristallisationsprozeß, ohne in einem letzten Kristall seine abschließende Form zu finden. Es entfaltet sich nicht im Passieren von Stadien, sondern ist stets Organisation von Subjektivität, die im Handeln erinnert wird an Vergessenes, die also in bestimmter Weise alles ist und nicht ein sich häutendes Ich, das in seinem Kern stabil bleibt.

Für Lacan ist deshalb die zeitliche Dimension von Subjektivität entscheidend. Dabei ergibt sich die Grundstruktur der Geschichtlichkeit des Subjekts aus dem *futur antérieur* (2. Zukunft), nämlich dessen, was das Ich gewesen sein wird. Die Zukunftsform einer abgeschlossenen Erinnerung verdeutlicht, daß das Ich niemals ganz bei sich sein kann. Das Ich konstituiert sich fortwährend aus Erinnerungsbildern, die vor uns liegen. Es handelt sich um eine »antizipierte Nachträglichkeit« (Weber, Rückkehr zu Freud, S. 12). Die zweite Zukunft verweist auf eine gespaltene Zeitlichkeit, auf eine Spaltung des Unbewußten, die unüberwindlich bleibt. In dieser Spannung realisiert sich ein Ich, das nur in der Spaltung, in der Differenz existiert, für das Identität nur als Differenz gegeben ist.

Diese grundsätzlichen Überlegungen haben bedeutsame Folgen im Hinblick darauf, wie Entwicklung zu denken ist. Wenn das Selbst ein Beziehungsgefüge ist und kein Kern, der in zunehmendem Maße durch Ablegen von Schalen erreicht wird, dann hat es wenig Sinn, die Entwicklung des Ich in Stadien zu objektivieren. Die übliche genetische Perspektive überspringt gerade die Geschichtlichkeit des Subjekts, die sich in seiner antizipierten Vergangenheit verwirklicht. Zudem wird in der Auffassung von einer hierarchisch kumulativen Lerngeschichte (vgl. Habermas, Stichworte) die Tatsache der Intersubjektivität übersprungen. Jede Phase (im Sinne von Wendung) der Entwicklung bedeutet eine neue Organisation von Subjektivität und damit eine neue Strukturierung im Diskurs des Anderen. Damit wird nicht bestritten, daß sich Subjektivität regelhaft und überindividuell entwickelt, allerdings wird bezweifelt, daß eine Architektur des Ich vorliegt, die ihren vollkommenen Ausdruck in einem Autonomiezustand des Ich findet.

Die Konzeptionen von Autonomie und Heteronomie sind einem traditionellen dualistischen Denken geschuldet, das beide entgegensetzt, ohne ihre unaufhebbare Verwicklung zu beachten. In dieser Vorstellung fungiert das cartesische Subjekt als Subjekt der Gewißheit. Das Freudsche Subjekt dagegen ist Subjekt des Unbewußten. Das cartesische Subjekt bedurfte des verläßlichen Anderen, der kein *deus malignus* ist und der so als Garant für das Wirklichsein des Gedachten fungieren kann. Das Korrelat zu einem Subjekt als »Feld des Unbewußten« ist nicht der täuschende Andere, sondern der Andere, der getäuscht werden kann, der ermöglicht, daß es eine Wahrheit der Lüge gibt, eine Resonanz, die nicht Reaktion ist. Das Subjekt des Begehrens, das sich im Anderen imaginiert, situiert sich diesseits von Autonomie und Heteronomie, auf dem Feld, wo sich die Blicke kreuzen, wo das Ich sich selbst im Antworten auf den Anderen entzogen ist: »ich denke, wo ich nicht bin, also bin ich, wo ich nicht denke« (Lacan, Schriften II, S. 43), weil »ich gerade wenn ich mich dabei verliere, eben darin bin.« (Ebd.) Die Denkfigur Lacans ist auch in diesem Zusammenhang wieder durch eine typische Dynamik gekennzeichnet: So wie er nicht einfach das Schema Identität-Differenz umdreht, sondern die Identität als Differenzierungsgeschehen auffaßt, so wird jetzt nicht einfach im Gegenzug zur Betonung von Autonomie innerhalb der Geschichte der bürgerlichen Subjektivität die Heteronomie als Ausgangs- und Endpunkt der Entwicklung gerühmt, vielmehr zeigt sich, daß jede Selbstbestimmung sich als Fremdbestimmung ereignet, wobei sich das Selbst aus seiner Spaltung von Eigenem und Fremdem herauswindet, diese Spaltung aber niemals überwindet. Man kann präzisierend sagen, daß das Selbst jeweils als spezifische Modifikation dieser Spaltung auftritt.

Diese Spaltung zeigt sich in der Entwicklung des Kleinkindes deutlich, wenn es sich zum ersten Mal in seinem Spiegelbild erkennt. Dies gelingt ihm, bevor es sich eigenständig ohne Hilfe fortbewegen und bevor es die Einheit seines Leibes aufgrund von anderen Wahrnehmungserfahrungen konstituieren kann. Das Spiegelbild wird von Lacan als »Bildner der Ichfunktion« (vgl. Lacan, Schriften I, S. 61 ff.) behandelt. Daß das Ich eine Funktion ist und keine Substanz, wurde aus dem Vorhergesagten deutlich. Welche Rolle das Spiegelbild dabei spielt, diese Funktion zu etablieren, zeigt sich, wenn man sich vergegenwärtigt, was das Kind wahrnimmt, wenn es sich im Spiegel sieht. Bevor es sich erkennt, lächelt es dem »anderen Kind« zu, es reagiert auch eifersüchtig, wenn die wiedererkannte Mutter im Spiegelbild ein »anderes Kind« genauso liebevoll auf dem Arm hält wie es selbst. In dem Zeitraum vom 6. bis zum 18. Lebensmonat erkennt sich das Kind plötzlich im Spiegel. Dieses Erkennen wird mitunter von einem Jubel begleitet, was die Bedeutsamkeit dieses Ereignisses für das Kind zeigt. Das Spiegelbild konstituiert eine Identität, die die Integrität des Leibes im Gegensatz zu den eher negativen Ohnmachtserfahrungen im Hinblick auf den bislang fragmentarisch gegebenen Leib versichert. Diese Identität kommt für das Kind von außerhalb. Das Spiegelbild ist Bildner und nicht einfach Abbild einer schon vorliegenden, präsenten Integrität. Damit ist das Bild eben nicht bloße Repräsentation, sondern Stiftung einer Einheit im Erfahrungsfeld eines zerstückelten Leibes. Das Ich hat somit von Anfang an einen fiktiven Charakter, es ist eine Illusion, die gestiftet wird von einem Heterogenen, vom Spiegelbild her. Diese imaginäre Dimension bleibt in der Beziehung zum Anderen, der das Ich in seinen Bildern und Verhaltensweisen spiegelt, lebendig. Ich-Bildung bleibt narzißtische Intersubjektivität, in der sich das Ich im Anderen findet und so im Anderen mit dessen Andersheit negiert. »So ist, und dies ist ein wesentlicher Punkt, die erste Wirkung der *Imago*, die beim menschlichen Wesen erscheint, eine Wirkung der *Entfremdung* des Subjekts.« (Lacan, Schriften III, S. 158)

Das Ich ist schon in seinen Anfängen vorweggenommene Vergangenheit (futur antérieur). Es nimmt sich wahr, als ob es einen Anderen sieht (Merleau-Ponty). Das Ich ist ein Anderer (Rimbaud) und nur als solches ein Selbst. Selbst ist also ein Beziehungsbegriff und keine Instanz. Erst dadurch, daß das Selbst als Struktur, als Relation begriffen wird, kann seine Geschichtlichkeit erkannt werden als konflikthafte, rivalisierende

Spannung in den Quadraturen narzißtischer Identifikationen. »Die jubilatorische Aufnahme seines Spiegelbildes durch ein Wesen, das noch eingetaucht ist in motorische Ohnmacht und Abhängigkeit von Pflege, wie es der Säugling in diesem *infans*-Stadium ist, wird von nun an — wie uns scheint — in einer exemplarischen Situation die symbolische Matrix darstellen, an der das *Ich* (je) in einer ursprünglichen Form sich niederschlägt, bevor es sich objektiviert in der Dialektik der Identifikation mit dem andern und bevor ihm die Sprache im Allgemeinen die Funktion eines Subjektes wiedergibt.« (Lacan, Schriften I, S. 64)

Damit ist das Bild, das das Ich sich von sich macht, in eine Geschichte der Versagungen eingewandert, eine fiktive Linie, auf der sich die Differenz zur eigenen Realität als Ich im Sinne von Je entfaltet. Die Exteriorität einer integren Leiblichkeit kommt auf das sich spiegelnde Subjekt zurück als »Relief in Lebensgröße«, es wird gleichsam »petrifiziert« (vgl. Lacan, Die vier Grundbegriffe der Psychoanalyse, S. 218). Subjektivität konstituiert sich auf dem Feld des Anderen, das in diesem Fall durch das Spiegelbild inszeniert ist. Sowohl die »mentale Permanenz« des Ich (je) als auch dessen Entfremdungsschicksal etablierten sich in dieser Begegnung mit dem eigenen Spiegelbild, der »Schwelle der sichtbaren Welt« und der symbolischen Matrix in eins. Es bleibt Imago des eigenen Körpers, der sich für sich selbst nicht ohne Hilfe in das Drama der Sichtbarkeit versetzen kann. Die versagte Erfahrung transformiert sich mit Hilfe der sichtbaren Phantasmen zu Antizipationen, die fortan maßgeblich bleiben für die Organisation subjektiver Felder.

Der nur fragmentarisch wahrgenommene Leib wird konfrontiert durch sich selbst mit dem ganz Anderen, »dem Panzer« der »orthopädischen Ganzheit«, die ihre Spuren hinterläßt als »wahnhafte Identität«, der das Begehren des Subjekts gilt, indem es sich damit »rüstet« (vgl. Lacan, Schriften I, S. 67 f.), immer bereit, sich »Illusionen über Autonomie« zu machen in dem unerschöpflichen Prozeß der Verkennungen. »Alles, was Freud geschrieben hat, hatte zum Ziel, die exakte Perspektive der Exzentrizität des Subjekts im Verhältnis zum Ich wiederherzustellen.« (Lacan, Das Ich in der Theorie Freuds, S. 61) Das Ich im Sinne von *moi* erfüllt eine imaginäre Funktion. Deshalb realisiert sich das Ich im Sinne von *je* als Illusionen des Bewußtseins. »Das Subjekt weiß nicht, was es sagt, und zwar aus den besten Gründen, denn es weiß nicht, was es ist.« (Ebd., S. 311 f.)

Freud modifizierend, der zeitweise dem Ich die Funktion einer Realitätsinstanz zuwies, macht Lacan auf die imaginierende Dimension des Ich aufmerksam, die eine Autonomie des Ich als Illusion sichtbar werden läßt. Das Ich ist *imago*, eine zukünftige Vergangenheit, die niemals Gegenwart sein wird. »Das Imaginäre läßt sich als jener fiktive, illusionäre Bereich des Spiegelbildes, des Trugbildes oder des Bildes tout court bestimmen, der nicht mehr die Hoffnung hegen kann, wahr zu sein, eine treue und getreue Repräsentation seines Modells, sondern der jenseits aller Hoffnung trügerisch sein muß, da er das, was ihm erst Wahrheit verleihen könnte, nach seinem eigenen Bilde produziert, als Bild eines Bildes, als Spiegel ohne Ende.« (Weber, Rückkehr zu Freud, S. 19)

Der Vorwurf des Anti-Humanismus an Lacans Schriften (vgl. Ferry/Renaut, Antihumanistisches Denken, S. 204 ff.) ist zumindest für diese Phase seines Denkens übereilt und bleibt an der Oberfläche. Es ist gerade die Radikalität spezifischen geschichtlichen Denkens, das sich auf das Verkennungsschicksal einer in sich spannungsreichen Subjektivität bezieht und Zweifel an den umfassenden Selbstbestimmungsmöglichkeiten anmeldet, die es als irreführenden Euphemismus tadelt. Die Autonomie des Subjekts ist Ergebnis einer narzißtischen Projektion, »die sie erst nachträglich und rückwirkend konstituiert.« (Weber, Rückkehr zu Freud, S. 36) Nach Lacan ist Freud kein Humanist. »Seine Entdeckung ist, daß der Mensch nicht völlig im Menschen ist.« (Lacan, Das Ich in der Theorie Freuds, S. 97) Lacans Kritik am Humanismus richtet sich gegen jene Auffassung vom autonomen Ego, die sowohl vorwissenschaftliche als auch wissenschaftliche Täuschungen ratifiziert. Diese Einschätzung kaschiert nämlich das Drama, in dem sich das Ich stets erringen muß, täuscht Stärke vor und betreibt eine Entifizierung, »derzufolge nicht nur die Individuen als solche existieren, sondern einige auch noch mehr als andere.« (Ebd., S. 20) Mit Freud können wir erkennen, durch welche Fäden die Marionette Subjekt gelenkt wird, was der realen humanen Existenz genauer entspricht als die Sage vom »Menschlein im Menschen« (vgl. ebd., S. 91). »Die Subjektivität auf dem Niveau des Ich läßt sich mit diesem Paar vergleichen, das von der Bildkunst des fünfzehnten Jahrhunderts — und zweifellos nicht ohne Grund — in besonders akzentuierter Weise eingeführt wurde [scil. mit dem Paar des Blinden und des Lahmen]. Die subjektive Hälfte vor der Erfahrung des Spiegels, das ist der Lahme, der sich nicht allein fortbewegen kann, es sei denn in unkoordinierter und ungeschickter Weise. Was ihn beherrscht, ist das Bild des Ich, das blind ist und das ihn trägt. Entgegen dem Anschein, und das ist das ganze Problem der Dialektik, ist es nicht, wie Platon glaubt, der Herr, der das Pferd reitet, das heißt den Sklaven, sondern umgekehrt. Und der Lahme, von dem aus sich diese Perspektive herstellt, kann sich mit seiner Einheit nur in der Faszination identifizieren, in der fundamentalen Unbeweglichkeit, durch welche er dem Blick entspricht, in dem er gefangen ist, dem blinden Blick.« (Ebd., S. 68)

Lacan knüpft an Saussures Sprachkonzeption an, um die Differenzierungen der symbolischen Matrix in den Organisationen auf dem Feld der Subjektivität zu begreifen. Allerdings modifiziert er sie in entscheidenden Zügen. Im Unterschied zur Dominanz des Signifikates in der Theorie Saussures behauptet Lacan die Vorherrschaft des Signifikanten vor dem Signifikat, das allererst dessen Produkt ist. Damit soll jeder metaphysische Rest verschwinden, der sich vor allem in der Auffassung beharrlich hält, daß Sprache trotz aller Betonung der Bedeutung der Differenzierungsdynamik zwischen den Zeichen schließlich doch als System von Repräsentationen gedacht wird, womit sich die Problematisierung auf das konzentriert, worüber Sprache spricht. Für Lacan ist entscheidend, daß Sprache etwas für den Anderen vernehmlich macht. Seine Frage zielt nicht auf die magische Dimension des Wortes, das den Dingen antwortet. Das »Sprechen des Subjekts [neigt] sich wie auf einer Schaukel der Präsenz des Zuhörers [zu]« (Lacan, Schriften III, S. 183), d. h. es bewegt sich zwischen den Extremen des Bei-sich-seins und des Beim-Anderen-seins, zwischen Narziß und Echo, hin zum Sprechen über sich zu Anderen.

Lacan radikalisiert die Auffassung, daß Sprache nicht irgendein Urbild repräsentiere, sondern Artikulation im Spiel der Differenzen sei. Die Trennung, die Saussure durch die Dimension des Signifikanten zog, wird von Lacan zwischen die Signifikanten und den Signifikaten verschoben. Es gibt eine Sperre zwischen Zeichen und Bezeichnetem, die Bedeutung ermöglicht und ihr gleichzeitig widersteht. »Damit wird allerdings nicht lediglich die metaphysische Auffassung der Sprache als Repräsentation kritisiert, sondern gleichzeitig die von dieser Sprachauffassung getragene Ontologie: der Vorrang des Dinges, des Referenten; der Status des Objektes wird radikal problematisiert.« (Weber, Rückkehr zu Freud, S. 39 f.) Damit unterscheidet sich Lacans Vorgehen deutlich von der Rehabilitierung einer expressiven Dingwelt im Sinne von Merleau-Ponty und Adorno. Vor diesem Hintergrund ist bemerkenswert, daß sich die Analysen des Ich treffen in der Anerkennung der Nicht-Identität.

Für Lacan ist am Anfang das Wort. Das Objekt wirkt zwar als Ursache, weil sich Signifikanten auf Signifikate beziehen, aber das Signifikat wird im Lichte des Signifikanten gesehen, in seinen Artikulationsformen. Die Identität des Objekts ist unmöglich geworden, weil Signifikanten ihm unvermeidlich Heterogenes einschreiben. Nur durch diese Differenzierung entsteht Bedeutung, die die Dinge nicht mehr repräsentiert, indem sie an deren Stelle tritt, sondern die Dinge allererst sein läßt, indem sie sie artikuliert. Dabei denkt Lacan Artikulation nicht wie Jakobson und Saussure vor allem von der gesprochenen Sprache her, er gerät vielmehr in die Nähe der Derridaschen Phonozentrismuskritik, wenn er das Muster des geschriebenen Wortes in den Mittelpunkt rückt, indem er sich auf Freuds Traumdeutungen stützt und auf die Bilderschrift von Träumen zurückgreift. Buchstaben dienen der materialen Lokalisierung von Signifikanten, deren Primat dadurch unangetastet bleibt.

Psychoanalyse stößt auf die Geschichte des Einzelsubjekts in durch ihre Fragestellung reduzierter Form. Diese Geschichte zerfällt nicht in Einzelheiten, sondern organisiert sich in konkreten Gestaltungen des Diskurses zwischen Patient und Analytiker. Der Schein der Zweierbeziehung ist trügerisch und verführt zu dualistischen Begriffen für eine Situation, die sich eher als Transformation eines Kommunikationsnetzes darstellt, als Resonanzgeschehen, in dem die Subjekte zu sich im Diskurs des Anderen finden (vgl. Lacan, Schriften I, S. 105). Diese Bemerkung ist wesentlich, weil das Wort »Analyse« mehrdeutig ist. Lacan unterscheidet die Psychoanalyse von Untersuchungsmethoden der Experimentalpsychologie, z. B. des Behaviorismus, um auch solche Erfahrungen mitberücksichtigen zu können, die sich in unkalkulierbaren Unterbrechungen des Kontinuums alltäglichen Verhaltens zeigen. Er unterscheidet sie aber auch von anderen Analysen der Psyche, die in die Intimität des anderen Selbst eindringen und dort nur das finden, was sie erwarten. Daß die Analyse im Sinne Lacans zu ihrem Ende kaum etwas über die spezifische Sensibilität des Analysierten weiß, gehört zu den Paradoxien, die es in ihrer positiven Bedeutung zu verstehen gilt. Für Lacan ist es nicht Ziel der Analyse, Jagd nach einer sich entziehenden Realität zu betreiben. Empathie ist für ihn nicht Analyse. Psychoanalyse ist nach ihm nur dann als Wissenschaft zu etablieren und als reflektierte Praxis zu betreiben, wenn sie zunächst als Erfahrung ernstgenommen wird und so ihr spezifischer Sinn zurückgewonnen wird (vgl. ebd., S. 107). Dies geschieht am erfolgreichsten in der Rückkehr zu Freud selbst.

Lacan bezieht sich auf Freuds Traumdeutung, um zu zeigen, daß hier Verstehen deshalb möglich ist, weil Träume die Struktur von Sätzen haben. Im Unterschied zur Dechiffrierung von Schriftzeichen erfordert die Traumdeutung eine Übersetzung, die den Kontext, die Beziehung der Zeichen untereinander, berücksichtigen muß. Syntaktische Verschiebungen und semantische Verdichtungen erfordern eine Ent-Rätselung, die nicht einen Weg vom Repräsentanten zum Original durchschreitet, sondern ein Verstehen konstituiert, das dem Traum allererst eine Bedeutung verleiht. »In der Psychopathologie des Alltagslebens, einem weiteren Gebiet, das durch ein Werk Freuds erschlossen wurde, wird deutlich, daß jede Fehlleistung ein geglückter, ja sogar ein ziemlich hübsch gedrechselter Diskurs ist und daß beim Lapsus der Knebel des Sprechens um gerade das Stückchen gedreht wird, das erforderlich ist, damit, wer Ohren hat zu hören, höre.« (Ebd., S. 108)

Daß der Diskurs sich selbst überraschen kann, gründet in der Doppeldeutigkeit von Sprache und dem Doppelsinn von Symptomen. Das Symptom ist Anzeichen von etwas, das es selbst nicht ist, es ist gekennzeichnet durch ein »Minimum an Unbestimmtheit« (ebd., S. 108 f.). Das Symptom verweist symbolisch auf einen vergangenen Konflikt und auf einen gegenwärtigen symbolischen Kontext. Doppelsinn des Symptoms und Doppeldeutigkeit von Sprache verknoten sich im Netz des Diskurses. In der kombinatorischen Fähigkeit, das Zweideutige zu ordnen, zeigt sich die Triebkraft des Unbewußten (vgl. ebd., S. 109). Das Symptom ist doppelsinnig auch in der Weise, daß es als Knotenpunkt von Vorstellungen diese selbst ersetzt, indem es sie einerseits ausschließt und andererseits auf sie verweist. Die metonymische Bedeutung der Artikulation dieses Unbewußten hat in der Lacanschen Lesart von Freuds Traumdeutung den Vorrang vor der metaphorischen Verdichtung. In diesem Verhältnis spiegelt sich der Primat des Signifikanten vor dem Signifikat wieder. Die metonymische Beziehung verweist auf die Vernetzung und Verknotung der Signifikanten, während die Metapher das repräsentiert, worauf die Signifikanten sich beziehen, d. h. die von ihnen erzeugten Signifikate.

Freud faßt den Umgang mit Träumen in der Traumarbeit zusammen: »Traumgedanken und Trauminhalt liegen vor uns wie zwei Darstellungen desselben Inhaltes in zwei verschiedenen Sprachen, oder besser gesagt, der Trauminhalt erscheint uns als eine Übertragung der Traumgedanken in eine andere Ausdrucksweise, deren Zeichen und Fügungsgesetze wir durch die Vergleichung von Original und Übersetzung kennenlernen sollen. Die Traumgedanken sind uns ohne weiteres verständlich, sobald wir sie erfahren haben. Der Trauminhalt ist gleichsam in einer Bilderschrift gegeben, deren Zeichen einzeln in die Sprache der Traumgedanken zu übertragen sind. Man würde offenbar in die Irre geführt, wenn man diese Zeichen nach ihrem Bilderwert anstatt nach ihrer Zeichenbeziehung lesen wollte. Ich habe etwa ein Bilderrätsel (Rebus) vor mir: [...] Die richtige Beurteilung des Rebus ergibt sich offenbar erst dann, wenn ich gegen das Ganze und die Einzelheiten desselben keine solchen Einsprüche erhebe, sondern mich bemühe, jedes Bild durch eine Silbe oder ein Wort zu ersetzen, das nach irgendwelcher Beziehung durch das Bild darstellbar ist. Die Worte, die sich so zusammenfinden, sind nicht mehr sinnlos, sondern können den schönsten und sinnreichsten Dichterspruch ergeben.« (Freud, Die Traumdeutung, S. 234 f.) Es wird deutlich, warum Freud zur Verdeutlichung der Struktur des Traumes den Palimpsest akzeptierte. Der Traumgedanke ist kein Original, sondern ruht auf und in der Geschichte des Subjekts. In der Erörterung des Trauminhalts wird der Versuch unternommen, dieses verwickelte, geschichtete »Schriftstück« zu enträtseln. Dabei ist zu berücksichtigen, daß der Traum nicht als Inhalt, sei dieser latent oder manifest, genommen wird, sondern als Arbeit, die an den Inhalten verrichtet wird, indem diese von ihrem angestammten Ort zu einem »Anderswo« gebracht werden, ihr Sinn also ver-rückt wird.

An Freuds Analyse des Witzes zeigt Lacan, wie das Unbewußte in feinsten Verästelungen wirkt dadurch, daß der Geist durch die Sprache eine Ambiguität erhält, die dazu führt, daß der Esprit des Witzes immer in der Deplazierung des Vertrauten gründet, das so zum Fremden wird (vgl. Lacan, Schriften I, S. 110). In dieser Doppeldeutigkeit zeigt sich dann auch die Differenz zwischen Individuum und Subjekt, die sich als Durchquerung individualer Intentionalität durch das Subjekt ereignet, als Maskerade des Ich vor sich selbst und den Anderen. Denn »es ist nicht bloß erforderlich, daß etwas an meinem Einfall mir fremd gewesen ist, damit ich an ihm Gefallen finde, vielmehr muß es das auch bleiben, damit er diese Wirkung erzielt.« (Ebd., S. 111)

Es wird gleichzeitig deutlich, daß der Witz, um als solcher wirken zu können, einer dritten Person bedarf, die als Zuhörer diese Wirkung verstärkt. Diese Struktur der Sprache zeigt sich nicht in Auffassungen, die den symbolischen Wert der Sprache verkennen. Aber selbst wenn man diese Zusammenhänge leugnet, man entgeht ihnen nicht, weil »das Gesetz des Menschen das Gesetz der Sprache ist, seit die ersten Wörter des Erkennens den ersten rituellen Gaben vorangingen.« (Ebd., S. 112) Dabei hat es wenig Sinn, Sprache als nachträgliche Weihe eines vorsprachlichen Aktes zu behandeln, weil die rituellen Gaben bereits selbst als Symbole fungieren. Der Gebrauchssinn der Dinge ist nicht maßgeblich für einen Vertrag, vielmehr ihr symbolischer Wert. Allerdings wäre es kurzschlüssig, aus der Neutralisierung des Signifikanten aufgrund der Vernachlässigung des Gebrauchswertes schon das ganze Wesen der Sprache ableiten zu wollen. Denn dann wäre das Weiterreichen des Fisches von Schwalbe zu Schwalbe als Stiftung einer bestimmten Bewegungsform, die wie ein Reigen anmutet, auch schon symbolische Verständigung. Zwar schließt Lacan nicht aus, daß es auch in den Beziehungsformen von Tieren Muster symbolischen Verhaltens gibt, allerdings grenzt er diese deutlich von behavioristischen Signalkonzeptionen ab.

Die Wege vom Signal zum Symbol führen in zwei Richtungen. Einmal von einem Reflexionsgeschehen zu einem scheinbaren Symbolgeschehen und das andere Mal von einem symbolischen Geschehen zu einem bloß reflexhaften Reagieren des autonomen Nervensystems. Beide Richtungen reichen an die symbolische Bedeutung von Sprache nicht heran, weil sie diese schließlich nur auf Signale reduzieren, die Resonanzen im Netz der Kommunikation nicht beachten und das Differenzierungsgeschehen zwischen Signifikant und Signifikat verwischen. Damit geben bestimmte psychoanalytische Richtungen wesentliche Entdeckungen Freuds dem Vergessen anheim, denn »Freud hat in der Natur des Menschen die Folgen seines Verhältnisses zur symbolischen Ordnung entdeckt und zugleich die Entschlüsselung ihres Sinns bis zu den grundlegenden Instanzen der Symbolisierung im Sein.« (Ebd., S. 115)

Sprache funktioniert nicht als Signalsystem, sondern als ein Beziehungsnetz von Symbolen voller Anspielungen und Resonanzen, in dem sich die Subjekte verfangen. Das symbolische Objekt spaltet sich nach zwei Seiten. Als Objekt behält es materialen Bestand, auch wenn sein Gebrauchssinn unbedeutend wird. Als Symbol zieht es aufgrund seines offenen Sinns Verschiebungen nach sich, die es genauer zu analysieren gilt. Dieser Sinn macht nicht per se das Gesetz der Sprache aus. Es bedarf gleichsam einer zweiten Befreiung, nämlich der Befreiung von der Materialität des Wortes, wodurch das Symbol »zur Dauer des Begriffs findet.« (Ebd., S. 116)

»Durch das Wort, das bereits eine Anwesenheit darstellt, die auf Abwesenheit gründet, erhält in einem besonderen Augenblick die Abwesenheit selbst einen Namen.« (Ebd.) Die Modulation von An- und Abwesenheit konstituiert das Universum der Sprache, »in dem sich das Universum der Dinge einrichtet.« (Ebd., S. 117) Der Begriff ist Spur des Abwesenden. Als Dauer bewahrt er Vergängliches und konstituiert damit die Sache. Am Anfang war also in diesem Sinne das Wort, weil nach Lacan, »die Welt der Worte [...] die Welt der Dinge schafft« (ebd.).

Nicht der Mensch schafft Symbole. Es ist vielmehr umgekehrt: Der Mensch wird durch Symbole zum Menschen. Er taucht auf aus sprachlichen Strukturen, die sein symbolisches Verhalten unbewußt strukturieren. Die reinsten Symbole sind ursprünglichen Symbolbeziehungen immanent. Verwandtschaftsbeziehungen organisieren, ohne daß sie explizit tradiert werden, sowohl die intersubjektiven als auch die subjektiven Verhaltensweisen. So modelliert der Ödipus-Komplex die Grenzen der Subjektivität, die sich unbewußt auf das Inzestverbot bezieht. Verwandtschaftsbeziehungen überlagern als Kultur Naturgesetze der Paarung.

Die Identität von sprachlicher Ordnung und Verwandtschaftsbeziehungen zeigt sich nach Lacan darin, daß allein Sprache das Geflecht von Präferenzen und Tabus zu institutionalisieren imstande ist. Nur sie kann den Verknotungen der Generationen Dauer verleihen, die anders als durch sie nicht zu überliefern sind. Die Vaterfigur ist deshalb in ihrer Bedeutung auch nicht hinreichend zu verstehen, wenn man an eine konkrete Person denkt, sondern nur aufgrund ihrer Funktion, die imaginäre und reale Beziehungen mitumfaßt. Deshalb betont Lacan, daß im »Namen des Vaters« eine Grundlage der Symbolfunktionen zu sehen ist, die in der Person als Figur seines Gesetzes fungiert. »Symbole hüllen das Leben des Menschen so vollständig ein in ihr Netz, daß sie, noch bevor er auf die Welt kommt, diejenigen zusammenführen, die ihn ›aus Knochen und aus Fleisch‹ zeugen« (ebd., S. 120). Er wird in eine Welt von Worten hineingeboren, die ihn zum Menschen macht, die ihn einfügt in Gemeinschaften und seine Ausbrüche ermöglicht.

Die Doppeldeutigkeit der Sprache wiederholt auf gewisse Weise die Doppelbödigkeit des Subjekts. Die paradoxale Verknüpfung von Sprechen und Sprache im Subjekt zeigt verschiedene Ausprägungen. Aktivität und Passivität halten sich durchaus nicht die Waage. Im Wahnsinn z. B. wird das Subjekt eher gesprochen, als daß es selbst spricht. Aber noch in dieser Übernahme eines stereotypen Diskurses zeigt sich seine Beteiligung als beharrliche Weigerung, in eine andere symbolische Ordnung überzuwechseln. Das Symptom, dem die Psychoanalyse Freuds so viel Aufmerksamkeit widmet, repräsentiert eine weitere Typik der Beziehung von Sprechen und Sprache im Subjekt. Das Sprechen arbeitet hier gleichsam nicht mehr reibungslos mit den Ordnungen des Bewußtseins zusammen, so daß es sich einen anderen Ausdruck verschafft und sich der Sprache des »natürlichen Ich« bedient. »Das Symptom ist hier Signifikant eines aus dem Bewußtsein des Subjekts verdrängten Signifikats.« (Ebd., S. 122) Als Agent zwischen dem Leib und dem Bewußtsein vermittelt es aufgrund einer ambiguosen Semantik. In seiner symptomatischen Bedeutung bleibt Sprechen aber hier Reden in vollem Sinn, weil es als rätselhafte Chiffrierung den Diskurs des anderen mitumfaßt, der mit seiner Exegese darauf reagiert, die noch in ihrer Verfehlung als Resonanz fungiert. Schließlich zeigt sich ein weiteres Paradox in der Beziehung von Sprechen und Sprache im Subjekt darin, daß das Subjekt eine Sprachmauer errichtet, die sein Sprechen nicht durchläßt. Es entfremdet sich von sich selbst in Objektivationen — seien diese Produkte wissenschaftlicher Arbeit oder Floskeln des gesunden Menschenverstandes —, die es vor sich selbst schützen. Es vergißt seine ungesicherte Existenz und seinen unbegreiflichen Tod und lenkt sich ab durch »falsche Kommunikation«, die von der Psychoanalyse dann willkommene Nahrung erhält, wenn »Es«, »Über-Ich« und »Ich« nichts anderes sind als neue Stereotype, mit denen das Subjekt seiner Geschichte ausweichen kann, indem es sie durch Objektivationen auf Abstand hält.

In seiner Kritik an einem autonomen Subjekt hatte Lacan gezeigt, daß das Subjekt zerrissen ist, weil es Subjekt der Äußerung ist, durch die die Spannung von Sprechen und Sprache hindurchgeht, und nicht Subjekt der Aussage, daß es als Subjekt des Begehrens in die Symbolik des Mangels verstrickt ist und nicht als Subjekt der Gewißheit einen Grund findet, auf dem es sich zur Ruhe setzen kann. »Nicht das autonome und identische Subjekt spricht in der Analyse, sondern das gespaltene und fremd-bestimmte, es spricht durch seine Verfehlungen, Lücken, Brüche und Leerstellen. Es ver-spricht sich. Ich denke — Ich lüge. Eine so verstandene Psychoanalyse paktiert mit dem ›Mangel‹, der Zerrissenheit und der konstitutiven Fremdheit des forschenden Subjekts.« (Heinrichs, Das Unbewußte und das Fremde, S. 73 f.) In der Differenzierung von Ich und Subjekt zeigt sich eine Ablehnung gegenüber der traditionellen Vereinfachung: Subjektivität als Form zu begreifen, die inhaltlich präzisiert, d. h. gefüllt werden muß, oder Subjektivität als Kern zu begreifen, in dem eigentlich schon alles enthalten ist und der sich lediglich noch entfaltet, entwickelt. Die Aufmerksamkeit gegenüber der zeitlichen Dimension von Subjektivität, die sich nicht nur auf die Vergangenheit richtet, sondern auf die vollendete Zukunft, bedingt, daß Subjektivität grundsätzlich anders aufgefaßt werden muß. »Gegen ein Modell der Geschichte als Selbstproduktion und Selbstverwirklichung des Subjekts versucht Lacan schon in seinen frühen Schriften gerade jenes *Sich* und jenes *Selbst* in Frage zu stellen, sofern sie die Bewegung des Subjekts letzten Endes auf eine lineare Genese der Identität und des Bewußtseins reduzieren. Statt dessen verweist er auf die Trägheit des Ich, die aus dessen konstituierender Identifikation hervorgegangen ist und die der Bahn (und dem Bann) des aggressiven, narzißtischen Teufelskreises nicht entgehen kann. Noch nicht in der Lage, jenes andere des Ich struktural zu bestimmen, muß sich Lacan begnügen, auf der Nichtkoinzidenz von Ich und Subjekt zu insistieren.« (Weber, Rückkehr zu Freud, S. 17)

Das Imaginäre zeigt sich vom Standpunkt des Symbolischen als begrenzt. Seine spezifische Restriktion besteht darin, daß es als Bild nicht Abbild einer Realität ist. Die imaginäre Dimension des Spiegelns gründet in der Beziehung zweier Abwesenheiten und nicht im Wechsel von An- und Abwesenheit: Das Subjekt des Selbstbewußtseins ist nicht anwesend, als Abwesendes produziert es aus diesem Mangel seine Imago. Daß sich das Subjekt dort findet, wo es nicht ist, setzt den unabschließbaren Kampf um die Einverleibung des Heterogenen in Bewegung. Die Repräsentation von Identität und Dauerhaftigkeit im Spiegelbild bringt das Repräsentierte hervor und bedroht es gleichzeitig, weil es die bloße

Negation, nicht die Aufhebung des *corps morcelé* ist (vgl. Weber, Rückkehr zu Freud, S. 89). Diese narzißtische Beziehung des Ich ist gefährlich, weil sie sich in der aggressiven Jagd nach Einverleibung des Heteronomen aufhält und sich einbildet, sich nur durch Identität konstituieren zu können, eine Identität, die ihm letztlich versagt bleibt. Dieser Aneignungsprozeß ist demzufolge die tiefste Entfremdung neuzeitlicher Subjektivität. Im Unterschied zur Imagination stellt die signifikante Artikulation eine Struktur dar, in der Realität artikuliert und desartikuliert wird, weil die Symbole mehrdeutig bleiben und weder mit ihrem Ort noch mit ihrer Materialität zusammenfallen.

»Wo Es war, soll Ich werden« (Freud, Neue Folge der Vorlesungen, S. 86), lautet eine berühmte Forderung Freuds, die »das soziologische Gedicht vom *autonomen Ich*« (Lacan, Schriften II, S. 49) befeuert hat. Die Freilegung des Sinns psychoanalytischer Erfahrungen durch Lacan erweist Autonomie als Illusion innerhalb eines umfänglichen Verkennungsschicksals des Subjekts. Diese Verkennungen bilden allerdings einen notwendigen Schein, weil sich das Subjekt nur konstituieren kann, indem es um den Mangel seiner Identität kreist. Die radikale Heteronomie, die im Menschen als Subjekt klafft, zeigt sich in der Spannung von Es und Ich, in der radikalen Exzentrizität des Menschen, der den eigenen Doppelgänger stets bei sich führt, ohne ihn je vollständig integrieren zu können: »Là où fut ça, il me faut advenir.« (Lacan, Ecrits, S. 524) Dort, wo es (das Ich) war, muß Ich ankommen. Das Spiel der Masken auf dem Feld des anderen stellt das Drama der Subjektivität als *Errungenschaft* dar. Gefangen durch den blinden Blick im Spiegel antizipiert das Subjekt seine zukünftige Vergangenheit, die es integrieren will, um dort anzukommen, wo sein Anderswo ist. Käme es je an, griffe die Versteinerung des Spiegels über.

9. Maskeraden des Ich

> »Die beste Maske, die wir tragen, ist unser
> eigenes Gesicht.«
> (Nietzsche, Nachgelassene Fragmente
> 1882–1884)

Das Wort Maske hat für uns heute nicht unbedingt eine positive Bedeutung. Im Rahmen des gebräuchlichen Identitätsvokabulars repräsentiert es eine uneigentliche Seinsweise des Menschen. Vor dem Hintergrund eines immer noch populären Authentizitätsideals erinnern die Metaphern Maske und Rolle an Zwanghaftes und Unfreies, an Fremdbestimmungen als Bedrohungen der Selbstdefinitionen. Gesellschaftliche Interaktion zwingt uns zu Maskeraden und Rollenspielen, die unser scheinbar wahres Ich verbergen. Dieser Schein trügt aus mehrfacher Sicht: Nicht nur weil es — wie die voraufgegangenen Studien zeigen — einen authentischen Ichkern nicht gibt, sondern auch weil die Maske nicht nur verhüllt, sondern auch enthüllt. Wenn man z. B. an festlich inszenierte Maskeraden denkt, dann wird deutlich, daß sich in der Wahl einer bestimmten Maske auch der Wunsch ausdrückt, sich so zu zeigen, wie man es sich normalerweise nicht gestattet. Die Maskierung kann hier die Form einer Selbstoffenbarung annehmen, eine Möglichkeit, die im menschlichen Privileg der Nichtidentität von Schein und Realität gründet. In diesem Sinne fungieren Masken als Träume des Leibes.

Maskeraden haben einen engen Zusammenhang mit der geschichtlichen Entwicklung unserer Sinnlichkeit. Ungefähr gleichzeitig mit der Disziplinierung der Sinnenlust aufgrund christlicher und ökonomischer Interessen wechselte die Mehrdeutigkeit der Maske. Sie wurde Zeichen des Bösen und Verabscheuungswürdigen. »Das mittelalterliche liturgische Drama, dessen Anfänge um 1000 liegen, entwickelte sich aus der christlichen Liturgie, besonders der der Osterfeierlichkeiten. Aus dem einfachen rituellen Glaubensakt wird mit der Zeit ein Schauspiel über das Leben Christi, [...]. Von den Klöstern ausgehend, finden diese Passionsspiele so [scil. über ihre pädagogische Funktion der Belehrung von Analphabeten] den Weg auf die Straße und werden teilweise von weltlichen Behörden übernommen. Bei dieser Loslösung aus dem kirchlichen Bereich spielten einerseits Platzgründe eine Rolle, da die mittelalterliche Bühne die Schauplätze wie einen Bilderbogen aneinanderreihte; aber auch die zunehmende Durchsetzung mit derber Obszönität, wozu vor allem die Auftritte des Teufels unter seinen wilden Masken reichlich Gelegenheit boten. Hier findet die Maske — [...] — ihren Platz ganz im Sinne christlich-dualistischer Weltanschauung als Verkörperung des Bösen. Auch bei anderen Figuren der Passionsspiele, die mit großem Kostümaufwand begangen wurden, kamen zwar Masken vor — z. B. trugen Gott und Erzengel goldene Masken —, jedoch boten die Teufelsgestalten mit ihren tierhaften Komponenten (der Pferdefuß ist wohl eine Umformung des Satyr-Bocksfußes) die Chance, durch Identifikationen mit ihnen Verdrängtes auszuleben. Hier begegnet uns die Tiermaske erneut als Verkörperung der triebbestimmten Seite des Menschen. Sie ist Projektion der Angst vor ihr und zugleich erschauernd-ergötzliche Beschäftigung mit ihr, ganz im Sinne karnevalistisch-heidnischen Geistes, wo — [...] — dieselbe Tendenz offensichtlich wird.« (Ebeling, Masken, S. 115)

In der Maskerade ereignet sich die Mimesis an das Bekämpfte, z. B. an das animalische Triebleben, symbolisiert durch Tiermasken als Gefährdung der Zivilisation. Es ist für unsere Überlegungen gerade das Faszinierende an Maskeraden, daß sie verbergen und dadurch preisgeben. Von Anfang an bewahren sie etwas Zweideutiges, das verwandt ist mit der wesentlichen Doppeldeutigkeit des Subjekts, nämlich sich selbst zu inszenieren im Angesicht von anderen und gleichzeitig nur so selbst sein zu können. Dabei erscheint es nur auf den ersten Blick als absurd, daß eine Vermehrung von Maskierungen diese befreiende Bedeutung eher behindert als fördert. In der Typisierung — etwa nach gut und böse — durch die starre Maske werden überindividuale Möglichkeiten freigesetzt. So bewahrt die Totenmaske das allgemeine Individuelle jenseits lebendiger Interaktion, und die Charaktermaske im marxschen Sinne verweist auf die ökonomischen Verhältnisse, in denen sich Personen diesseits ihrer Individualität als Repräsentanten für Waren begegnen (vgl. Marx/Engels, Das Kapital, S. 100 f.). Zunehmende Individualisierung führt in der Geschichte der Masken zu einer Vermehrung und Ausdifferenzierung der Maskeraden. Das ehemals fungierende Kollektive verschwindet in zunehmendem Maße. Mit anwachsender Radikalität individualistischer Lebensauffassungen, ausgehend vom wirtschaftlichen Liberalismus als eine Gestalt des Beginns des Hochkapitalismus, verschwindet die Maske. Die bewegte, authentische Mimik läuft der Maske den Rang ab. »Der Schauspieler soll nach Diderot ein kalter Mensch sein, der nichts fühlt, aber das Gefühl hervorragend darstellt. Im Sinne dieser geforderten Distanz zur Rolle ist die identifizierende Kraft der Maske überflüssig, wenn nicht gar eine Gefahr geworden.« (Ebeling, Masken, S. 122)

Aufschlußreich ist daher, daß die Maske im Verlaufe ihrer geschichtlichen Entwicklung einen gesellschaftskritischen Bedeutungsrahmen bekommt, wobei das Vokabular des Maskenspiels beherrscht wird durch die Maske und nicht durch den Träger, d. h. der Konflikt zwischen dem Individuellen, Zufälligen der menschlichen Existenz und den allgemeinen Strukturen wird aus der Perspektive funktionaler Zusammenhänge behandelt. Erinnert sei an die berühmten Sartori-Masken, die die Verfertigung der ledernen Halbmasken der Commedia dell'arte Figuren, die in der zweiten Hälfte des 18. Jahrhunderts verschwunden waren, nach dem Ende des Faschismus wiederaufnahmen und damit deren sozialkritische Funktionen von neuem in Erinnerung brachten. In langen Lernprozessen erwerben die Schauspieler die Fähigkeit, die Halbmasken zu spezifischen Sozialcharakteren zu beleben, mit denen sich das Publikum identifizieren oder von denen es sich distanzieren kann. Der Zusammenhang von Person und Maske deutet auf die Zwiespältigkeit menschlicher Existenz. Auf der einen Seite ist das Individuum einzigartig. Das von Baudrillard als Zukunftsvision entworfene »geklonte Subjekt«, das weder Autonomie noch Entfremdung kennt, weil es sich in Selbigkeit verdoppelt, ist bislang nicht mehr als plausible Phantasie. Auf der anderen Seite agiert der Mensch im Sinne vorpersonaler Strukturen. Aufgrund der Generalität und Anonymität seines Leibes übernimmt er stets mehr Sinn, als ihm zu Bewußtsein kommt. Durch die Typik unserer habituellen Leiblichkeit hindurch kommunizieren wir mit anderen. Sie fungiert als interaktive Maskerade, in deren eigener Dynamik das Selbst für sich und andere existiert. Als vorsprachliche Grammatik des Verhaltens konturiert sie den Konflikt zwischen bloßem Konformismus und reiner Kreation.

James erinnert daran, daß man dem Duke of Wellington folgenden Ausspruch nachsagt: »Die Gewohnheit — eine zweite Natur! Gewohnheit ist zehnmal Natur« (vgl. James, Psychology, S. 132). Gewohnheiten bilden die Armatur unserer Handlungen, sie sind ein »enormes Schwungrad der Gesellschaft, ihre wertvollsten konservativen Agenten« (vgl. ebd., S. 133). Sie bewahren die unterschiedlichen Gesellschaften davor sich zu vermischen: »It is well for the world that in the most of us, by the age of thirty, the character has set like plaster, and will never soften again.« (Ebd.) Als »unsichtbares Gesetz« sind Gewohnheiten uns nützlich im Hinblick auf die Erweiterung des Grundkapitals an nützlichen Handlungsmöglichkeiten, um so die Zinsen an Automatismen und Habitualitäten zu erwirtschaften, die uns zu höheren Möglichkeiten befreien (vgl. ebd., S. 133 f.). Als solche ermöglichen sie uns einen routinierten Umgang mit dem Alltäglichen, sie haben aber auch Anteil an Veränderungen, weil sie aufgrund der Strenge ihrer Grenzziehungen unseren Verhaltensstil zur Rebellion provozieren können.

Der Begriff Gewohnheit geht in seiner Bedeutung nicht in dem auf, was wir mit Freud und Lacan als das Unbewußte thematisiert haben. Er ermöglicht nämlich, die Gravuren unserer Existenz ohne Vokabeln aus dem Bewußtseinsrepertoire zu fassen. Nicht zuletzt deshalb hat der Begriff der Gewohnheit in emanzipatorischen Theorien kaum einen Rang zugewiesen bekommen. Weil er an das Sedimentierte, an den Bodensatz der Erfahrung, erinnert, steht er im Ruf des bloß Konservativen. Freuds Feststellung, daß das Ich nicht Herr im eigenen Haus sei, wurde aus dem Blickwinkel der Kritik an aufgezwungenen Kategorien des Verhaltens so gelesen, daß dieses schließlich doch die Rolle des Hausherren erringen sollte. Habermas knüpft an diese Einvernahme Freuds für aufklärerische Konzepte an, indem er betont: »Wenn man an die normativen Implikationen von Begriffen wie Ichstärke, Abbau ich-ferner Über-Ich-Anteile, Einschränkung des Funktionsbereichs unbewußter Abwehrmechanismen denkt, wird klar, daß auch die Psychoanalyse bestimmte Persönlichkeitsstrukturen als vorbildlich auszeichnet. Sobald man die Psychoanalyse als Sprachanalyse deutet, zeigt sich der nämliche normative Sinn darin, daß das Strukturmodell von Ich, Es und Über-Ich den Begriff einer zwanglosen, pathologisch nicht verzerrten Kommunikation voraussetzt.« (Habermas, Moralentwicklung und Ich-Identität, S. 64)

Wie Lacans Analysen aufweisen, ist es weder zwangsläufig noch im Sinne Freuds folgerichtig, über eine Analyse der Persönlichkeitsstruktur im Sinne ihrer sprachlichen Objektivierungen normative Ansprüche eines autonomen Ich zu formulieren. Während Habermas aus seiner Lesart der Freudschen Psychoanalyse die Konsequenz zieht, daß psychologische und soziologische Grundbegriffe problemlos ineinander greifen können und daß sich das Ichkonzept der Psychoanalyse und der emanzipatorische Anspruch kritischer Gesellschaftstheorie konfliktfrei verbinden lassen, beharrt Adorno auf der Originalität der psychoanalytischen Leistung, die gerade darin besteht, die Unwahrscheinlichkeit einer souveränen Ichstärke zu bekräftigen. Nach Adorno kann es Ichidentität im Sinne einer Koinzidenzvorstellung nicht geben. In der Tradition der Dialektik der Aufklärung erkennt er in dem Konzept eines konsolidierten Ich vielmehr die Tyrannei der mathematischen Einheit, die auf die Selbstauffassung des Subjekts übergreift. Der Diktatur über die Dinge entspricht ein Imperialismus über das Ich, das sich in seinen angestrengten Manifestationen gegen eine Welt abschottet, gegen die es schließlich nicht mehr protestieren kann. Nach Adorno ist psychoanalytisches Reflektieren ein immer genaueres Erfassen des Ichs und damit eine immer präzisere Analyse seines erfolglosen Ankämpfens gegen die Ansprüche des Es, die Aussichtslosigkeit der Herrschaft im eigenen Haus.

Psychoanalyse ermöglicht nicht ein zunehmendes Bewußtwerden vor- und unbewußter Beweggründe eines Vernunftsubjekts, sondern thematisiert die Geschichte des Vergessens, deren Wirksamkeit gerade daraus resultiert, daß es eine verborgene Kraft gibt, die sich dem formalisierenden Einheitszwang begrifflicher Konzeptionen entzieht. »Frei sind die Subjekte, nach Kantischem Modell, soweit, wie sie ihrer selbst bewußt, mit sich identisch sind; und in solcher Identität auch wieder unfrei, soweit sie deren Zwang unterstehen und ihn perpetuieren. Unfrei sind sie als nichtidentische, als diffuse Natur, und doch als solche frei, weil sie in den Regungen, die sie überwältigen — [...] —, auch des Zwangscharakters der Identität ledig werden.« (Adorno, Negative Dialektik, S. 294) Eine solche Konzeption von Identität, die Identität nur in der Differenzierung und nicht in der zwanghaften Fixierung erfaßt, sucht nach Wegen, der immer abstrakter werdenden konkreten Lebenswelt die Unkalkulierbarkeit und Sperrigkeit einer materialen Welt entgegenzusetzen, in Form eines Trieblebens, das sich niemals ohne Rest in ein bloß logisches Korsett zwingen läßt. Habermas, so könnte man aus dieser Sicht sagen, liest Freud vor allem vom Ende her mit der gesell-schaftstheoretisch inspirierten Frage, wie Ichstärke produziert werden kann, und nicht von der These eines grundsätzlichen Überschusses des Es über das Ich her. Daß das Ich niemals Herr im eigenen Haus ist, kann nämlich auch bedeuten, daß Ich-Bildungen ständig in Bewegung blei-ben, angetrieben durch die ständigen Differenzierungen von Es und Ich, die kein Über-Ich abschließend bändigen kann.

Entsprechend dem Bewußtseinsleben gibt es im menschlichen Han-deln eine produktive Spannung zwischen produzierten und produzie-renden Strukturen, die Bourdieu in den letzten Jahren unter dem Stich-wort Habitus erneut in Erinnerung ruft. Bourdieu sagt, daß »Subjekte im eigentlichen Sinne nicht wissen, was sie tun, weil das, was sie tun, mehr Sinn aufweist, als sie wissen.« (Bourdieu, Entwurf, S. 179) Danach stellt der Habitus eine verallgemeinernde Vermittlung dar, »kraft derer die Handlungen ohne ausdrücklichen Grund und ohne bedeutende Ab-sicht eines einzelnen Handlungssubjekts gleichwohl ›sinnhaft‹, ›vernünf-tig‹ sind und objektiv übereinstimmen; dabei bildet der Teil der Hand-lungen, der noch für deren eigene Produzenten im Dunkel verbleibt, je-nes Moment, durch das diese Handlungen den anderen Handlungen und Strukturen, deren Produktionsprinzip das Produkt selbst ist, angepaßt werden.« (Ebd.) Der Habitus findet sich in der Handlungspraxis inter-agierender Subjekte vor und nicht in deren Bewußtsein. Er unterliegt al-lerdings auch nicht der Hermetik des Unbewußten, das erst vermittels spezieller Techniken zur Mitsprache befähigt wird.

Durch die habituelle Vorstrukturierung konkreten Handelns kommt eine prinzipielle Andersheit in das Aktions-Ich aufgrund von Formatie-rungen, die das Bewußtsein nicht passiert haben. Dieser Gedanke des Überschusses an Sinn gilt für das Handeln wie für das Sprechen als auch für Wahrnehmen und Denken. Nach Lacan behält das »Ich spreche« immer die Dimension des »Es spricht«, und man besitzt die Sprache ebenso wenig wie man den eigenen Leib besitzt. Die Andersheit taucht also in der intrasubjektiven, intrapsychischen Sphäre auf und ist kein bloßes Additum zu einem sich selbst bewußten Ich, das aus sich heraus die Brücken zu anderen schlägt. »Hat es Sinn, unter diesen Umständen noch von einem ›Subjekt‹ zu sprechen, das etwas anderes wäre als ein *su-jet* im Sinne eines Untertans? Selbst wenn wir bei Lacans Wort-Alchemie zögern sollten, von einem allem Zugrundeliegenden und einer zentralen

Instanz bleibt nach dem Gesagten nichts übrig, und Handlungen und Äußerungen lassen sich auch nicht mehr einem eindeutig umgrenzten Täter und Sprecher zuschreiben, diesem schlichten Autor, den Nietzsche wohl nicht zu Unrecht zum Aberglauben der Grammatiker und Moralisten zählt. Dem völligen Abgleiten in ein ›es spricht‹ oder ›es handelt‹ ließe sich auch anders begegnen, indem man etwa Handlungen und Äußerungen als dosierte Mischungen von Tun, Geschehen und Widerfahrnis, von Eigenem und Fremdem betrachtet. Dieser Mischung könnte man nicht mehr mit disjunktiven, wohl aber mit akzentuierenden Begriffsbildungen beikommen.« (Waldenfels, Dialog und Diskurse, S. 247)

Das Subjekt konstituiert sein Selbst, indem es seine Situationen inszeniert. Es tritt allererst im Laufe seiner Erfahrung für sich und andere in Erscheinung, die seine Existenz beglaubigen, bestreiten oder nicht beachten, denen es aufgrund solcher Resonanz oder Nichtresonanz sein Profil verdankt. In der Thematisierung dieser Verrückung oder Dezentrierung von Subjektivität entfalten sich Möglichkeiten der Verknüpfung der Machtkonzeptionen von Foucault und Adorno mit der Habituskonzeption Bourdieus und der Leibphänomenologie Merleau-Pontys. Allen Positionen gemeinsam ist die Kritik am Logo- und Subjektzentrismus traditioneller Theorien. Diese Kritik an Zentrierungsvorstellungen eröffnet die Möglichkeit, Entwicklung zu begreifen als einen Vervielfältigungsprozeß, als einen Vollzug der Entfaltung, wobei Exklusion und Selektion konstitutiv mitbeteiligt sind. Entwicklung ließe sich also nicht mehr positiv als akkumulativer Vollzug interpretieren, sondern als komplexes Konfliktgeschehen, in dem die Zunahme an Möglichkeiten durchkreuzt wird durch Prozesse des Verdrängens und Vergessens. Die Frage gilt nicht mehr dem Problem, ob das Subjekt verschwindet, sondern sie zielt auf den Ort, an dem das Subjekt auftaucht oder untertaucht, indem es sich in historisch spezifischer Weise inszeniert oder desartikuliert.

Konzeptionen einer passiven Synthesis müßten verzichten auf das Privileg sinnstiftender Aktivität eines transzendentalen Bewußtseins. Damit werden Zweideutigkeiten und Vieldeutigkeiten innerhalb des Identitätsfeldes selbst freigesetzt. Solche Mehrdeutigkeiten finden unter anderem Ausdruck in der französischen Unterscheidung von *moi* und *je* und in der englischen Differenzierung zwischen *I* und *me*, der im besonderen Mead seine Aufmerksamkeit zuwandte. Identitäten lassen sich nunmehr nur noch begreifen als Knotenpunkte eines vieldeutigen Differenzierungsgeschehens. Die Autonomie des Ich erscheint aus diesem Blickwinkel als eine vollständige Maskerade für das Ich, nämlich als eine Maskerade, die das Ich als imaginären Ort aufsucht, um seine unausweichliche Spaltung zu verschleiern. Das Ich im Sinne von *je* verfehlt sich notwendigerweise in der Reflexion, weil es die Dichte der Dauer nicht auflösen kann. Setzt man einmal das autonome Ich im Sinne von Habermas mit dem *moi* im Sinne von Lacan ineins, so erscheint das autonome Ich als Ort imaginärer Identifikationen, der konstituiert wird von einer Intersubjektivität, die durch Eigenliebe beherrscht ist, d. h. im autonomen Ich verschwindet die Sozialität im Sinne der Differenzierung von Selbst und Anderem, indem sich das Ich nur im Anderen phantasiert und ihm so seine eigene Bedeutung bestreitet. Indem Habermas den Akzent auf das Bewußtwerden legt und auch den Heilungsprozeß als Prozeß der Bewußtwerdung thematisiert, reduziert er die Psychoanalyse zu einem Reflexionsinstrument und ineins damit die Sprache zur Technik dieses Prozesses. Vollständige Identität ist dagegen genauso wenig zu erreichen wie vollständige Intersubjektivität. Beide Formationen von Subjektivität repräsentieren vielmehr Grenzfälle, die nur hypothetisch durchgespielt werden können. Vom Standpunkt der Dominanz von Nichtidentität zeigt sich, daß Einheit nicht am Ende einer Entwicklung liegt, sondern daß sie eine stets versagte Erfahrung an einem unvordenklichen Anfang ist.

In der »Neuen Folge der Vorlesungen zur Einführung in die Psychoanalyse« setzt sich Freud u. a. mit dem Prozeß der Identifizierung auseinander. Identifizierung ist nach ihm »eine Angleichung eines Ichs an ein fremdes, in deren Folge dies erste Ich sich in bestimmten Hinsichten so benimmt wie das andere, es nachahmt, gewissermaßen in sich aufnimmt. Man hat die Identifizierung nicht unpassend mit der oralen kannibalistischen Einverleibung der fremden Person verglichen.« (Freud, Neue Folge der Vorlesungen, S. 55) In Bourdieus Analyse der Gesellschaft spielt dieser Vollzug der Einverleibung eine entscheidende Rolle. Unter dem Stichwort Habitus thematisiert Bourdieu Handlungsformen des Subjekts, die überpersonalen Regeln gehorchen, ohne als Strategien aufgefaßt werden zu können. Der Begriff des Habitus ist geeignet, traditionelle dichotomische Strukturen wie die von Individuum und Gesellschaft, von Innen und Außen, schließlich von Determinismus und

Freiheit zu unterlaufen. Als generative Handlungsgrammatik verweist der Habitus sowohl auf die soziale Erbschaft als auch die Nebenmöglichkeiten des Einzelnen, die sich realisieren als Deformation des allgemeinen Handlungsstils einer sozialen Gruppe im Prozeß individueller Einverleibung.

Nach Bourdieu sind solche wissenschaftlichen Erkenntnisse unvermeidlich politisch wirksam, weil sie in ihrer Möglichkeit, Vorhersagen zu treffen, eine Macht verliehen bekommen, gesellschaftliche Verhältnisse zu bewerten und damit unter Umständen zu stabilisieren oder zu verändern (vgl. Bourdieu, Sozialer Raum und ›Klassen‹, S. 57). Diese Aufgabe kann der Wissenschaftler nur dann verantwortlich übernehmen, wenn er sich darüber bewußt ist, daß er nicht von einem neutralen Ort aus urteilt, sondern daß er in seiner wissenschaftlichen Praxis in ein gesellschaftliches Kräftefeld eingespannt ist, in dem er eine bestimmte Position hat und verteidigt. Seine Position im Wissenschaftsfeld wird nicht allein durch den oft unreflektiert geführten Prestigekampf bestimmt, sondern auch durch seinen besonderen Weg in die Wissenschaft. In dieser Lauf-Bahn erfährt der erkennende Blick zumindest zwei Brüche. Zum einen wird aufgrund einer epistemologischen Zäsur ein bestimmter Gegenstand vom Erfahrungsgegenstand zum Objekt wissenschaftlicher Analyse. Zum anderen wird aufgrund eines sozialen Bruchs durch die Vergegenständlichung der eigene Erfahrungshorizont des Wissenschaftlers verändert. Derjenige, der in Institutionen einer wissenschaftlichen Profession nachgeht, gehört aufgrund dieser Verortung zur herrschenden Klasse. Ging sein Weg von unterprivilegierten Schichten aus, so ist er nunmehr Mandatsträger dieses Erfahrungsmilieus, das ihm in dem Maße als fremd erscheint, in dem er es zum Thema seiner Analysen macht. Die »Illusion eines gesellschaftlichen Auftrags« führt häufig dazu, daß Wissenschaftler blind gegenüber diesen Diskontinuitäten ihres Erkenntnisweges werden und so zwangsläufig und entgegen ihrer aufklärerischen Absicht eher zur Stabilisierung als zur Kritik gesellschaftlicher Verhältnisse beitragen. Die psychoanalytisch aufgewiesene Sprachmauer, der leibliche Stereotypen entsprechen, fungiert hier als Objektivation, die ihren Charakter als Objektivation verbirgt.

Die Verortung im sozialen Raum ist charakteristisch für jede Theorie, bringt aber spezifische Probleme für soziologische Konzeptionen mit sich, weil hier die Frage entsteht, wie eine Objektivierung des Feldes möglich ist, dem man selbst angehört. Eine Soziologie der Soziologie kommt deshalb auch nicht an ein letztes Konzept im Sinne einer Basistheorie, sondern realisiert sich zirkulär im Sinne einer »Dialektik ohne Synthese«, indem sie immer wieder ihre Erkenntnisse zurückbezieht auf den Ort, von dem aus diese Erkenntnisse in den Blick genommen werden. Sowohl der objektivistischen als auch der subjektivistischen Theorientradition innerhalb sozialwissenschaftlicher Forschungen macht Bourdieu grundsätzlich zum Vorwurf, daß sie diese Verstrickungen in ein konkretes gesellschaftliches Handlungsfeld nicht mit in den Blick nehmen. Das führt zu jeweils typischen Reduktionen. Der Subjektivismus entfaltet sich als eine Spontansoziologie, die die alltäglichen Erfahrungen ihrer Forschungssubjekte lediglich wiederholt und verdoppelt, aber in ihrem Zustandekommen nicht aufhellen kann. Der Objektivismus begeht den komplementären Fehler, indem er konkretes Handeln reduziert auf die abstrakten Funktionsweisen, die in wissenschaftlichen Modellen fixiert werden, wobei das Modell unversehens zur Wirklichkeit wird. Während subjektivistische Konzeptionen in der Betonung des Vorreflexiven soziale Hintergründe überspringen, bleiben objektivistische Theorien blind im Hinblick auf individuale Abweichungen und die spezifische Dynamik im sozialen Raum. Bourdieu, der seinen Ansatz zeitweise praxeologisch nannte, will von den Ergebnissen dieser Theorientradition profitieren, sie aber in ihrer Verkürzung korrigieren. »Um den Antagonismus zwischen diesen Erkenntnisweisen zu überwinden und dabei dennoch die Errungenschaften beider zu bewahren (ohne wegzulassen, was sich aus der interessierten Betrachtung der jeweils entgegengesetzten Position ergibt), müssen die Grundannahmen expliziert werden, die sie als wissenschaftliche Erkenntnisweisen miteinander gemein haben, die gleichermaßen im Gegensatz zur praktischen Erkenntnisweise stehen, der Grundlage der normalen Erfahrung der Sozialwelt. Dies erfordert, die wissenschaftstheoretischen und sozialen Bedingungen, welche sowohl das reflexive Zurückkommen auf die subjektive Erfahrung der Sozialwelt als auch die Objektivierung der objektiven Bedingungen dieser Erfahrungen möglich machen, einer kritischen Objektivierung zu unterziehen.« (Bourdieu, Sozialer Sinn, S. 49 f.)

Der Methodenpluralismus, der phänomenologisch Deskriptives mit empirisch-analytischen Arbeiten verknüpft, gewährleistet die Berücksichtigung sowohl der subjektiven Perspektive als auch der objektiven

Reproduktionszyklen der Gesellschaft. Dabei verliert die subjektive Erfahrung ihren doxischen Charakter in dem Maße, wie sie als Deformation eines überindividuellen Musters ausgewiesen werden kann. Aus der psychoanalytischen Tradition übernimmt Bourdieu die Auffassung, daß das Subjekt gerade da, wo es sich am ehesten authentisch fühlt, unter Umständen am zuverlässigsten im Sinne der Fremdbestimmung funktioniert. Die Einverleibungsstrukturen binden das Subjekt an einen bestimmten sozialen Ort, von dem aus es selbständig agiert, ohne in seinen Aktionen ein bloßes Selbst zu sein.

Die Überzeugung des Wissenschaftlers, immer besser zu wissen, nach welchen Regeln soziales Geschehen funktioniert, als die Akteure selbst, charakterisiert die objektivistische Variante sozialwissenschaftlichen Forschens. Das Denkmonopol, das sich Wissenschaftler zubilligen, gründet in der »geheime[n] Überzeugung, Handeln finde nur dann Vollendung, wenn es verstanden, interpretiert, ausgedrückt werde, wobei er [scil. der Wissenschaftler] Unausgesprochenes mit Ungedachtem gleichsetzt und dem *stillen und praktischen Denken*, das zu jeder vernünftigen Praxis gehört, den Status echten Denkens abspricht.« (Ebd., S. 69) Der Soziologe ist in gewisser Weise ein »Ethnologe im eigenen Land« (vgl. ebd., S. 32). Wie der Ethnologe muß er aber auch der Verführung widerstehen, in die beobachteten Handlungszusammenhänge seine eigene Verhaltenserwartung zu projizieren. Die notwendige Distanz zum beobachteten Geschehen, die ermöglicht ist durch sowohl den epistemologischen als auch den sozialen Bruch, verhindert die Ideologisierung der beobachteten Erfahrung zu einer unmittelbaren und die Unterstellung, daß die von Forschern aufgedeckten Regeln des Handelns auch die Regeln der Handelnden selbst sind. In der Objektivierung der Objektivierung zeigen sich diese Diskontinuitäten, so daß Konstruktion und Rekonstruktion des sozialen Raumes ein besonderes Gewicht erhalten. Während phänomenologische Theorien beanspruchen, die Erfahrungen der beobachteten Subjekte nach dem eigenen Sinn auszulegen, und während objektivistische Theorien sich das Ziel stecken, die geheimen Regeln dieser Handlungsspiele aufzudecken, so als ob sie damit das Muster der Akteure selbst in den Händen hielten, besteht eine funktionalistische Soziologie ausdrücklich auf ihrem modellierenden Charakter, auf der Distanz ihrer Beobachtung, die Teilnahme ausschließt, um die Nichtkoinzidenz von Theorie und Gegenstand im Bewußtsein zu halten und so der ideologisierenden Funktion wissenschaftlichen Forschens kritisch gegenübertreten zu können. Der spezifische Blickwinkel begründet, daß Bourdieu vor allem die determinierenden regelhaften Strukturen in den Blick bringt und kaum Möglichkeiten bereitstellt, sowohl individuelle wie auch kollektive Veränderungen zu begreifen. Bourdieu bestreitet die Möglichkeiten im Sinne von »alltäglichen Verrücktheiten« nicht, gleichwohl ist seine Soziologie in besonderem Maße geeignet, die Illusionen von Autonomie und deren Notwendigkeit zu plausibilisieren. Die »*illusio*«, der praktische Glaube, der sich im Zustand des Leibes ausdrückt, fungiert als Gedächtnis und als Imperativ. Als »*illusio*« reicht dieser praktische Sinn über den Ist-Zustand hinaus, auf den er sich kritisch bezieht, weil er das Andere zum bloßen So-Sein ist. Bourdieu weiß von der Unwahrheit jeder Theorie, von der auch Adorno spricht, ermöglicht aber in der Objektivierung der Objektivation deren Kritik. Er vermeidet so die Täuschung objektivistischer Theorien, die Erfahrungsstrukturen auf solche Muster reduzieren, die mit ihren Forschungsmitteln präpariert werden können.

Um die gesellschaftlichen Konflikte, die die praktische Logik konkreten Handelns durchziehen, begreiflich werden zu lassen, ist es erforderlich, diese Unverträglichkeiten zunächst zu akzeptieren, und nicht jeweils vorgreifend durch Versöhnungen zu verstellen. »Um dem *Strukturrealismus* zu entgehen, der die Systeme objektiver Relationen derart hypostasiert, daß er sie in jenseits der Geschichte des Individuums oder der Geschichte der Gruppe angesiedelte präkonstruierte Totalitäten verwandelt, gilt es und genügt es auch, vom *opus operatum* zum *modus operandi*, von der statistischen Regelmäßigkeit oder algebraischen Struktur zum Erzeugungsprinzip dieser observierten Ordnung überzugehen und die Theorie der Praxis oder, genauer gesagt, die Theorie des Erzeugungsmodus der Praxisformen zu entwerfen, die die Bedingung der Konstruktion einer experimentellen Wissenschaft *von der Dialektik zwischen Interiorität und Exteriorität*, d. h. *zwischen der Interiorisierung der Exteriorität und der Exteriorisierung der Interiorität* bildet« (Bourdieu, Entwurf, S. 164). Die Blindheit, die wissenschaftliche Theorien gegenüber sich selbst als Ereignisse und als Tätigkeiten innerhalb eines sozialen Raums haben, ist nur dann zu bekämpfen, wenn wissenschaftliche Praxis als soziale Praxis begriffen wird. Das gelingt durch eine »Theorie der Bedeutung des Eingeborenseins« (Bourdieu, Sozialer Sinn, S. 40). Diese

Theorie, in deren Zentrum das Habituskonzept steht, bedeutet nicht die Anforderung an den Forscher, sich in die Praktiken der beobachteten Subjekte einzuüben, sondern sich jeweils bewußt darüber zu sein, daß seine eigenen Habitualitäten den Blick bestimmen, den er als Ethnologe im eigenen Land auf die gesellschaftlichen Gruppen richtet. So wie die Landkarte nur bestimmte geometrisch zu rekonstruierende Strukturen der Landschaft faßt, so thematisiert die Soziologie die Felder gesellschaftlichen Handelns nur unter der Hinsicht verallgemeinerbarer Strukturen. Diese Strukturen sind verwandt mit der konkreten Realität, sie sind allerdings ebensowenig deckungsgleich wie die Wegenetze des konkret Handelnden mit den Linien auf der Landkarte (vgl. Bourdieu, Sozialer Sinn, S. 66).

Der Habitus ist das Ergebnis der Einverleibung objektiver Strukturen in die Handlungspraxis durch das Subjekt. Man entscheidet sich nicht bewußt für Spiele und Spielregeln, sondern wird vielmehr in sie hineingeboren. Der Erwerb des Habitus entspricht dem Erlernen einer Spielregel im Spielen des Spiels. Bourdieu veranschaulicht dies am Unterschied des Erwerbs einer Fremdsprache zum Erlernen der Muttersprache. »Beim Erlernen einer Fremdsprache trifft eine bereits gebildete Disposition auf eine Sprache, *die als solche wahrgenommen wird*, d. h. als willkürliches, explizit in Form von Grammatik, Regeln, Übungen verfaßtes Spiel, das ausdrücklich in Institutionen beigebracht wird, die nur zu diesem Zweck da sind. Beim Erwerb der Erstsprache hingegen lernt man die Sprache (die sich immer nur im Akt des Sprechens, im eigenen oder fremden Sprechen darstellt) sprechen und lernt zugleich, *in* (statt *mit*) dieser Sprache denken. Man weiß um so weniger von alledem, was man durch den *Einsatz* auf diesem Feld und das *Interesse* an seinem Vorhandensein und Fortbestand, an allem, was sich darin abspielt, stillschweigend zugesteht, und ist sich aller ungedachten Voraussetzungen, die das Spiel unablässig produziert und reproduziert, auf diese Weise die Bedingungen seiner eigenen Fortdauer reproduzierend, um so weniger bewußt, je unmerklicher und früher man sich auf das Spiel und die damit zusammenhängenden Lernprozesse einläßt, wobei man im Extrem natürlich in das Spiel hineingeboren, mit ihm geboren wird. Der *Glaube* ist daher entscheidend dafür, ob man zu einem Feld gehört. In seiner vollkommensten, also *naivsten* Form, d. h. bei angeborener, ursprünglicher Zugehörigkeit von Geburt, steht er in diametralem Gegensatz zum

›pragmatischen Glauben‹, von dem Kant in seiner *Kritik der reinen Vernunft* spricht, also zu willentlich, um handeln zu können, übernommenen ungewissen Hypothese (wie bei den im Wald verirrten Reisenden in Descartes' Paradigma, die sich für eine beliebige Richtung entscheiden und fortan daran halten).« (Ebd., S. 124) In den Habituskonstellationen, in die man hineingeboren wird, sind die gemeinsame Geschichte und Kultur der Lebensformen verkörpert, wodurch gewährleistet ist, daß Intersubjektivität überhaupt möglich ist. Die Unterschiede ergeben sich aus der sozialen Gliederung der Gesellschaft, die sich vor allem als Konkurrenzkampf um vorteilhafte Plätze realisiert. Die Homogenität der Lebensformen wird durch eine Vielfalt garantiert: »*jedes System individueller Dispositionen* ist eine *strukturale Variante* der anderen Systeme, in der die Einzigartigkeit der Stellung innerhalb der Klasse und des Lebenslaufs zum Ausdruck kommt. Der ›eigene‹ Stil, d. h. jenes besondere Markenzeichen, das alle Hervorbringungen desselben Habitus tragen, seien es nun Praktiken oder Werke, ist im Vergleich zum *Stil* einer Epoche oder Klasse immer nur eine *Abwandlung*, weswegen der Habitus nicht nur durch Einhaltung des Stils — [...] — auf den gemeinsamen Stil verweist, sondern auch durch den Unterschied, aus dem die ›Machart‹ besteht.« (Bourdieu, ebd., S. 113) Inmitten der Einzigartigkeit wird Generalität sichtbar, inmitten der Originalität zeigt sich Gewöhnliches. Das Eigentümliche des »natürlichen Ichs« artikuliert sich auf dem Feld des Anderen. Kein noch so winziges Häutchen zieht eine Grenze zwischen Innen und Außen. Hinter den Masken verbirgt sich kein eigentliches Gesicht. Das Subjekt ist das Spiel seiner Masken auf einem Feld, das durch Linien markiert ist, aber durch den Einsatz der Illusionen erst seine bestimmte Gestalt erhält.

10. Das Sujet-Subjekt

> »Über das am Ich Entscheidende, seine Selb-
> ständigkeit und Autonomie kann nur geur-
> teilt werden im Verhältnis zu seiner An-
> dersheit, zum Nichtich. Ob Autonomie
> sei oder nicht, hängt ab von ihrem Wider-
> sacher und Widerspruch, dem Objekt, das
> dem Subjekt Autonomie gewährt oder
> verweigert; losgelöst davon ist Autonomie
> fiktiv.«   (Adorno, Negative Dialektik)

Die Auseinandersetzung mit »Illusionen von Autonomie« ist immer
auch Widerstand gegen eine »Guckkastenmetaphysik« (Adorno), die —
getäuscht durch die Weitsichtigkeit des Blicks — nicht bemerkt, daß dieser eingesperrt ist, daß er sich selbst in seinen Beschränkungen nicht
durchschauen kann, solange er den »Schatten des Dinghaften« (Adorno)
in bloßes Licht überführen will. Anfragen an die Möglichkeiten von Autonomie bedeuten daher immer auch Kritik an den Selbstverständlich-
keiten neuzeitlicher Subjektivität, wenn deren Eigentliches nur in
konstitutiven Leistungen aufgesucht wird. Je näher man nämlich an die
Bestimmungsmöglichkeiten des erkennenden Bewußtseins oder des
handelnden Subjekts gelangt, umso zwielichtiger wird deren autonomer
Status.

Die triumphale Unabhängigkeit entbirgt ihre Verstrickung in Kontexte, für deren Stiftung keine Zeitgenossen bürgen können. Die arrogante
Selbstgenügsamkeit verrät ihren imperialen Charakter, mit dem sie das
Fremde zum Eigenen macht und jeden Einspruch von außen zum Verschwinden bringt. Zweifel an der Autonomie sowohl des erkennenden
als auch des handelnden Subjekts betreffen das Verständnis neuzeitlicher
Subjektivität und damit die bisher vorherrschende Signatur der Aufklärung, die durch die Befreiung von jeglicher Fremdbestimmung charakterisiert ist, und die bislang maßgebliche Physiognomie der Moderne,

die in der offenen Erfahrung eines kreativen Subjekts besteht. Mit den Bedenken gegenüber einer Autonomie, die die bloße Negation von Heteronomie ist, werden Emanzipationsgewinne nicht in Frage gestellt. Sie werden vielmehr auf die Möglichkeit des Subjekts bezogen, die Spannungen zwischen den Extremen der Existenz auszuhalten, ohne sich als bloß frei oder als ausschließlich unterdrückt zu verkennen. Dabei werden weder vormoderne Abhängigkeiten verharmlost noch »post«moderne erdichtet. Vielmehr wird ein bestimmtes Prestige zerstört, nämlich das eines soliden, authentischen Ichkerns, der im Wandel subjektiver Veränderungen ruht und auf den sich das Erfahrungssubjekt in Abkehr von einer bedrohlichen, kontingenten Außenwelt zubewegt, ohne ihn je zu erreichen. Es geht um die »Destruktion des Subjekts als eines Pseudo-Souveräns« (Foucault, Von der Subversion des Wissens, S. 114 f.), um die Anerkennung eines »Ichkristallwaldes« (Bloch), um die Bekämpfung eines Idols unverfälschter Selbigkeit, damit sich die unvermeidliche und notwendige Illusion von Autonomie zeigen kann. »Nicht das Subjekt verschwindet, sondern seine allzu determinierte Einheit steht in Frage; vom Verschwinden des Subjekts (das heißt seiner neuen Existenzweise, die im Verschwinden besteht) wird das Forschungsinteresse angestachelt oder auch von seiner Verflüchtigung, die es gleichwohl nicht negiert, die uns aber nur noch eine Vielzahl von Positionen und eine Diskontinuität der Funktionen anbietet« (Blanchot, Foucault, S. 28).
Nicht die Gewißheit der Existenz markiert das Wesentliche neuzeitlicher Subjektivität, sondern die Unbestimmtheit, die Unruhe im Rahmen eines offenen Horizonts, der durch Formationen des Ich strukturiert wird, aber sich nicht nach dem »transzendentalen Brauch des reinen Ich« (Adorno) auf einen stabilen Kern zusammenziehen kann. Das Verschwinden konstituierender Subjektivität, das Foucault feststellt, bedeutet nicht den »Tod des Subjekts«, sondern die Herausforderung, eine Existenzweise, die längst Realität ist, produktiv aufzunehmen und nicht weiter dem Phantom eines »Prothesengottes« (Freud) hinterherzujagen. Das Subjekt ist weder nur Untertan (Sujet) noch nur Souverän (Subjekt). Es führt ein Doppelleben, in dem das »Ich die Differenz der Masken« (Foucault) ist. Es zählt nicht der Geist gegen den Körper, und auch nicht umgekehrt. Der Zusammenhang von Wahrheit und Gewalt kann ebensowenig geleugnet werden wie die Verflechtung von Freiheit und Zwang. Autonomie und Heteronomie existieren niemals als reale Alter-

native, sie setzen sich in einer gemeinsamen Bewegung gegeneinander durch. D. h. nicht, daß hier ein Drittes zu suchen wäre, das die Antipoden zusammenhält und das dann wieder die ganze Aufmerksamkeit im Kampf gegen die unterdrückten Souveränitäten auf sich zieht. Das Spiel zwischen illusionärer Allmacht und realer Ohnmacht beginnt ansonsten von neuem im Kampf gegen die Macht, selbst ein Machtkampf, der die Gebärde des Gegners nachahmt: »Das Ichprinzip imitiert sein Negat.« (Adorno, Negative Dialektik, S. 181) Damit wird ein Teufelskreis in Bewegung gehalten, der nicht mehr nur als diabolisch verachtet wird, wenn der Mensch erkennt, daß er nicht nur dort ist, wo er sich begreift.

»Wenn es in dieser Sache eine idealistische Position gibt, so die, welche das Subjekt allem voranstellt. Ohne Zweifel läuft die ›Struktur des Subjekts‹ den allgemeinen Auffassungen zuwider. Doch müßte die Wissenschaftsgeschichte hinreichend gezeigt haben, daß es stets das Los der Wissenschaft war, bestimmte Auffassungen fallenzulassen, um sich als Wissenschaft zu konstituieren. Wir müssen uns heute der Illusion von Autonomie des Subjekts entledigen, wenn wir eine Wissenschaft vom Subjekt konstituieren wollen.« (Lacan in Schiwy, Der französische Strukturalismus, S. 201)

Die Schwierigkeit der Situation besteht darin, Subjektivität weiterhin als kritische Kategorie des Verstehens mitmenschlicher Praxis zu bewahren, ohne der Verführung durch Allmachtsphantasien zu erliegen. Unverzichtbar ist eine Konzeption von Subjektivität nicht nur wegen ihrer historischen Bedeutung, sondern weil sie auch im Hinblick auf unsere Zukunft die politische Potenz der Selbstbestimmung gleichsam als Chiffre einer bislang unerfüllten Sehnsucht wahrt und zur Diagnose pathologischer Formen der Selbstzerstreuung beitragen kann (vgl. Blankenburg, Zur Subjektivität des Subjekts). Zweifel an umfassenden Möglichkeiten von Autonomie legitimieren nicht Heteronomie, sondern zielen auf ein neues Verständnis der Strukturen menschlicher Existenz, das die Möglichkeiten in der Differenz der Lebensextreme aufsucht und nicht an einen Ort verbannt, der zwar makellos, aber unerreichbar ist. Es geht nicht darum, den »verwaisten Königsthron« erneut zu besetzten, sondern die Hierarchie zu beseitigen (vgl. Adorno, Negative Dialektik, S. 182).

Das kritische Bewußtsein kann die Welt nicht einfach neu ordnen wie in einem Sandkastenspiel, in das es eingreift, ohne an ihm teilzunehmen.

»Da es verschiedene Beziehungen der Gesellschaft mit sich selbst gibt, ist es uns nicht gestattet, sie alle in den gleichen Abstand zum Bewußtsein zu rücken unter dem Vorwand, sie seien alle seine ›Objekte‹. Wie ein lebendiger Körper aufgrund seines Verhaltens dem Bewußtsein sozusagen näher steht als ein Kiesel, so bilden gewisse gesellschaftliche Strukturen den Schlüssel zur Erkenntnis der Gesellschaft; in ihnen findet das klare Bewußtsein seinen ›Ursprung‹. Selbst wenn die Innerlichkeit, wendet man diesen Begriff auf eine Gesellschaft an, im übertragenen Sinn verstanden werden muß, so ist diese Metapher dennoch nur hinsichtlich der kapitalistischen Gesellschaft möglich und nicht hinsichtlich vorkapitalistischer Gesellschaften, und das genügt, um zu sagen, daß die Geschichte, die den Kapitalismus hervorgebracht hat, das Entstehen einer Subjektivität symbolisiert. Es gibt Subjekte, es gibt Objekte, es gibt die Menschen und die Dinge, aber es gibt auch eine dritte Ordnung, die der Beziehungen zwischen den Menschen, die Werkzeugen oder sozialen Symbolen einbeschrieben sind, Beziehungen, die ihre Entwicklung, ihre Fortschritte und Rückschritte haben.« (Merleau-Ponty, Abenteuer der Dialektik, S. 47 f.) Dem zentrierten, triumphierenden Subjekt wird nicht das total zerstreute entgegengesetzt, sondern der machtvollen Einheit die Differenz, belastet mit dem Risiko der Kontingenz, befreit zu einer Vielfalt möglicher Transformationen der »Differenz der Zeiten« (Foucault). Muster dieses Ichs ist nicht mehr das klare, wache Bewußtsein, sondern der Leib, in dem Bewußtsein und Körper ein Geflecht bilden, in dem sich Fremdes und Eigenes, Vergangenes und Zukünftiges, Materielles und Ideelles, Soziales und Individuelles durchdringen. »Der Leib — und alles, was den Leib berührt — ist der Ort der *Herkunft*: am Leib findet man das Stigma der vergangenen Ereignisse, aus ihm erwachsen auch die Begierden, die Ohnmachten und die Irrtümer; am Leib finden die Ereignisse ihre Einheit und ihren Ausdruck, in ihm entzweien sie sich aber auch und tragen ihre unaufhörlichen Konflikte aus.

Dem Leib prägen sich die Ereignisse ein (während die Sprache sie notiert und die Ideen sie auflösen). Am Leib löst sich das Ich auf (das sich eine substantielle Einheit vorgaukeln möchte). Es ist eine Masse, die ständig abbröckelt.« (Foucault, Von der Subversion des Wissens, S. 91) Als leibliche Wesen haben wir nicht die Wahl zwischen Selbstbestimmung und Fremdbestimmung, zwischen Freiheit und Zwang, zwischen aktiver und passiver Synthesis. Unsere Möglichkeiten realisieren sich in den verschiedenen Formen der Beziehung zwischen Unschuld und Gewalt, zwischen Subjekt und Objekt. »Die Philosophie des reinen Objekts und des reinen Subjekts sind gleichermaßen terroristisch.« (Merleau-Ponty, Abenteuer der Dialektik, S. 118)

Das Subjekt verwirklicht sich als antwortendes Ich. Auch sich selbst begegnet es nur im Modus des Objekts (vgl. Mead, Mind, Self, and Society, S. 225). Indem es auf sich reflektiert, kommt es auf seine Vergangenheit zurück, die für es selbst niemals Gegenwart war. Das Ich (*I*) ist deshalb unbestimmt, ein eigentümliches Erinnerungsbild (vgl. ebd., S. 176), eine Antwort des Organismus auf die Haltung der anderen, die das Bild des Ich im Sinne des *me* mitkonstituieren. Das Ich als *I* wird im selben Moment, in dem es sich selbst zuwendet, zum *me*. Niemals wird man schnell genug sein, es als solches zu erwischen (vgl. ebd., S. 174). In dieser obliquen Beziehung des Ich zu sich selbst findet unsere Selbstreflexion ihre Grenze. Gleichzeitig ermöglicht diese Kritik an der narzißtischen Hochstapelei des Ich das Verständnis eines verantwortlichen Bewußtseins, das Verantwortung übernehmen muß, weil es in seinen Antworten nicht festgelegt ist, und es erklärt, daß es neue Erfahrungen gibt, die es sogar selbst überraschen können (vgl. ebd., S. 178).

Trotz ihrer Unterschiede haben Merleau-Ponty, Lacan und Adorno das Muster eines antwortenden Subjekts vor Augen, das mit dem Primat des Reflexions-Ichs, mit der Illusion von Autonomie und mit dem »Trug konstituierender Subjektivität« brechen soll, ohne allerdings den Ort des Subjekts einer unbestimmten Leere zu überlassen. Wenn die Rede vom »Feld der Subjektivität« (Merleau-Ponty), von einem »Subjekt des Begehrens« (Lacan) oder einem »Mehr an Subjekt bei gleichzeitigem Vorrang des Objekts« (Adorno) ist, dann richtet sich die Kritik auf die Verödungstendenz vereinheitlichenden Denkens, das schließlich alles umfaßt, einbalsamiert und von nichts außerhalb seiner selbst mehr zu kritisieren ist. Dieses Außerhalb wäre eine historisch spezifische Gestalt der Transzendenz, die nicht mehr in einer wie auch immer isolierten Immanenz ruht. »Transzendental wäre die Differenz. Transzendental wäre die reine und endlose Unruhe eines Denkens, das sich darum bemüht, die Differenz zu ›reduzieren‹, indem es die faktische Unendlichkeit auf eine Unendlichkeit des Sinns und der Geltung hin übersteigt, d. h. die Differenz beibehält.« (Derrida, Husserls Weg, S. 203) Die Hermetik traditioneller Subjektbegriffe, die ihr Recht in der Reklamation eines autonomen Status für das Handlungssubjekt bewahren, bedeutet eine Sicherung gegen die Gefahren der Spaltung. Es ist gleichsam ein Luxus von Theorie, diese Sicherheit eine Weile außer Geltung zu setzen. Im praktischen Handeln dagegen ist das integre Subjekt eine notwendige Fiktion, die sich in der Zerrissenheit von Subjektivität einstellt. »Bewußtsein könnte gar nicht über das Grau verzweifeln, hegte es nicht den Begriff von einer verschiedenen Farbe, deren versprengte Spur im negativen Ganzen nicht fehlt.« (Adorno, Negative Dialektik, S. 370)

Dieser Riß in der Subjektivität ist zwar Versagung einer sicheren Einheit, aber gleichzeitig auch Ort der Veränderung. Nur in der Differenz von Generalität und Spezifik entfalten sich kritische Möglichkeiten. Eine Versteinerung zu einer der beiden Seiten würde Veränderung sowohl des Denkens als auch des gesellschaftlichen Handelns unmöglich machen. Das antwortende Subjekt übernimmt in seinen Antworten auf die Anderen und auf das Andere Verantwortung, indem es sie zur Darstellung bringt. »Von den Bestimmungen, die mir der Blick des Anderen zuschreibt, darf man nicht direkt sagen, daß sie wahr seien: eher muß man sagen, daß ich dafür die Verantwortung zu übernehmen habe und daß ich sie modifizieren kann, indem ich so handele, daß sie in Übereinstimmung kommen mit dem, was ich für mich selbst bin.« (Merleau-Ponty, Abenteuer der Dialektik, S. 187)

Der Begriff von Autonomie bleibt hinter sich zurück, sobald er auf Wirklichkeit angewendet wird. Weil Menschen als leiblich existierende Wesen immer nur existieren können, indem sie die Konfigurationen aufnehmen, in die sie hineingeboren sind, geht die Alternative von Freiheit und Bestimmung an ihren realen Möglichkeiten vorbei. Es ist gerade die Differenz zwischen Begriff und realer Konstellation, die Kritik und Veränderung ermöglicht. In der »Nacht der Identität« kann weder das Denken noch das Existieren von seinem Anderen her bedacht werden. Der sozialen Determination bloß die Freiheit entgegenzuhalten, der Fremdbestimmtheit lediglich das Bild von Autonomie gegenüberzustellen, bedeutet nichts anderes als ein »umspringendes Resultat, das Affirmation glücklich in Händen hielte.« (Adorno, Negative Dialektik, S. 161)

Das Konzept des Demiurgen-Subjekts kann deshalb auch nicht so einfach durch den Gegenentwurf des bloß untertänigen Subjekts ersetzt werden. »Das Wort *Subjekt* hat einen zweifachen Sinn: vermittels Kontrolle und Abhängigkeit jemandem unterworfen sein und durch Bewußtsein und Selbsterkenntnis seiner eigenen Identität verhaftet sein. Beide Bedeutungen unterstellen eine Form von Macht, die einen unterwirft und zu jemandes Subjekt macht.« (Foucault in Dreyfus/Rabinow, Foucault, S. 246 f.) Zu den Kämpfen gegen religiöse Herrschaft und gegen ökonomische Ausbeutung der Vergangenheit tritt heute der Widerstand gegen die Unterwerfung durch Subjektivität, die sich aufgrund innerer Spaltung selbst gegenübertritt. Zwar sind die Subjektivierungsmechanismen eingebettet in andere Ausbeutungs- und Herrschaftszusammenhänge, aber sie sind nicht in Form einer Widerspiegelungstheorie direkt aus diesen abzuleiten. Sie beziehen sich vielmehr komplex auf eine verwickelte Kombination von Individualisierungs- und Totalisierungstechniken. Man könnte sagen, »daß das politische, ethische, soziale und philosophische Problem, das sich uns heute stellt, nicht darin liegt, das Individuum vom Staat und dessen Institution zu befreien, sondern uns sowohl vom Staat als auch vom Typ der Individualisierung, der mit ihm verbunden ist, zu befreien. Wir müssen neue Formen der Subjektivität zustandebringen, indem wir die Art von Individualität, die man uns jahrhundertelang auferlegt hat, zurückweisen.« (Ebd., S. 250) Es sollte einer neuen Theorie der Subjektivität darum gehen, »die Bedingungen zu bestimmen, in denen das Menschenwesen das, was ist, was es tut, und die Welt, in der es lebt, ›problematisiert‹« (Foucault, Sexualität und Wahrheit II, S. 18). Es gibt keine theoretische Veranlassung zu einer zeitenthobenen Wesensbestimmung des Subjekts als souveräner Machthaber über Dinge, Mitmenschen und sich selbst, sondern eine praktisch motivierte Illusion von Autonomie angesichts der realen Ohnmacht der Akteure. Das Subjekt formiert sich als eine spezifische, endliche, historisch begrenzte Konfiguration, die es mit seiner Reflexion durchschneidet und so der Kritik zugänglich macht. Es konstituiert sich jeweils über seine Praktiken der Unterwerfung, aber auch über seine Praktiken der Befreiung. Das jeweils maßgebliche Dispositiv verknüpft als Netz ein heterogenes Ensemble von wissenschaftlichen, moralischen, philosophischen, praktischen, aber auch administrativen und reglementierenden Entscheidungen und Aussagen. Die Verbindungen innerhalb dieses Netzes sind unterschiedlich je nachdem, ob eine bestimmte Konstellation das Programm einer Institution repräsentiert, die nachträgliche Rechtfertigung einer Praxis liefert oder auch als Aufklärung der Praxis ein neues

Feld von Rationalität eröffnet. »Der Mensch steht nicht umsonst zwischen Himmel und Hölle, so hat er zu leben, dem Geist und dem Fleisch sein Recht werden zu lassen, die Labilität zu ehren, wo sie sich ihm bietet, als praktischer Okkasionalist aus Ehrfurcht vor der tiefen Zweideutigkeit in aller Existenz, nicht als kleiner Gelegenheitsmacher; die eine der beiden Welthälften hat ihn immer noch früh genug.« (Plessner, Grenzen der Gemeinschaft, S. 54 f.)

Literaturverzeichnis

Die im Text verwendeten Kurztitel sind hervorgehoben.

Adorno, Theodor W.: *Minima Moralia.* Reflexionen aus dem beschädigten Leben. Gesammelte Schriften. Bd. 4. Hrsg. v. Rolf Tiedemann. Frankfurt a. M. 1980

Ders.: Zur *Metakritik* der Erkenntnistheorie. Studien über Husserl und die phänomenologischen Antinomien. In: Ders.: Zur Metakritik der Erkenntnistheorie. Drei Studien zu Hegel. Gesammelte Schriften. Bd. 5. Hrsg. v. Gretel Adorno u. Rolf Tiedemann. Frankfurt a. M. 1975

Ders.: Einleitung zum »*Positivismusstreit* in der deutschen Soziologie«. In: Ders.: Soziologische Schriften I. Gesammelte Schriften. Bd. 8. Hrsg. v. Rolf Tiedemann. Frankfurt a. M. ²1980

Ders.: *Anmerkungen* zum philosophischen Denken. In: Ders.: Kulturkritik und Gesellschaft II. Eingriffe — Stichworte — Anhang. Gesammelte Schriften. Bd. 10.2. Hrsg. v. Rolf Tiedemann. Frankfurt a. M. 1977, S. 599—607

Ders.: *Zu Subjekt und Objekt.* In: Ders.: Kulturkritik und Gesellschaft II. Eingriffe — Stichworte — Anhang. Gesammelte Schriften. Bd. 10.2. Hrsg. v. Rolf Tiedemann. Frankfurt a. M. 1977, S. 741—758

Ders.: *Noten zur Literatur.* Gesammelte Schriften. Bd. 11. Hrsg. v. Rolf Tiedemann. Frankfurt a. M. 1974

Ders.: Auf die Frage: Mögen Sie *Picasso.* In: Ders.: Vermischte Schriften II. Gesammelte Schriften. Bd. 20.2. Hrsg. v. Rolf Tiedemann. Frankfurt a. M. 1986, S. 524—525

Ders.: *Ästhetische Theorie.* Frankfurt a. M. 1973

Ders.: *Negative Dialektik.* Frankfurt a. M. ²1980

Ders.: *Philosophische Terminologie.* Bd. 1. Frankfurt a. M. ⁴1982

Bahr, Hermann: *Zur Überwindung des Naturalismus.* Theoretische Schriften 1887—1904. Ausgew., eingel. u. erl. v. Gotthart Wunberg. Stuttgart — Berlin — Köln — Mainz 1968

Baier, Lothar: *Gleichheitszeichen.* Streitschriften über Abweichung und Identität. Berlin 1985

Barthes, Roland: *Über mich selbst.* Übers. v. Jürgen Hoch. München 1978 (Paris 1975)

Ders.: *Leçon*/Lektion. Anrittsvorlesung im Collège de France 1977. Übers. v. Helmut Scheffel. Frankfurt a. M. 1980 (Paris 1978)

Bataille, Georges: *Die Tränen des Eros.* Übers. v. Gerd Bergfleth. München 1981 (Paris 1961)

Benjamin, Walter: *Über Sprache überhaupt* und die Sprache des Menschen. In: Ders.: Gesammelte Schriften II,1. Hrsg. v. Rolf Tiedemann u. Hermann Schweppenhäuser. Werkausgabe Bd. 4. Frankfurt a. M. 1980, S. 140—157

Ders.: *Das Passagen-Werk.* 2 Bde. Hrsg. v. Rolf Tiedemann. Frankfurt a. M. 1983

Bernfeld, Siegfried: *Sisyphos* oder die Grenzen der Erziehung. Frankfurt a. M. ⁴1981 (1925)

Blanchot, Maurice: Michel *Foucault* vorgestellt von Maurice Blanchot. Übers. v. Barbara Wahlster. Tübingen 1987 (Paris 1986)

Blankenburg, Wolfgang: *Zur Subjektivität des Subjekts* aus psychopatholgoischer Sicht. In: Nagl-Docekal, Herta/Vetter, Helmut (Hrsg.): Tod des Subjekts? Wien — München 1987, S. 164—189

Bloch, Ernst: *Geist der Utopie.* Bearbeitete Neuauflage der zweiten Fassung von 1923. Frankfurt a. M. 1985

Boehm, Rudolf: *Kritik der Grundlagen des Zeitalters.* Den Haag 1974

Borges, Jorge Luis: *Blaue Tiger* und andere Geschichten. München — Wien 1988

Bourdieu, Pierre: *Entwurf* einer Theorie der Praxis auf der ethnologischen Grundlage der kabylischen Gesellschaft. Übers. v. Cordula Pialoux u. Bernd Schwibs. Frankfurt a. M. 1979 (Genf 1972)

Ders.: *Sozialer Sinn.* Kritik der theoretischen Vernunft. Übers. v. Günter Seib. Frankfurt a. M. 1987 (Paris 1980)

Ders.: *Sozialer Raum* und ›Klassen‹. Leçon sur la leçon. Zwei Vorlesungen. Übers. v. Bernd Schwibs. Frankfurt a. M. 1985 (Paris 1984 u. 1982)

Büchner, Georg: *Leonce und Lena.* Ein Lustspiel. In: Ders.: Gesammelte Werke. München o. J., S. 107—140

Calvino, Italo: *Herr Palomar.* Übers. v. Burkhart Kroeber. München — Wien [2]1985

Castoriadis, Cornelius: *Gesellschaft als imaginäre Institution.* Entwurf einer politischen Philosophie. Übers. v. Horst Brühmann. Frankfurt a. M. 1984 (Paris 1975)

Ders.: *Durchs Labyrinth* Seele, Vernunft, Gesellschaft. Übers. v. Horst Brühmann. Frankfurt a. M. 1983 (Paris 1978)

Comenius, Johann Amos: *Das Labyrinth der Welt* und das Paradies des Herzens. Mit einem Vorwort v. Pavel Kohout. Übers. v. Zdenko Baudník (Jena 1907) und Gustav Solar. Luzern — Frankfurt a. M. 1970

Derrida, Jacques: *Husserls Weg* in die Geschichte am Leitfaden der Geometrie. Ein Kommentar zur Beilage III der »Krisis«. Übers. v. Rüdiger Hentschel u. Andreas Knop. Mit einem Vorwort v. Rudolf Bernet. München 1987 (Paris 1962, [2]1974)

Descartes, René: *Meditationes de prima philosophia.* Meditationen über die Grundlagen der Philosophie. Hrsg. v. Lüder Gäbe. Hamburg [2]1977

Dreyfus, Hubert L./Rabinow, Paul: *Michel Foucault.* Jenseits von Strukturalismus und Hermeneutik. Mit einem Nachwort v. u. einem Interview mit Michel Foucault. Übers. v. Claus Rath u. Ulrich Raulff. Frankfurt a. M. 1987 (Chicago 1982)

Ebeling, Ingelore: *Masken* und Maskierung. Kult, Kunst und Kosmetik. Köln 1984

Eccles, Sir John C.: *Die menschliche Persönlichkeit* — ein wissenschaftliches und philosophisches Problem. In: Naturwissenschaftliche Rundschau 34 (1981), S. 227—237

Eco, Umberto: *Über Spiegel* und andere Phänomene. Übers. v. Burkhart Kroeber. München — Wien 1988

Elias, Norbert: *Über den Prozeß der Zivilisation.* Soziogenetische und psychogenetische Untersuchungen. Bd. 1: Wandlungen des Verhaltens in den westlichen Oberschichten des Abendlandes. Frankfurt a. M. [7]1980. Bd. 2: Wandlungen der Gesellschaft. Entwurf zu einer Theorie der Zivilisation. Frankfurt a. M. [6]1979

Ferry, Luc/ Renaut, Alain: *Antihumanistisches Denken.* Gegen die französischen Meisterphilosophen. Übers. v. Ulrike Bokelmann. München — Wien 1987 (Paris 1985)

Fischer, Matthias: *Differente Wissensfelder* — Einheitlicher Vernunftraum. Über Husserls Begriff der Einstellung. München 1985

Foucault, Michel: *Die Ordnung des Diskurses.* Inauguralvorlesung am Collège de France 1970. Übers. v. Walter Seitter. Frankfurt a. M. — Berlin — Wien 1977

Ders.: *Archäologie des Wissens.* Übers. v. Ulrich Köppen. Frankfurt a. M. 1981 (Paris 1969)

Ders.: *Die Ordnung der Dinge.* Eine Archäologie der Humanwissenschaften. Übers. v. Ulrich Köppen. Frankfurt a. M. [2]1978 (Paris 1966)

Ders.: *Sexualität und Wahrheit I.* Der Wille zum Wissen. Übers. v. Ulrich Raulff u. Walter Seitter. Frankfurt a. M. 1983 (Paris 1976)

Ders.: *Sexualität und Wahrheit II.* Der Gebrauch der Lüste. Übers. v. Ulrich Raulff u. Walter Seitter. Frankfurt a. M. 1986 (Paris 1984)

Ders.: *Sexualität und Wahrheit III.* Die Sorge um sich. Übers. v. Ulrich Raulff u. Walter Seitter. Frankfurt a. M. 1986 (Paris 1984)

Ders.: *Von der Subversion des Wissens.* Hrsg. v. Walter Seitter. Frankfurt a. M. — Berlin — Wien 1978

Ders.: *Freiheit und Selbstsorge.* Interview 1984 und Vorlesung 1982. Hrsg. v. Helmut Becker u. a. Frankfurt a. M. 1985

French, Marilyn: *Frauen.* Übers. v. Barbara Duden, Monika Schmid, Gesine Strempel. Reinbek b. Hamburg 1986

Freud, Sigmund: *Das Ich und das Es* und andere metapsychologische Schriften. Frankfurt a. M. 1978

Ders.: *Die Traumdeutung.* Frankfurt a. M. 1982

Ders.: *Neue Folge der Vorlesungen* zur Einführung in die Psychoanalyse. Frankfurt a. M. 1986

Ders.: *»Selbstdarstellungen«.* Schriften zur Geschichte der Psychoanalyse. Frankfurt a. M. 1987

Ders./Groddeck, Georg: *Briefe über das Es.* Hrsg. v. Margaretha Honegger. Frankfurt a. M. 1988

Galileo, Galilei: *Sidereus Nuncius.* Nachricht von neuen Sternen. Hrsg. u. eingel. v. Hans Blumenberg. Frankfurt a. M. 1965

Gripp, Helga: Theodor W. *Adorno.* Erkenntnisdimensionen negativer Dialektik. Paderborn 1986

Gurwitsch, Aron: *Die mitmenschlichen Begegnungen* in der Milieuwelt. Hrsg. u. eingl. v. Alexandre Métraux. Berlin — New York 1977

Gustafsson, Lars: *Die dritte Rochade* des Bernard Foy. Übers. v. Verena Reichel. München — Wien [2]1986

Habermas, Jürgen: *Stichworte* zu einer Theorie der Sozialisation (1968). In: Ders.: Kultur und Kritik. Verstreute Aufsätze. Frankfurt a. M. [2]1977, S. 118—194

Ders.: *Moralentwicklung und Ich-Identität.* In: Ders.: Zur Rekonstruktion des Historischen Materialismus. Frankfurt a. M. [3]1982, S. 63—91

Ders.: *Metaphysik nach Kant.* In: Cramer, Konrad/Fulda, Hans Friedrich/Horstmann, Rolf-Peter/Pothast, Ulrich (Hrsg.): Theorie der Subjektivität. Frankfurt a. M. 1987, S. 425—443

Hager, Frithjof u. a.: *Die Sache der Sprache.* Beiträge zu einem sozialwissenschaftlichen Verständnis von Sprache. Stuttgart 1977

Hart, Julius: *Der neue Gott.* Ein Ausblick auf das kommende Jahrhundert. (Zukunftsland, Bd. I) Florenz — Leipzig 1899

Hegel, Georg Wilhelm Friedrich: *Jenaer Systementwürfe* I. Hrsg. v. Klaus Düsing u. Heinz Kimmerle. Gesammelte Werke. Bd. 6. Hamburg 1975

Heinrichs, Hans-Jürgen: *Das Unbewußte und das Fremde.* Die Einflüsse von Psychoanalyse (Lacan) und Ethnologie (Leiris) auf die moderne Philosophie. In: Kemper, Peter (Hrsg.): ›Postmoderne‹ oder Der Kampf um die Zukunft. Die Kontroverse in Wissenschaft, Kunst und Gesellschaft. Frankfurt a. M. 1988, S. 59—81

Hofmannsthal, Hugo von: *Eine Monographie.* »Friederich Mitterwurzer« von Eugen Guglia. In: Ders.: Gesammelte Werke in zehn Einzelbänden. Hrsg. v. Bernd Schoeller. Bd. 8: Reden und Aufsätze I (1891—1913). Frankfurt a. M. 1979, S. 479—483

Horkheimer, Max/Adorno, Theodor W.: *Dialektik der Aufklärung.* Philosophische Fragmente. Frankfurt a. M. 1982 (Amsterdam 1944)

Husserl, Edmund: Ideen zu einer reinen Phänomenologie und phänomenologischen Philosophie. Allgemeine Einführung in die reine Phänomenologie. (*Ideen I*) Tübingen [4]1980 ([2]1922)

Ders.: *Formale und transzendentale Logik.* Versuch einer Kritik der logischen Vernunft.

Husserliana Bd. XVII. Mit ergänzenden Texten hrsg. v. Paul Janssen. Den Haag 1974

Ders.: Die *Krisis* der Europäischen Wissenschaften und die Transzendentale Phänomenologie. Eine Einleitung in die phänomenologische Philosophie. Hrsg. v. Walter Biemel. Husserliana Bd. VI. Haag [2]1976

Ders.: *Cartesianische Meditationen*. Eine Einleitung in die Phänomenologie. Hrsg., eingel. u. m. Reg. vers. v. Elisabeth Ströker. Hamburg 1977

James, William: *Psychology*: Briefer Course. Ed. by Frederick Burkhardt a. Fredson Bowers. Cambridge — Massachusetts — London 1984

Jonas, Hans: *Organismus und Freiheit*. Ansätze zu einer philosophischen Biologie. Göttingen 1973

Kant, Immanuel: *Kritik der reinen Vernunft*. Immanuel Kant. Werke in zehn Bänden. Hrsg. v. Wilhelm Weischedel. Bd. 3 u. 4. Darmstadt 1983

Ders.: Die *Metaphysik der Sitten*. In: Ders.: Schriften zur Ethik und Religionsphilosophie. Zweiter Teil. Immanuel Kant. Werke in zehn Bänden. Hrsg. v. Wilhelm Weischedel. Bd. 7. Darmstadt 1983

Kegan, Robert: *Die Entwicklungsstufen des Selbst*. Fortschritte und Krisen im menschlichen Leben. Übers. v. Astrid Gessert u. Jürgen Schneeweis. München 1986 (Harvard 1982)

Konersmann, Ralf: *Ansichten vom Selbst*. Zur Krise der Selbstbegegnung im 19. Jahrhundert. In: Neue Deutsche Hefte 34 (1987) Heft 4., S. 675—695

Ders.: *Spiegel* und Bild. Zur Metaphorik neuzeitlicher Subjektivität. Würzburg 1988

Küchenhoff, Joachim: *Der Leib als Statthalter des Individuums?* In: Frank, Manfred/Haverkamp, Anselm (Hrsg.): Individualität. München 1988, S. 167—202

Lacan, Jacques: *Ecrits*. Paris 1966

Ders.: *Schriften I*. Hrsg. v. Norbert Haas. Olten 1973 (Paris 1966)

Ders.: *Schriften II*. Hrsg. v. Norbert Haas. Olten 1975 (Paris 1966)

Ders.: *Schriften III*. Olten 1980 (Paris 1966)

Ders.: *Das Ich in der Theorie Freuds* und in der Technik der Psychoanalyse. Das Seminar. Buch II (1954—1955). Übers. v. Hans-Joachim Metzger. Olten 1980

Ders.: *Die vier Grundbegriffe der Psychoanalyse*. Das Seminar. Buch XI (1964). Übers. v. Norbert Haas. Weinheim — Berlin [3]1987 (Paris 1973)

Lem, Stanisław: *Nacht und Schimmel*. Erzählungen. Frankfurt a. M. 1976

Lewin, Kurt: *Changes in Social Sensitivity* in Child and Adult. In: Childhood Education 19 (1942), S. 53—57

Lichtenberg, Georg Christoph: Schriften und Briefe. Erster Band: *Sudelbücher*. Hrsg. v. Wolfgang Promies. München 1968. Zweiter Band: *Sudelbücher II*. Materialhefte, Tagebücher. Hrsg. v. Wolfgang Promies. München [2]1975

Lipps, Hans: *Untersuchungen* zu einer hermeneutischen Logik. Frankfurt a. M. [3]1968

Lyotard, Jean-François: (*im Gespräch*) In: Rötzer, Florian: Französische Philosophen im Gespräch. München [2]1987, S. 101—118

Ders.: *Der Name und die Ausnahme*. In: Frank, Manfred/Raulet, Gérard/van Reijen, Willem (Hrsg.): Die Frage nach dem Subjekt. Frankfurt a. M. 1988, S. 180—191

Mach, Ernst: Die *Analyse der Empfindungen* und das Verhältnis des Physischen zum Psychischen. Jena [6]1911 (1886)

Marcuse, Herbert: *Der eindimensionale Mensch*. Studien zur Ideologie der fortgeschrittenen Industriegesellschaft. Darmstadt — Neuwied [17]1982

Marx, Karl/Engels, Friedrich: *Die deutsche Ideologie*. In: Karl Marx, Friedrich Engels Werke. Bd. 3. Berlin 1958

Dies.: *Das Kapital*. Kritik der politischen Ökonomie. Erster Band. *Buch 1*: Der Produktionsprozeß des Kapitals. In: Karl Marx, Friedrich Engels Werke. Bd. 23. Berlin 1972

Mead, George Herbert: *Mind, Self, and Society*. From the Standpoint of an Social Behaviorist. Ed. a. with an Introduction by Charles W. Morris. Chicago — London 1962 (1934)

Ders.: *Sozialpsychologie*. Eingel. u. hrsg. v. Anselm Strauss. Übers. v. Dieter Prokop. Darmstadt 1969

Merleau-Ponty, Maurice: Die *Struktur des Verhaltens*. Übers. u. eingef. v. Bernhard Waldenfels. Berlin — New York 1976 (Paris 1942)

Ders.: *Phénoménologie de la perception*. Paris 1945

Ders.: *Phänomenologie der Wahrnehmung*. Übers. u. eingel. v. Rudolf Boehm. Berlin 1966

Ders.: *Humanismus und Terror*. Übers. v. Eva Moldenhauer. Frankfurt a. M. 1976 (Paris 1947)

Ders.: Die *Abenteuer der Dialektik*. Übers. v. Alfred Schmidt u. Herbert Schmitt. Frankfurt a. M. 1974 (Paris 1955)

Ders.: *Signes*. Paris 1960

Ders.: *Das Sichtbare und das Unsichtbare*. Gefolgt von Arbeitsnotizen. Hrsg., mit einem Vor- u. Nachwort vers. v. Claude Lefort. Übers. v. Regula Giuliani u. Bernhard Waldenfels. München 1986 (Paris 1964)

Ders.: *Sens et Non-sens*. Paris 1966

Ders.: *Vorlesungen* Bd. 1. Aus dem Französischen übers. u. eingef. durch ein Vorwort v. Alexandre Métraux. Berlin — New York 1973 (Paris 1968)

Ders.: *Die Prosa der Welt*. Hrsg. v. Claude Lefort. Übers. v. Regula Giuliani. Eingel. v. Bernhard Waldenfels. München 1984 (Paris 1969)

Ders.: *Das Auge und der Geist*. Philosophische Essays. Hrsg. u. übers. v. Hans Werner Arndt. Hamburg 1984 (Paris 1953/1960/1964)

Muchow, Martha/Muchow, Hans Heinrich: *Der Lebensraum des Großstadtkindes*. Mit einer Einführung v. Jürgen Zinnecker. Bensheim 1978 (1935)

Musil, Robert: *Der Mann ohne Eigenschaften*. Frankfurt a. M. 1981 (2 Bde.)

Nibbrig, Hart: *Spiegelschrift*. Spekulationen über Malerei und Literatur. Frankfurt a. M. 1987

Nietzsche, Friederich: Kritische Studienausgabe. Hrsg. v. Giorgio Colli u. Mazzino Montinari. München [2]1988

— Morgenröthe (*Morgenröte*). Gedanken über die moralischen Vorurtheile. In: Bd. 3

— *Jenseits von Gut und Böse*. Vorspiel einer Philosophie der Zukunft. In: Bd. 5

— *Nachgelassene Fragmente 1875—1879*. In: Bd. 8

— *Nachgelassene Fragmente 1880—1882*. In: Bd. 9

— *Nachgelassene Fragmente 1882—1884*. In: Bd. 10

— *Nachgelassene Fragmente 1884—1885*. In: Bd. 11

Pazzini, Karl-Josef: *Die gegenständliche Umwelt* als Erziehungsmoment. Zur Funktion alltäglicher Gebrauchsgegenstände in Erziehung und Sozialisation. Weinheim — Basel 1983

Pessoa, Fernando: *Das Buch der Unruhe* des Hilfsbuchhalters Bernardo Soares. Übers. u. mit einem Nachwort vers. v. Georg Rudolf Lind. Frankfurt a. M. 1988 (Lissabon 1982)

Pirandello, Luigi: *Der Rauch*. Erzählungen. Übers. v. Hans Hinterhäuser. Stuttgart 1983

Platon: *Alkibiades* I. In: Ders.: Werke in acht Bänden. Hrsg. v. Gunther Eigler. Darmstadt 1977, S. 527—637

Plessner, Helmuth: *Grenzen der Gemeinschaft*. Eine Kritik des sozialen Radikalismus (1924). In: Ders.: Gesammelte Schriften. Bd. V: Macht und menschliche Natur. Frankfurt a. M. 1981, S. 7—133

Pontalis, Jean-Bertrand: *Nach Freud*. Frankfurt a. M. 1974 (Paris 1965)

Preyer, Wilhelm: *Die Seele des Kindes*. Beobachtungen über die geistige Entwicklung des Menschen in den ersten Lebensjahren. Leipzig [7]1908

Schaller, Klaus: *Pädagogik der Kommunikation*. Annäherungen — Erprobungen. Sankt Augustin 1987

Schaller, Klaus/Všetečka, Jiří (Hrsg.): J. A. Comenius: *Labyrinth der Welt* und Paradies des Herzens. Ein Bildband. Bochum 1972

Schiwy, Günther: *Der französische Strukturalismus*. Mode — Methode — Ideologie. Reinbek bei Hamburg 1985

Schröder, Erich Christian: *Anthropologie als Grundwissenschaft*. In: Perspektiven der Philosophie. Neues Jahrbuch. Bd. 4. 1978, S. 345—359

Simmel, Georg: *Das Geld in der modernen Kultur*. (1896) In: Dahme, Heinz-Jürgen/Rammstedt, Otthein (Hrsg.): Schriften zur Soziologie. Frankfurt a. M. 1983, S. 78—94

Sommer, Manfred: *Übergangsschwierigkeiten*. Zur Konstitution und Prätention moralischer Identität. In: Marquard, Odo/Stierle, Karlheinz (Hrsg.): Identität. München 1979, S. 435—462

Ders.: *Evidenz im Augenblick*. Eine Phänomenologie der reinen Empfindung. Frankfurt a. M. 1987

Spitz, René A.: *Nein und Ja*. Die Ursprünge der menschlichen Kommunikation. Stuttgart [3]1978 (New York 1957)

Ders.: *Eine genetische Feldtheorie* der Ichbildung. Übers. v. Friedhelm Herborth. Freising 1972 (New York 1969)

Ders.: *Vom Dialog*. Studien über den Ursprung der menschlichen Kommunikation und ihrer Rolle in der Persönlichkeitsbildung. Frankfurt a. M. — Berlin — Wien 1982

Strauss, Anselm: Spiegel und Masken. Die Suche nach Identität. Übers. v. Heidi Munscheid. Frankfurt a. M. 1974 (o. O. 1959)

Taminiaux, Jacques: *Merleau-Ponty* auf dem Weg von der Dialektik zur Hyperdialektik. In: Métraux, Alexandre/Waldenfels, Bernhard (Hrsg.): Leibhaftige Vernunft. Spuren von Merleau-Pontys Denken. München 1986, S. 64—85

Waldenfels, Bernhard: *Dialog und Diskurse*. In: Archivio die Filosofia. 1986 N. 1—3, S. 237—250

Ders.: *Ordnung im Zwielicht*. Frankfurt a. M. 1987

Weber, Samuel M.: *Rückkehr zu Freud*. Jacques Lacans Ent-stellung der Psychoanalyse. Frankfurt a. M. — Berlin — Wien 1978

Wellmer, Albrecht: *Zur Dialektik von Moderne und Postmoderne*. Vernunftkritik nach Adorno. Frankfurt a. M. 1985

Winnicott, D. W.: *Vom Spiel zur Kreativität*. Stuttgart [2]1979

Namenregister

Sachregister

www.ingramcontent.com/pod-product-compliance
Lightning Source LLC
Chambersburg PA
CBHW020706270326
41928CB00005B/285